To B
营销数字化实战

王晓明 著

中国铁道出版社有限公司
CHINA RAILWAY PUBLISHING HOUSE CO., LTD.

图书在版编目（CIP）数据

To B营销数字化实战 / 王晓明著. -- 北京：中国铁道出版社有限公司, 2025. 4. -- ISBN 978-7-113-32092-8

I. F274-39

中国国家版本馆CIP数据核字第2025ML9186号

书　　名：To B 营销数字化实战
　　　　　To B YINGXIAO SHUZIHUA SHIZHAN
作　　者：王晓明

责任编辑：马真真　　　　　　　　　　编辑部电话：(010) 51873459
封面设计：宿　萌
责任校对：苗　丹
责任印制：赵星辰

出版发行：中国铁道出版社有限公司（100054，北京市西城区右安门西街 8 号）
网　　址：https://www.tdpress.com
印　　刷：河北宝昌佳彩印刷有限公司
版　　次：2025 年 4 月第 1 版　　2025 年 4 月第 1 次印刷
开　　本：710 mm×1 000 mm　1/16　印张：16.25　字数：210 千
书　　号：ISBN 978-7-113-32092-8
定　　价：79.00 元

版权所有　侵权必究

凡购买铁道版图书，如有印制质量问题，请与本社读者服务部联系调换。电话：(010) 51873174
打击盗版举报电话：(010) 63549461

推荐序一

当前,随着新一轮科技革命和产业变革的深入演进,企业正迎来战略发展的重要机遇期。特别是依托云技术、数字技术和智能技术等创新技术,推进企业的数智化,成就数智企业,已经成为企业向"新"而行、迈向数智商业时代的必由之路。

那么,如何正确且成功地推进企业数智化呢?业界普遍认可"企业数智化1—2—3"的能力进阶模型。这一模型强调,通过业务在线、数据驱动、智能运营三个能力层级的推进,来实现全面的数智化建设。业务在线是数智化推进的基础,它要求企业的业务和管理全面线上化;数据驱动要求企业通过统一的数据底座和数据治理,实现全面的数据服务,支撑企业的生产经营和决策;而智能运营则是在企业的业务运营和组织运转上全面实现智能化。

目前,许多企业正在从业务在线的第一阶段向数据驱动的第二阶段迈进,少数领先企业已经进入从数据驱动向智能运营的第三阶段发展。晓明的这本书,将有助于中国企业从第一阶段迈向第二阶段,并在人工智能的加持下加速发展,尽早进入第三阶段。

晓明曾在用友工作多年,拥有十余年营销数字化领域的工作经验,是To B营销数字化转型和数智化建设的专家。书中的许多观点和具体应用,与企业数智化推进的思路高度契合。例如,客户界面前后场随时随地的协同,体现了"业务在线";客户360°业务指标洞察、营销管理报告的自动生成,是基于统一的数据平台和全面的数据服务,体现了"数据驱动";书中提到的数字化之后是数智化,并列举了人工智能在合同全流程签署中全面应用的例子,这是企业业务运营实现全面智能化的典型场景。

用友在服务众多行业领先企业数智化的过程中有三个明显的感受。首先,企业需要基于强大的平台系统，来统一企业的数智底座。其次，采用一体化的应用套件，原生拉通数据与流程，而不是事后去拉通，再消除孤岛。最后，需要选择生态产品与服务，满足企业特定需求。正是在这些客户需求的呼唤之下，历时八年，用友战略投资研发了新一代产品用友 BIP。作为全球领先的企业数智化平台和应用软件集，用友 BIP 包括三层，即平台底座层、十大领域场景化服务层和大规模生态层，为客户提供的核心业务价值主要体现在业务敏捷、精益管理、全球运营三个方面。

晓明毕业于中国人民大学商学院，他不仅擅长营销数字化转型、数智化建设，还擅长营销业务变革咨询。非常乐意看到，也非常欢迎像晓明这样的专业服务伙伴加入企业数智化的生态体系大家庭，贡献智慧、繁荣生态，共同为企业提供业务敏捷、精益管理、全球运营的创新价值，让数智化在中国乃至全球的更多企业中落地成功。

值得一提的是，在数智化阶段，"标准产品 + 专业服务"是企业的主流选择，也是全球领先软件厂商的主流服务模式。中国企业软件产业通过理念创新、技术升维、产品换代、业务转型、产业生态化和市场全球化进行积极的创新与进化，在全球市场已具有较强竞争力。作为在软件企业客户方拥有丰富工作经验的代表，晓明从专业性、经济性、扩展性等方面，建议企业优先选择外采，并以翔实的案例进行佐证。这不仅表达了客户的声音，也从另外一个角度验证了中国企业软件产业标准产品的前景光明，大有可为。

通览全书，本书呈现出 To B 营销业务变革与数字化建设双管齐下的特色，是企业在数智化建设和业务变革道路上不可多得的一本实战分享书。本书适合 To B 企业的高管、数字化管理者、营销业务管理者及相关一线工作人员阅读，某种层面上可以作为日常工作的案头书。我相信，本书能够在企业通往数智化建设的道路上，为企业业绩倍增和提升管理，贡献智慧，加油助力！

王文京
用友网络科技股份有限公司
董事长兼 CEO

推荐序二

在当今这个商业环境瞬息万变的时代，企业必须紧跟商业趋势与未来发展方向来设计和推出产品。那么，客户关系管理（CRM）系统面向的商业趋势和未来是什么呢？业界普遍认为，产业互联网是这一领域的未来趋势。企业的商业活动不再是销售部门孤立的行为，而是需要销售、交付、产研及各职能部门之间的紧密协同。此外，还包括与外部商业伙伴及最终客户的协同，共同构建起一个价值网络、交易网络、服务网络及通信网络。这正是产业互联网的本质。

因此，纷享销客提出了获得业界广泛认可的"连接型CRM"理念。CRM不仅是管理工具，更是以服务客户为中心的企业内外部业务协同的核心，以便支撑企业的高质量增长。通过连接人、伙伴、业务和终端，汇聚营销、服务和销售过程，形成一个完整的数字化平台。

晓明在书中提出的如何提升企业客户经营、业绩增长的思路与方案，与"连接型CRM"的理念高度契合。比如，整体沿着"业务变革+数字化支撑"的思路提供系统化的解决方案，不仅提升企业内部销售、售前、交付等前场人员的协同，而且提升前场与后场部门之间的协同，提升企业与商业伙伴之间的协同。通过提升协同，提升赢单率、签约质量及客户服务质量，进而提升企业的业绩与营销管理能力。

如果没有清晰的市场定位、客户定位，就无法形成清晰的产品定位、战略和护城河。纷享销客专注于服务To B企业的中大客户群体，这些客户的销售业务往往涉及复杂的组织架构和流程，且具有高度的非标性和行业特性。因此，我们提出了行业化、平台化战略。目前，我们主要聚焦于高科技现代服务业、制造业及快消业三大行业及其相关细分领域。通过实施行业化战略，提升服务的专业化水平，使我们的组织能够像金属一样具备自锐能力，越用越锋利，展现出不断自我优化的物理特性。

对于图书来说，清晰的读者定位也至关重要。晓明这本书的目标读者与纷享销客当前的客户群体高度契合，它聚焦在 To B 偏解决方案型企业的营销业务变革与数字化领域。具体而言，信息与通信技术、高科技服务、先进制造、项目制造等行业的高管、数字化管理者、营销业务管理者及相关一线工作人员，都是其目标读者。因此，这本书非常适合纷享销客的客户在推动营销业务变革和建设营销数字化体系时作为参考。

晓明是一位既懂数字化建设又懂 To B 营销业务的复合型专家，他在书中不仅提供了营销数字化的方案，还详细阐述了非常系统的 To B 营销业务管理举措。例如，书中提到的客户分类分级和流程型组织建设等举措，我们深有体会。通过客户分类分级，将客户关系要素"清单化"；通过流程型组织建设，将资源要素全局打通，将所有的人和资源都放到流程上，每个人都在流程中做事，从而提升了组织的活力与经营效率。

总之，本书系统化地提供了营销业务管理与数字化支撑的解决方案，其在推进企业营销业务连接内部各业务部门、上下游伙伴及最终客户上将发挥重要价值，有助于提升企业的客户经营和业绩增收，是 To B 营销业务变革和数字化建设极为难得的一本实战经验分享书！

罗　旭

北京易动纷享科技有限责任公司（纷享销客）

创始人兼 CEO

推荐序三

随着人工智能、大数据和云计算的迅猛发展，我们不可逆转地进入了数字经济时代。作为新的生产要素，数字化正以前所未有的力量革新生产方式，重塑生产关系，并显著提升了生产力。于是，借助数字化驱动企业经营，提升客户服务质量，促进业绩增长，已成为企业发展的必由之路。

数字化的核心在于变革，其涵盖企业的业务模式、流程、管理机制、组织架构及信息技术等诸多方面。由此可见，数字化建设迫切需要既精通数字化技术又深谙企业业务管理的复合型人才。当下，这类人才的匮乏却是一种普遍现象。晓明在To B 营销数字化领域深耕十几载，积累了丰富的实战经验。他擅长从"业务变革+数字化"的双重视角进行思考，通过数字化手段解决业务难题，充分释放数字化的业务价值。他无疑是营销业务与数字化领域复合型人才中的佼佼者。

当得知晓明完成了一部关于 To B 营销数字化领域的著作，并诚邀我为之作序时，我自是欣然答应。我深信，此书必为历经多年磨砺而成的佳作，是一部极为贴近实际、注重实效的营销数字化实战宝典，定能为 To B 企业在业绩提升、营销管理等方面提供宝贵的助力。晓明是我的学生，在他攻读研究生期间，给我留下了深刻的印象。他勤奋好学，始终秉持结果导向，热衷思考并解决企业管理中的实际问题。这一特质与中国人民大学商学院"成为最懂中国管理的世界一流商学院"的愿景，以及"贡献中国管理智慧，培养全球领袖人才"的使命高度契合。

通览全书，我发现此书具备三个显著特点，值得向诸位大力推荐。

其一，本书是 To B 营销业务变革与数字化落地的有机结合，侧重通过数字化手段解决业务问题。书中从提出业务问题出发，然后给出系统化的业务解决方案，包括优化流程、管理规则调整、组织建设等，最后通过数字化工具落地。这种方式，符合数字化建设和转型的思路。解决业务问题、释放业务价值是目的，数字化技术仅是达成目的的手段。

其二，本书的体系性很强，并且全部来自实战经验的总结。本书系统介绍了客户关系经营、客户界面协同与激励、代理商体系建设、客户界面与职能部门协同、营销运营等内容，覆盖了To B企业营销领域的核心业务，体系完整、脉络清晰。实践出真知，从书中的观点阐述和内容描述来看，这显然是一位亲身经历、深入思考、有所感悟之人的心血之作。可以说，这是当今To B解决方案型企业营销数字化实战的一个典范之作。

其三，书中案例丰富多样，生动有趣。这些案例皆源自实践一线，具有很强的代入感，能让读者感到身临其境。管理一半是科学，一半是艺术。通过丰富的案例，能够充分展现管理的艺术魅力，并且深入浅出、通俗易懂。同时，管理作为一门实践性学科，通过大量案例能够充分体现其实践性，彰显解决问题导向与价值实现导向。

对于企业来讲，数字化为业务赋予新动能，也为企业带来进入新赛道或弯道超车的机会。不过，数字化变革犹如刀刃向内，是一场深刻触及企业文化、业务模式、权责体系的变革。其难点不在于引入数字技术，而在于如何让自身复杂的业务场景与数字技术真正融合，在于如何构建变革的领导力，改变企业的组织、流程与广大员工的意识和行为习惯。

因此，光有决心、恒心还不够，还需要一套成熟的方法和体系来推进数字化工作的持续稳步开展。数字化建设任务艰巨且道路漫长，如果能够站在先行者的肩膀上，汲取业界优秀的实践经验，无疑是最为稳健且高效的成功路径。期望这部著作，能够为业界同人提供宝贵的借鉴与启发。

吴江华

中国人民大学商学院管理科学与工程系

主任、教授、博士生导师

推荐序四

随着人工智能、大数据和云计算等前沿科技的迅猛发展,数字化建设已成为推动企业进步的关键动力。在此背景下,作为网络安全领域的"国家队",奇安信肩负着为国家构建安全网络空间的使命。公司致力于在数字化建设的道路上不断探索与实践,针对新技术带来的新业态、新业务和新场景,持续为政府和企业等用户提供全面且有效的网络安全解决方案。

在奇安信工作期间,晓明带领营销数字化团队,负责营销业务变革的数字化建设。面对挑战,团队不仅实现了营销业务内部协同、大客户关系管理和渠道管理的数字化转型,还成功推动了营销流程的优化和组织能力的提升等。这些成就的背后,是无数个日夜的努力、无数次的需求沟通与方案研讨,以及无数次系统上线前后的紧张测试。数字化不仅是技术的应用,更是对企业文化、组织架构乃至商业模式的深刻变革。

数字化建设不仅需要企业具备深厚的技术积累,还需要清晰的战略规划、强大的执行力和持续的创新能力。尤其是 To B 领域,由于业务链条长、涉及环节多,数字化建设的难度更大、要求更高。成功的数字化建设必须以解决实际业务问题为导向,实现技术与业务的深度融合。

《To B 营销数字化实战》一书聚焦于 To B 营销中的实际挑战和解决方案。书中,晓明深入剖析了营销数字化过程中的常见问题,如客户关系管理的质量不高、跨部门协作效率低下、项目交付超支超期等,并提出了一系列针对性和操作性都比较强的解决策略。本书的最大亮点在于实战导向,每一章的内容均基于晓明的实际工作经验,不仅反映了他对营销数字化的深刻理解和独到见解,更提供了可操作的实践指导。通过阅读这本书,读者不仅可以学到如何识别和应对营销数字化中的难题，还能获得宝贵的操作指南，这对于希望在数字化建设中取得成功的个人和企业而言，无疑是一份宝贵的财富。

期望本书能成为每一位投身于数字化建设的企业管理者、营销专家及建设者等的得力助手，能够在数字化征程中找到最适合自己的路径，稳健前行。

陈　晨

奇安信科技集团股份有限公司

助理总裁、信息管理部总经理

目 录

01 第一章
ToB营销业务变革与数字化概述

第一节　业务变革与数字化：企业发展双引擎 / 2

第二节　ToB营销业务的五大痛点 / 9

第三节　ToB营销数字化的五大价值 / 14

第四节　ToB营销数字化建设的目标、主线及架构 / 18

02 第二章
对外搞定客情

第一节　进行客户关系管理变革的原因 / 32

第二节　客户关系管理变革的整体框架及六大策略 / 36

第三节　"分地"：数字化支撑客户划分 / 80

第四节　"养地"：数字化支撑提升客户关系 / 89

第五节　"打粮"：数字化支撑推进商机赢单 / 96

03 第三章
对内搞定协同

第一节　ToB营销内部协同的六大痛点 / 106

第二节　LTC 业务变革：实现协同发展的关键　/ 115

第三节　数字化支撑 LTC 业务变革概览　/ 156

第四节　数字化支撑商机分类分级　/ 163

第五节　数字化支撑"铁三角"协同　/ 169

第六节　数字化支撑呼唤后场"炮火"　/ 176

第七节　数字化支撑毛利与回款　/ 179

04 第四章
建设透明且高效的代理商体系

第一节　代理商的两大核心价值　/ 186

第二节　代理商业务发展的三大问题　/ 188

第三节　八大变革推进代理商体系革新　/ 192

第四节　代理商数字化是新的合作之门　/ 199

第五节　"六个自主"实现代理商数字化的落地　/ 203

05 第五章
建设支撑业绩长虹的营销运营体系

第一节　营销运营管理的四大价值　/ 210

第二节　销售业绩管理的"四表四会"　/ 214

第三节　销售业绩长虹的六大抓手　/ 219

第四节　数字化支撑营销运营体系落地　/ 221

第五节　数字化支撑管报的销售业绩核算　/ 224

06 第六章
ToB 营销数字化的压轴六问

第一节　数字化系统是自研还是外采　/ 228

第二节　数字化系统需要考虑哪些集成　/ 230

第三节　客户主数据该怎么管　/ 232

第四节　CRM 系统权限该如何设计　/ 236

第五节　数字化如何支撑组织变革　/ 238

第六节　ToB 营销数字化的发展趋势是什么　/ 241

后　记 / 244

第一章

01

ToB营销业务变革与数字化概述

当今的数字化建设，早已超越了简单的系统搭建、业务线上迁移和数据流转这些初级阶段，而是进入了更为高阶的发展阶段。在这一阶段，为了实现战略目标，许多企业提出了业务变革的需求，希望通过数字化手段支撑企业战略、业务模式及业务流程的变革落地，从而推动业绩增长和生产力提升，甚至重塑生产关系。营销是业绩增长的前沿阵地，从营销入手进行变革往往能取得最快的效果。因此，众多企业选择将营销作为业务变革的突破口，使得营销业务变革与数字化建设成为企业变革的先锋力量。本章将从深入理解ToB营销业务变革与数字化建设谈起，首先达成共识。

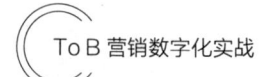

第一节　业务变革与数字化：企业发展双引擎

在激烈的市场竞争中，企业要想脱颖而出并实现长期的业绩增长，就必须不断自我进化。这种自我进化要求企业持续进行优化业务模式、流程和组织架构等业务变革，而这些变革的成功落地都离不开数字化的有力支撑。本节将深入探讨两个核心议题：一是，为什么企业必须迈向数字化之路；二是，数字化如何与业务变革紧密协同，共同落地。

一、数字化与信息化的区别

谈业务变革，离不开数字化；谈数字化，又绕不开信息化的话题。那么，在谈业务变革与数字化关系之前，笔者先谈谈对数字化与信息化差异的理解。

何为信息化，何为数字化？可谓百家争鸣。但是，比较有共识的理解是，数字化即利用信息技术驱动业务的变革与重塑。在业务变革上，其涉及业务模式梳理、流程变革、业务规则优化、组织调整、信息技术（IT）系统建设等方面。可以说，作为一种新的生产要素，数字化不仅支撑增收、降本、提效，而且通过优化流程、组织调整，重塑生产关系，提升企业竞争力，促进企业基业长青。而信息化则局限于打破信息孤岛，实现业务流程与数据的线上化，一般不涉及业务变革与重塑，这是数字化与信息化的核心区别。

可以说，数字化是信息化的2.0阶段，是"管理+IT"的深度融合，远非简单地部署一个IT系统所能比拟。回顾过去，某些企业在推进信息化之前，会先进行管理咨询，实施业务变革，以确保信息化能够有效支撑管理咨询的成果落地。而如今的数字化建设，将这两者提升到了并驾齐驱的重要地位,从而使得业务变革的成果能够更高质量、更高效地落地,并持续发挥价值。这就好比从功能手机到智能手机的跨越。过去的功能手机,只能满足基本的通话和短信需求,而上网、拍照、录视频等高级功能,则需要通过电脑、数码相机等其他设备来实现。如今的智能手机,则集这些功能于一体,极大地提升了用户体验。数字化源于信息化,又超越了信息化,它不仅包含了信息化的核心内容,还承担着推动业务变革成果落地的重要使命,如图1-1所示。

数字化
支撑业务模式变革、流程变革、组织变革等

信息化
流程优化、业务线上化、数据线上化

图 1-1　数字化与信息化的区别

二、企业推进数字化的必要性

在互联网迅猛发展与企业竞争日益激烈的当下,企业若仅局限于构建一套 IT 系统的单一视角来推进信息化,已难以为企业带来显著的助益。从行业趋势与市场需求来看,具体原因如下。

1. 信息化建设进入尾声

像 CRM、企业资源计划（ERP）、办公自动化（OA）等企业管理软件,现在都是企业的标配,早已"飞入寻常百姓家"了,甚至结合行业、企业管理要求做了深度的定制。如今,企业的信息化建设早该升级换代了。

2. 数字化原生行业的引领作用

数字化原生行业已经完成了数字化的普及,促进其他行业跟进学习。例如，腾讯、阿里、字节、美团、滴滴等互联网原生企业，它们借助互联网和数字化重构了社交、零售、传媒、生活服务等领域。数字化是它们的基础设施，业务天然长在数字化上，并且取得了不俗成绩，为其他行业提供了学习榜样。

3. 非数字化原生行业的深度融合

很多非数字化原生行业，数字化已与业务深度相融，不可分割。像金融、医疗、物流等行业，通过流程变革和业务重塑搭建的数字化系统成为它们今天的基础设施，一旦脱离数字化，业务将难以正常运转。而且，这些行业的数字化建设，已经取得提升服务质量、节省成本、提高效率的成果，这将推动数字化的进展更加深入，推动更多行业与企业效仿。

4. 数字化建设的深水区挑战

目前，数字化建设已经进入深水区，不是讨论该不该数字化的问题，而是讨论如何做数字化的问题。同时，借助互联网、云计算，像比较好做的 To C 营销数字化、企业内部办公数字化、客户服务数字化、制造业生产作业数字化等，已经过了高峰建设期。仅剩下企业管理的数字化，像研发、To B 营销这类难啃的硬骨头了，这类硬骨头又是企业增收、降本、提效的关键环节，甚至是影响企业核心竞争力的环节。所以，若企业还在考虑信息化而不是数字化，就像别人家的车间已经是机器人"黑灯工厂"了，而本企业还在考虑要不要把手工机床换成电动化设备。

5. 企业竞争的新趋势

当前的企业竞争更加激烈，互联网红利、人力成本红利基本消耗殆尽，在新的技术革命到来之前，企业的增长速度放慢，导致企业发展更加注重质量，更加注重向管理要效益。为了降本增效，提升盈利能力，企业需要通过业务变革与创新，在竞争中赢得优势。业务变革是一个综合性系统工程，需要数字化的支撑。因此，从企业竞争角度来讲，数字化建设已经是绕不过去的一项工程，是在激烈的市场竞争中企业发展的不二之选。

总之,在数字化浪潮席卷全球的今天,仅仅依靠信息化已经难以满足企业发展的需要。企业应当积极拥抱数字化,将数字化思维和技术融入业务的各个环节,以实现更高效、更智能、更具竞争力的发展。

三、业务变革与数字化并驾齐驱

在信息化与数字化的抉择中,已明确应直接迈向全面的数字化建设。同时,业务变革与数字化必须同步推进。那么,业务变革与数字化之间存在着怎样的内在联系?它们又是如何相互协同、共同驱动企业向前发展的呢?一句话概括就是,数字化以业务变革为前提,业务变革由数字化来落地。如果把企业比作展翅高飞的鲲鹏,那么业务变革与数字化建设就是鲲鹏之两翼,共同协作,支撑鲲鹏展翅高飞。下面以To B企业营销领域的流程型组织变革为例,讲解业务变革与数字化的关系,以及如何协作。

职能型组织架构与流程型组织架构相比,在营销领域,极易出现两个问题。

1. 业务流程方面

职能型组织以控制为中心,容易形成业务流程的"长、梗、堵"问题。职能型组织会产生管理"竖井",层层审批,决策效率较低。销售一线埋头干活,而权力在职能部门,导致销售一线与职能部门在管理与被管理、考核与被考核之间不断博弈。职能部门为实施有效管理,会不断扩大人员规模,用更大的团队、更多的人和制度、更频繁的检查和监控、更复杂的考核,来实现企业运转的管理。实践证明,这样容易走入死胡同,导致"有人管事、无人负责"。

而流程型组织是"倒三角"结构(如图1-2所示),员工在上层,依照授权和政策在现场决策,企业高层在下层作为政策的监督者和服务者,极大地释放了组织活力,提升了工作效率。

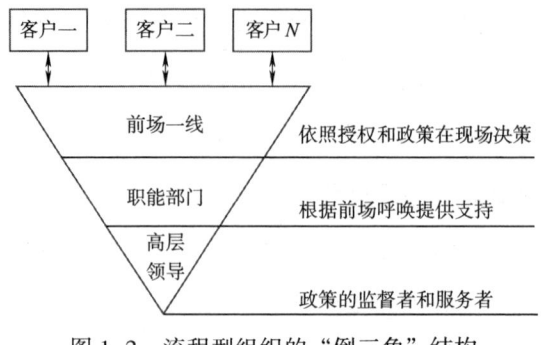

图 1-2　流程型组织的"倒三角"结构

2. 组织活力方面

职能型组织不利于"以客户为中心"组织活力的释放。以客户为中心，就是从客户需求出发，向企业内部一层层传递，最后为解决客户需求分配资源，进行交付。尤其是 To B 企业，在职能型组织中，一线销售和交付是两个部门，中间是阻断的；控制交付资源的管理部门和一线也是割裂的。对于复杂项目，签合同前如果交付部门不参与或参与不到位，仅靠一线销售和售前的理解进行层层传递，可能导致承诺给客户的和交付的完全不一致。长此以往，企业安身立命的根基就会动摇，何谈以客户为中心？

而流程型组织，建立起面向客户的销售、售前、交付的"铁三角"，做宽做厚客户界面，形成大前台、强中台、小后台。由员工扮演一条龙经理，带领一个跨组织的团队去完成工作，而不是部门的领导带领团队完成，这样能最大限度地释放组织活力。围绕一条龙经理，建立绩效评价机制，给一条龙经理保驾护航，可以从根本上解决上述矛盾。

如果企业决心进行流程型组织变革，势必对业务模式流程、组织、业务规则、数字化系统进行优化调整，甚至还会对业务模式进行变革。从大的分类来讲，业务模式、流程、组织、业务规则属于业务范畴。而"倒三角"流程型组织中，围绕一条龙经理建立的运作流程、业务规则、绩效管理等，都需要数字化系统进行支撑落地。因此，业务变革与数字化好比鸟之两翼，两者相辅相成，共同协作，一起发力。业务驱动数字化，数字化反哺业务、提升生产力、重塑生产关系。

四、业务变革与数字化需要整体规划、分步实施

业务变革与数字化是不是需要同步建设呢？答案是否定的。一般而言，业务变革与数字化需要整体规划、分步实施、效果先行。整体规划完毕后，业务变革在前，数字化建设紧随其后。具体原因主要有三个方面。

1. 业务变革需模拟与试点，推广初期需持续调整优化

业务变革一般涉及业务流程的优化、业务规则的更新、组织架构的调整。这些事项，需要在企业愿景与战略目标的牵引下，并经过若干次的讨论与碰撞，才能形成变革方案。变革方案在正式执行之前，一般还要经过模拟演练，以及小范围试跑。根据演练和试跑反馈，进行更新优化后，才能正式推广。而且在推广初期，还要经过不断地调整、优化、迭代。下面来看一个案例。

> **案例：某ToB企业从线索到回款（LTC）流程变革的步骤**
>
> 某ToB企业在推进流程变革时，采取了审慎而有序的策略。
>
> 在推广新的LTC流程之前，企业首先精心挑选部分团队的业务骨干进行了一轮模拟演练，以确保流程的初步可行性和有效性。随后，又组织各营销团队针对重点项目进行了两轮深入演练，进一步验证和完善流程细节。在此基础上，企业还选择了部分团队进行了为期三个月的试点运行，通过实践反馈不断优化流程。
>
> 在正式推广至整个营销体系之前，企业对流程、业务角色、业务规则及操作指导书等进行了近60次的更新与调整，以确保流程的顺畅性和适应性。在此过程中，企业仅让数字化系统按照最小原则开发了最小可行产品（MVP）版。这种策略不仅能够迅速适应流程变革的调整与优化需求，还能有效降低企业的数字化成本。

2. 数字化建设是业务与IT的融合，需业务驱动

数字化建设不仅是将业务变革的成果通过IT系统进行实现，更是业务变革中不可或缺的一环。实际上，业务管理的理念、流程和规则构成了数字化建设的核心。一个缺乏这些核心要素的数字化系统，其价值将大打折扣。

在笔者负责的数字化项目中，方案设计总是紧密围绕"业务问题+解决方案"展开。在项目计划中，笔者也会明确列出业务方需要完成的任务、时间节点及责任人。这种做法不仅强调了业务变革先行的重要性，也凸显了数字化建设离不开业务人员的深度参与和协作。通过这样的实践，可以促进业务与IT的深度融合，让数字化建设真正成为业务变革的一部分。

因此，从数字化建设的角度来看，它既是业务变革的重要组成部分，又需紧随业务变革的步伐；或者业务变革稳定一部分，数字化随之建设一部分。这种协同发展的策略，确保了数字化建设能够真正发挥其应有的价值，为企业带来深远的影响。

3. 数字化建设需谨慎推进，避免资源浪费

数字化建设的成本高昂且周期漫长，因此，在业务变革成效未经实践充分验证之前，不宜急于全面部署，仓促上马只会造成资源浪费。业务流程、规则乃至参与角色都可能经历多次变化，故在变革初期的演练与试点阶段，应尽量减少对数字化系统的依赖和改动。即便采用人工操作、纸质单据流转、邮件通知或审批等传统方式来维系运作也是可行的。唯有在实际运行过程中，才能充分暴露前期规划的不足，进而提出针对性的改进建议，避免无谓的数字化建设成本支出。

笔者曾参与的一个业务变革项目中，当时因面临紧迫压力而加速推进数字化系统建设，结果导致部分功能一上线便被推翻，另有部分功能则在上线半年后才投入使用。这种做法不仅对企业的人力财力构成巨大浪费，也严

重挫伤了数字化团队的士气。因此，业务变革中的数字化进程不应操之过急，而应在变革逐步推广并稳定后，再借助数字化系统进行全面固化与优化。

当然，业务变革的演练与试运行仍需依托于现有的数字化基础。若业务变革确需对数字化系统进行规则更新或信息完善，可采用MVP策略，对系统进行最小幅度的迭代升级，以确保业务变革顺利推进。

第二节 ToB营销业务的五大痛点

在ToB营销管理实践中，虽然每家企业会遇到不同的痛点问题，但是共性问题也不少。从业绩增长、提升营销管理质量角度来讲，常见五大痛点，涉及客户经营、商机赢率、内部协同、渠道合作、销售运营体系，后续章节会针对每个业务痛点详细展开，下面先对五大痛点简单介绍。

一、大客户经营不足，光打粮不养地

很多企业的销售人员有能力获取线索或商机，会养单，也会打单，却缺乏长期的客户经营思维，无法通过客户运作去挖掘和培育潜在机会，"拱出"新的商机，即不会攒单。如果把客户比作土地，商机就是长出来的庄稼，合同就是打出来的粮食。不做客户经营，就等于不养地，时间久了，就会导致土地贫瘠，也长不出好庄稼，更何谈打粮食呢？导致这个问题的原因，从企业整体来看，主要有三方面。

1. 客户分类分级落实不足，没有企业层面的大客户经营策略的系统化要求

企业的销售人员和售前人员都是有限的，无法把精力平均分配到每一个客户身上，也没有必要平均分配。既然资源有限，就需要把客户分类分级后，分层经营。把主要精力、资源投入有高产出、能持续产出，或有战略

意义的大客户身上；并且从企业层面上制定系统化的大客户经营策略，对涉及的各角色进行监督落实。客户分类分级的方法有很多，下面举一个简单的例子。

> **案例：按合同额与预计毛利做客户分级**
>
> 某 To B 企业在年初为客户分级时，将每个行业过去三年平均合同贡献达到 2 000 万元，并且本年度预计毛利贡献超过 1 000 万元的客户，定义为本年度的"超大客户"；同时，将过去三年平均合同贡献达到 1 000 万元，且本年度预计毛利贡献超过 500 万元的客户，定义为本年度的"战略客户"。
>
> 该企业通过这种方法把需要重点经营的大客户简单直接地筛选出来，然后制定"一客一策"系统化的客户经营策略，并且按周分层去落实、监督和评价。

2. 大客户的规划牵引不足，没有培养出高能力的咨询规划团队

很多时候，大客户购买的不仅仅是产品，更是一种高质量落地的解决方案，产品仅是落地解决方案的手段之一。那么，大客户在为解决方案买单之前，企业需要给其做咨询、做规划。所以，To B 企业要培养一个能基于本企业产品做解决方案规划的团队。通过规划，把方案做大、把客户做痛。说得通俗一点，通过"造梦""撒盐"，给大客户出具描绘愿景、看到价值、系统化可落地的整体解决方案。然后，根据规划方案形成后续的一、二、三、四期项目，或者成为大客户信赖的某领域的专家，跟大客户建立长期的战略合作关系。

3. 未能通过有效的交付及售后服务，与客户建立长期信赖关系

合同的签订才是真正建立客户信任、客户经营的开始。但是，由于种种原因，合同总是落实不好。在交付及售后服务过程中，这极易寒了客户的心，引起客户从上到下的不满，从而无法建立长期的信任与依赖关系。当然，这不仅仅是交付和售后环节的事情，可能从一开始跟客户沟通需求、制定解决方案时，就埋下了隐患。因此，要从企业层面解决，建立一种机制，从客户接触的每个环节做起，做好客户经营，时刻以客户服务为中心。

光打粮不养地，久而久之，便会导致一系列问题。例如，企业业绩目标靠拍脑袋、碰运气，因为从客户那里无法获取翔实的依据。再例如，很难获取早期的线索或商机，一旦介入可能就已经到了商机的中后期，导致忙于抢单抢标，成功率很低。

二、销售人员跟单缺乏统一标准，赢单率参差不齐

在销售领域，很多企业没有统一的跟单评估标准，也缺乏统一的赢率标准，仅以结果论英雄，从而导致"八仙过海，各显神通"的局面。客户关系做到了什么程度、能不能赢单，主要靠销售人员个人的主观判断；销售人员难以自我审视是否存在未尽之处，因为要么缺少明确的标准，要么即便有标准也未能有效执行。部分销售人员凭借多年的经验自信满满，认为自己能够精准把握客户关系的每一个细微变化。然而，现实往往与预计有很大偏差，那些被认为十拿九稳的项目可能最终落空，那些看似无望的案子却意外地顺利签约。这表明，个人经验虽宝贵，但终究难敌集体智慧的力量。没有统一的跟单质量评估标准，如何确保所谓的"十年经验"不是在原地打转？个人的赢率判断尺度如何与他人保持一致？又如何让企业对个人判断充满信心？

从销售团队整体管理的角度来讲，制定或引进一套跟单质量评估标准并不难，难的是如何保证能够长期执行下去，并且新人来了也能迅速掌握并使用，整体提升企业赢单率的下限，并保持长期向好。

三、内部资源协同困难，依赖人际关系与上级介入

在职能型组织架构中，ToB项目型销售人员需与售前、交付、研发、商务、财务等多个部门紧密协作。然而，由于销售人员的成单业绩与这些部门

的直接利益关联不大，且跨部门间存在管理"竖井"，导致销售人员在协调过程中既费时又费力，而且最终效果往往难以保证。面对这种困境，销售人员往往依赖个人关系或领导介入来解决问题。

有人或许会质疑，内部协同真的如此费力吗？在职能型组织架构中，对于销售角色而言，这确实是不小的挑战。想象一下，销售人员需要调动的前线资源包括解决方案专家、产品定制专家、实施交付专家、售后服务专家，乃至企业营销线领导、CEO及董事长等角色。此外，还需与财务、商务、法务、销售运营及企业客户接待人员等后台部门频繁互动。面对多个并行跟进的商机和进行中的项目，这些内部协调工作无疑会大量消耗销售人员的精力。更棘手的是，某些关键资源的调配并非易事，即使经过多次沟通，也可能遭遇对方的冷漠或拒绝。

四、代理商管理混乱，经营环境透明度受损

代理商对于To B企业客户拓展具有极其重要的价值，不仅助力企业拓宽客户基础，还能加速资金回流。然而，很多To B企业在发展代理商初期，管理机制往往不够完善，频繁出现业务管理混乱、利益分配不透明等问题，导致整个代理商经营环境显得既不明朗也不纯净。这些问题的根源和表现主要集中在三个方面。

1. 代理商管理初期的"三无"问题，引发内部竞争与利益冲突

在发展代理商的初期阶段，企业缺乏针对代理商的专门产品，也没有设定专门的价格，甚至哪些是代理商的客户、哪些是自己的客户，界限划定得并不清楚。"无专门产品、无专门价格、无客户保护"的"三无"问题不仅引发了代理商之间的激烈竞争，还导致了代理商与厂商之间的利益冲突，最终造成代理商管理的混乱，甚至可能导致代理商的流失。

没有面向代理商的专门产品、价格和客户保护，代理商在与厂商的竞争中必然处于劣势，无法拥有价格优势。如果产品在市场上有较大的降价空间，这将导致厂商与代理商之间的恶性竞争，最终两败俱伤。代理商如果无法盈利，自然难以长期跟随厂商。而没有专门的代理商价格政策，也会助长自家销售团队与代理商的竞争，这是一种自毁长城的做法。

2. 销售人员的"双重角色"，导致企业利益受损

销售人员既可以自己做单，又负责管理自己发展的代理商，这容易导致销售人员与代理商之间的利益输送问题。销售人员通过这种双重角色，可能会在企业利润和自身收益之间寻找平衡，最终可能导致企业利润受损。若代理商的项目也需通过销售人员来对接，销售人员就会权衡每个项目是直接与企业签约更有利，还是让客户与代理商签约更有利。这种情况下，大部分收益都被销售人员个人获取。更严重的是，一些销售人员甚至安排与自己有私人关系的其他企业成为代理商，进一步扰乱了代理商的正常业务运作，严重损害了企业的利益。

3. 代理商忠诚度的缺失，导致销售受阻

代理商若长期无法盈利，将丧失对企业的忠诚度，进而不愿配置专职销售人员或成为独家代理，从而形成恶性循环。企业与代理商、销售人员与代理商之间的利益纷争，进一步削弱了代理商的忠诚度。缺乏忠诚度的代理商会转而销售多个竞争品牌，不再主动向企业反馈客户跟进情况，导致该企业产品在代理商渠道的销售受阻。最终，这一局面损害的是企业自身的利益。

五、销售运营支撑业绩乏力，仅停留于"收数做表"层面

销售运营的核心职责之一是支撑企业业绩的体系化管理。然而，销售运营往往容易陷入事务性工作，如数据收集与报表制作，协助进行业绩跟进和考核等；此外，还包括组织销售体系会议、撰写会议纪要等工作。造成这一问题的原因，有销售运营团队本身的问题，也有企业管理的问题，因为建立销售业绩的运营支撑体系，不仅是销售运营本身的事情，更是企业层面整体设计的事情。

以上便是ToB营销业务的五大痛点，后续章节将通过业务变革与数字化建设的方式，给出详细的解决方案。

第三节　ToB营销数字化的五大价值

ToB营销数字化，无疑是数字化建设中一块难啃的硬骨头。其挑战在于涉及人员广泛、投入巨大，且需强大的日常运营作为坚实后盾。然而，其对业绩的提升成效显著，因此备受企业的高度关注与全力推进。基于经验，ToB营销数字化的价值主要有五个方面。

一、支撑业务变革落地

业务变革，涉及业务流程的优化、业务规则的更新、组织架构的调整、标准操作流程（SOP）的迭代，当这些经过讨论、试运行、确定后，一定需要数字化系统的支撑。其实，整个业务变革的过程，从一开始就需要数字化建设人员参与进来，并需要考虑数字化系统如何支撑业务变革的落地。

1. 业务变革初始阶段

数字化团队参与业务流程梳理的讨论，尤其要参与向企业高层进行流程梳理汇报。在此过程中，要识别数字化建设的需求，并逐步明确数字化建设的要点。

2. 业务变革的流程模拟推演阶段

数字化团队必须与业务团队一起模拟。在此过程中，双方要充分讨论业务规则和业务活动如何融入数字化系统，同时详细分析数字化系统如何提供支撑、做哪些管控、提供哪些便利等。

3. 业务变革推广阶段

把数字化系统的使用培训，作为业务宣贯和推广的一部分。同时，数字化团队各模块负责人要一起参与业务变革推广的日会、周会，直接倾听来自一线的声音，以便更高效地处理问题，或提供支持。

业务变革前，销售人员是企业与代理商链接的唯一纽带，产生了一系列混乱现象；经过业务变革，代理商数字化系统取代了销售人员的"唯一纽带"角色，并通过数字化系统，实现了代理商商机的自主报备，代理商自主报价、自主下单等，为代理商建立了透明干净的经营环境。

二、精准提炼多维信息，助力管理决策

业务流程、业务表单、业务数据均通过数字化平台高效运行。数字化系统可以经过加工、提炼得到各维度的信息，这使得业务管理者能够清晰看到并深入理解其所需的信息，进而更有效地指导销售、售前和交付等各环节的工作。数字化在业务管理上的价值主要有四个方面。

1. 帮助业务管理者精确制定耕耘策略

在数字化系统中，业务管理者能够全面了解客户和商机的实际情况。其可以查看每个商机的客户预算、需求摸查的详细情况、项目组织架构图及决策链等信息。此外，还能掌握客户关系进展、项目批准人的支持程度及竞争对手的策略等关键信息。基于这些信息，业务管理者能够清晰了解客户的耕耘现状和商机跟进状况，从而制定更有效的耕耘策略。

2. 帮助业务管理者做好过程管理的可视化支撑

基于客户和商机的耕耘现状，制定了详细的耕耘策略。这些策略的落实情况、结果及是否达到预期目标，在数字化系统中都有详细记录。例如，业务管理者安排销售人员陪同客户参观样板点，系统可以跟踪客户是否参观了样板点，参观的结论是什么，是否有待办，以及这些待办的落实情况如何。通过数字化系统，这些过程是可视化的，行动是可检查的，结果是可追踪的。

3. 促使营销关键角色及时提供帮助和支撑

在 To B 项目中，客户决策通常是集体进行的，销售过程也是团队协作的结果。一般情况下，一个商机涉及多个角色，包括销售、售前、交付，甚至包括市场经理、产品定制经理及各业务线的领导。通过数字化系统的解决方案评审、投标决策评审和合同评审，这些关键角色能够被有效整合进来，参与其中。同时，数字化系统还能使这些角色主动了解客户经营及商机的具体情况和问题，从而及时提供支撑。

4. 实现业务管理者和一线员工的有效互动

基于数字化系统的支撑，业务管理者和一线员工能够各司其职，积极参与客户经营和商机推进。依据共同的业绩目标，实现充分互动。在此过程中，确保了有数可依、有迹可循、有据可查。"有数可依"，即基于数据说话，而非主观判断；"有迹可循"，即各项工作按流程和实际情况稳步推进，避免因繁忙而乱了阵脚；"有据可查"，即之前的客户耕耘、商机推进和客户服务等记录清晰可见，按需取用即可，无须重复同步信息。

三、赋能深耕客户经营，提升大客户持续产出

数字化支持"养地"的思路不必赘述，那么到底如何实现呢？下面先以点带面，稍作解释。

1. 建立 360°客户视图

数字化系统可以建立 360°客户视图，实现"一客一档"，有利于看清客户全貌。同时，可以基于客户聚合四类信息，即基本信息、招投标讯息（简称标讯）、过往订单及服务信息、正在跟进中的商机信息，这样便能通过先看清客户，再决定后续如何深耕及经营，并努力推进持续产出。

2. 建立"一客一策"的经营策略

通过客户分类分级，数字化系统可以识别出高价值客户，建立"一客一策"的经营策略。例如，针对战略客户成立专门的客户对接小组，分别制定

客户经营目标，给战略客户对接小组每人布置好任务，按一定频率召开客户推进会，把推进会的待办纳入数字化系统，并和数字化系统中的销售日报、售前日报打通，形成数字化的闭环和客户经营的闭环。甚至，通过数字化系统，自动生成客户推进周报，这种精细化管理有助于进一步提升战略客户的持续产出。

四、提高销售人员能力的下限，提升整体赢单率

新入职的销售人员可能对企业的销售流程和业务规则不够熟悉，但通过遵循数字化系统中预设的 SOP，能够确保业务效率。数字化系统会预置企业认可的最佳实践方法、路径和要求，即使是一般的销售人员按照系统操作，也能提高绩效水平。因此，数字化能够提升销售人员能力的下限。

从销售团队的角度来讲，当每个销售人员能力的下限提高以后，相当于拔高了销售团队的短板，这必然会提高整体绩效水平。反映在最关键、最实质的地方，就是提升整体赢单率。

五、提升内部协同效率与质量

ToB 销售过程属于复杂销售，不但在客户前场需要销售、售前等多"兵种"团队作战，而且在后场也需要投标运营、商务、法务等多种"炮火"的支持。通过数字化系统，能够提升协作效率和质量。下面举一个在 ToB 营销管理中通过数字化提升内部协同的例子。

> **案例：数字化提升报价审批效率与质量**
>
> 某 ToB 企业在非标产品的报价审批过程中，整个审批流程需要经过解决方案经理、非标产品概算负责人、外包外采负责人、销售线一至四级领导、价格管理部、销售副总裁、企业 CEO 等十余个审批节点。而在数字化系统中，经统计，每个月的报价审批平均用时不超过九个工作小时。通过数字化系统，不仅提高了审批效率，而且各个节点都留有记录，便于进行统计分析审批意见和结论。

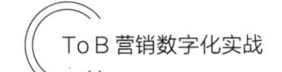

第四节　To B 营销数字化建设的目标、主线及架构

"谋定而后动"，To B 营销数字化建设如何落地，需要先明确目标、主线及架构，然后讨论如何建设一个个的应用功能。

一、To B 营销数字化建设的目标

凡事讲个目标，To B 营销数字化建设的目标是什么呢？一句话概括，To B 营销数字化建设的目标是助增收、促回款、提效率。把目标细化，展开来讲就是支撑解决 To B 营销业务的五大痛点：一是，致力于支撑解决客户经营，助力边打粮边养地，提高客户信任度的同时提升回款效率；二是，致力于支撑销售人员跟单质量检验标准的统一，共用"一把尺子"判断商机跟进情况，提升整体赢单率；三是，致力于通过利益共享，提升内部协同效率和质量，避免无谓的内耗；四是，致力于支撑建立透明干净的代理商管理体系，避免企业利益的损失；五是，致力于立体化的销售运营业绩支撑管理，帮助销售一线把工作落实，为企业高层提供更翔实的决策依据。

二、To B 营销数字化建设的主线

To B 营销数字化建设的主线包含两段，前段是营销业务变革，后段是数字化建设落地。概括成一句话，To B 营销数字化建设的主线是进行以客户为中心的营销业务变革，并通过数字化支撑落地。

1. 开展以客户为中心的营销业务变革，建设流程型组织及激励评价机制

（1）根据企业实际情况和变革目标，按照步骤分别做流程优化、规则更新的梳理

结合笔者的工作经验，并借鉴华为的划分，To B 营销域有四大核心流程，

即市场管理（MM）、LTC、管理客户关系（MCR）、管理伙伴关系（MPR）。其中，LTC属于业务执行类流程，MCR、MPR属于使能类流程，而MM属于市场战略流程，其上接从战略开发到执行（DSTE）流程，下接业务执行类流程。

实际上，ToB营销域还包括市场到线索（MTL）和订单到交付（OTD）这两个流程。由于ToB的很多线索是通过客户经营和长期跟踪获得的，即使是通过市场获得的一部分线索，也可能是这些客户以前跟踪过的，因此并未单独提及MTL流程。对于OTD流程，它属于LTC的子流程，负责管理从订单到交付的环节。本书侧重于签合同前的环节，因此对交付环节的OTD着墨相对较少。

由于LTC、MCR和MPR这三个核心流程与数字化支撑更为紧密相关，从数字化建设的角度来讲，建议优先进行这三支流程的数字化支撑。

（2）流程决定组织，组织支撑流程

基于变革后的流程确定组织和岗位，并分配资源和权责，这样的组织就是流程型组织。流程型组织的业务目标是一致的。建立流程型组织就是要打破部门墙，将相关人员拉到同一个目标、同一个激励评价轨道上来。以LTC为例，流程型组织变革涉及六个关键要素，包括流程所有者、一条龙经理、"铁三角"、赞助人、组织调整、激励评价。

①流程所有者

流程所有者带领团队变革，负责流程的持续改善和落地。所以，一个流程需要确定一位所有者。但其是领导，一般不参与流程的具体执行。

②一条龙经理

一条龙经理负责带领跨组织的团队执行流程变革，其是员工，主责流程变革执行的推进。此外，一条龙经理是流程执行的关键人、指挥员，流程执行层面的事儿，都要听其指挥。一条龙经理要熟悉流程变革的方法和企业的营销业务，并且要有担当和组织能力。流程型组织变革项目，需要指定一条龙经理；LTC流程中的每一个商机，也可以指定一条龙经理，甚至按阶段指定一条龙经理并由其负责商机的推进。例如，在赢单以前，客户经理做一条龙经理；在赢单以后，交付经理做一条龙经理。

③"铁三角"

"铁三角"是流程型组织中的最小组织单元。流程型组织变革的核心是以客户为中心，做宽做厚客户界面，建立面向客户的"倒三角"组织，针对每个商机成立"铁三角"非常必要。这里的"三"，指三种角色，不一定是三个人，但最多又只能是三个人。这句话有点拗口，具体是什么意思呢？首先来看三种角色，即客户经理（AR），主要负责客情关系，但AR能直接突出其责任和以客户为中心的经营意识；解决方案经理（SR），主要负责客户的业务需求及解决方案的提供；交付经理（FR），主要负责项目的交付，并协助AR把款拿回来。

当商机足够复杂时，可能需要三个团队，每个团队仅能由一人担任"R"的角色。因为"R"代表主责的那个人，有且只能有一人。当商机非常简单时，比如客户仅买了标准产品，把货物发过去即可，那么，AR就可能一人兼任三个角色。另外，"铁三角"的"三"不是固定不变的，比如涵盖定制的项目，可以加上客户化定制经理（CDR）；侧重后期服务的项目，可以加上客户服务经理（CSR）。这样，"铁三角"就变成了"铁四角""铁五角"。所以，在流程型组织建设中，要明白"铁三角"的内涵，它强调的是做厚客户界面，拉通前场，赋予一线更多的自主性，提升客户服务水平。

④赞助人

赞助人的核心作用在于支撑"铁三角"，为商机或交付中的项目提供总体方向和节奏把握，并协调关键资源或提供指导策略。一般情况下，可以由级别稍高的组织领导担任，比如由AR或SR序列的高层领导担任。对于简单的商机，也可以不设赞助人。

⑤组织调整

流程型组织变革后，需要进行必要的组织架构调整。首先明确一点，建立流程型组织后并不是职能型组织就不存在了，而是根据流程型组织的需要，对职能型组织进行必要的调整。例如，在产研体系建立专门的定制开发团队，并与前场的定制项目挂钩进行激励评价。

⑥激励评价

为什么在流程型组织建设中，特意强调激励评价呢？因为与职能型组织相比，流程型组织对员工要求和协作方式改变了，所以激励评价要随需而变。流程型组织的大多数工作，是由员工扮演的一条龙经理带领一个跨组织的团队去完成的，而不是部门领导带领团队完成的。它能最大限度释放组织活力，所以要围绕一条龙经理，建立绩效评价机制，给一条龙经理保驾护航。此外，流程型组织能够显著提升部门间的协作效率，其特点是大前台、强中台、小后台的架构，它通过减少汇报层级和从上到下的指令，进一步释放生产力并重塑生产关系。因此，需要改变激励评价机制，确保奋斗者获得应有的收益和成长机会。

2. 进行数字化建设，支撑营销业务变革落地

数字化建设要从营销业务变革一开始就参与进去，而不是等到后期仅仅承接业务需求。对于这个思路，在前面已经讲过，此处不再赘述。那么，从 To B 营销数字化建设的主线角度，应该如何思考呢？

（1）交互层面

在交互层面，要考虑用户是谁，建几个系统，用移动端还是电脑端。To B 营销数字化系统的用户，一般涉及 AR、SR、FR、销售线各级领导、销售运营、商务、法务、财务、产线概算负责人、价格管理负责人、渠道销售（专门对接代理商业务的销售人员）、代理商的销售、代理商的运营等。要基于这些用户及其工作内容与场景，考虑建设几个系统，以及用移动端还是电脑端。例如，AR、SR、渠道销售不是在见客户就是在见客户的路上，就非常适合使用移动端。因此，可以把日常类的日报填报、业务审批等放到移动端；而营销主流程的商机立项、解决方案评审等填写信息比较多、交互复杂的功能，则放到电脑端。

（2）应用层面

在应用层面，至少要考虑流程、业务活动、业务规则、组织、激励、统计分析六个要素。通过流程，把业务活动、业务规则、涉及的成员、角色、组织串联起来，并把活动的成果，通过合适的激励措施分配下去，让奋斗者共享利益。同时，要考虑统计分析，通过数据驱动业务及决策。

（3）基础能力层面

在基础能力层面，要考虑权限规划、审批流程组件的能力、客户档案、代理商档案、产品档案的规划，以及与上下游系统的接口对接等。

三、To B 营销数字化与企业架构

谈数字化绕不开企业架构（EA），其是承接企业战略规划与 IT 建设之间的桥梁，是企业数字化的顶层设计，主要包括业务架构（BA）和 IT 架构。IT 架构又分为数据架构（DA）、应用架构（AA）、技术架构（TA）。BA、DA、AA 和 TA 这四个架构简称 4A 架构。

1. 4A 架构的内涵及其逻辑关系

在深入探讨 To B 营销数字化建设的架构之前，首先需要明确 4A 架构的基本内涵及其逻辑关系。

（1）4A 架构的内涵

①业务架构

业务架构是业务的结构化表达，描述组织如何运用业务的关键要素来实现其战略意图和目标。其明确定义企业的业务模式、价值链、业务流程、业务对象、组织架构等，是企业经营战略实现的具体蓝图。

②数据架构

数据架构是以业务架构为基础，以结构化的方式描述在业务运作和管理决策中，所需要的各类信息及其关系的一套规范。其包括数据资产目录、数据标准、企业级数据模型和数据分布四部分。业务与数据共同反映企业的"真相"，是现实世界与数字化世界沟通的桥梁。

③应用架构

应用架构是描述各种用于支持业务架构，并对数据架构所定义的各种数据进行处理的应用功能。一般包括应用域、应用组、一级应用模块、二级应用模块、功能子功能等。在清楚业务和数据之后，才谈该采用什么样的应用。所以，在企业架构中，要先弄清楚业务架构和数据架构，再谈应用架构。

④技术架构

技术架构是数据和应用的支撑，其描述部署业务、数据、应用的软件和硬件能力，一般包括IT基础设施、中间件、网络、通信、IT标准等。

（2）4A架构的逻辑关系

4A架构之间是什么关系呢？其与企业战略之间又是怎么衔接的呢？4A架构之间的逻辑关系具体如图1-3所示。

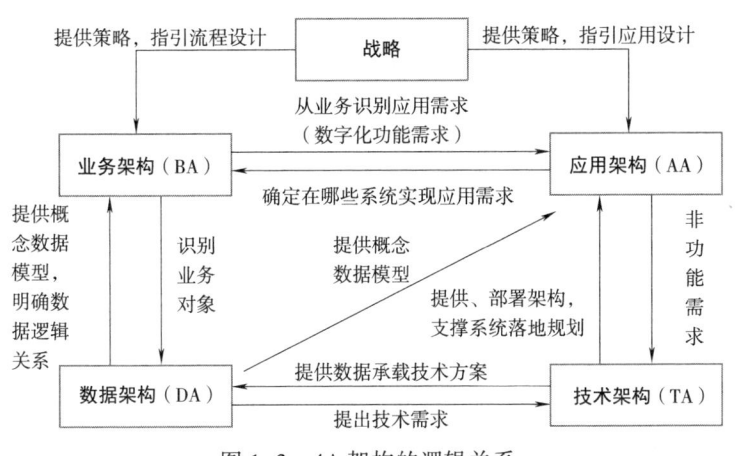

图1-3 4A架构的逻辑关系

其实，企业架构是分层的，可以有全企业视角的4A架构，也可以有某个领域的4A架构。下面具体介绍ToB营销数字化建设的相关架构，以便更透彻地理解4A架构，从而更有效地进行ToB营销业务变革及数字化落地。

2. To B营销业务架构

To B营销业务架构自上而下可以分为六部分：第一部分，承接企业业绩相关的战略，制定营销域的业务目标；第二部分，基于企业的战略和商业模式，构建营销模式；第三部分，依据营销业务模式，构建业务流程；第四部分，基于业务流程，明确重要的业务活动与运营管理；第五部分，基于业务活动，明确相关角色及职责；第六部分，基于业务角色，搭建流程型组织。

根据以上思路，基于企业实际，形成To B营销业务架构图（如图1-4所示）。此架构图是本书核心内容的统领，后续内容的展开基本依赖本图的逻辑。

（1）业务目标

根据图1-4可知，营销业务目标是"养地打粮"，以客户为中心，达成企业订单毛利（简称订毛）、财务毛利（简称财毛）、回款的业绩目标。

（2）营销模式

基于企业的商业模式，在营销域分解了直销、项目合作、签约渠道三种模式。直销，即AR主责商机跟进，企业直接跟客户签订合同。项目合作，即依赖非正式签为代理商的合作伙伴建立客户关系，也就是企业跟合作伙伴签订合同，合作伙伴再跟最终客户签订合同的方式。签约渠道，即靠正式签约的代理商维系客户关系并签订合同的方式，也就是企业跟总代签合同，总代跟区域代理商签合同，区域代理商跟最终客户签合同的方式。至于为什么需要这三种模式，以及这三种模式的优缺点，在后续章节再详述。

第一章 ToB营销业务变革与数字化概述

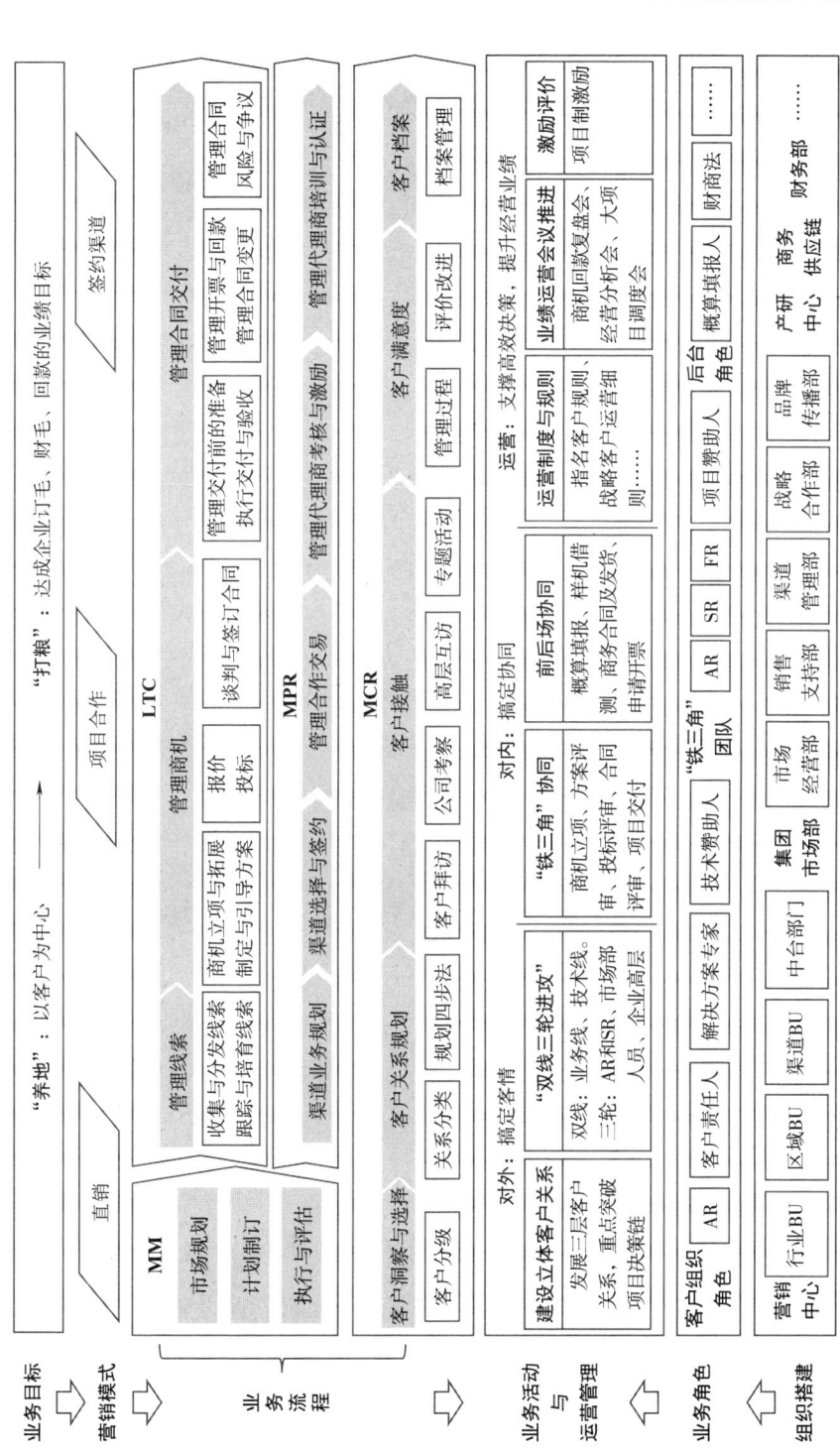

图1-4 ToB营销业务架构图

（3）业务流程

基于业务模式构建业务流程，涉及营销域 MM、LTC、MPR、MCR 四个流程。每个流程的核心作用和价值，见名知意。尤其后三个流程会在后续章节重点阐述。

（4）业务活动与运营管理

基于业务流程，拆解业务活动、制定业务规则、梳理业务数据及流转。此处重点阐述业务活动。具体可以拆解出三类业务活动。

第一类业务活动，与客户直接相关。与客户建立组织层面、项目决策链层面、客户方普通员工层面的三层立体客户关系，并通过 AR 和 SR、市场部人员、企业高层，对客户关系发起业务线、技术线的"双线三轮进攻"，进而搞定客情。

第二类业务活动，与内部协同有关。一是，以"铁三角"为主的前场协同，比如一起做商机立项评审、解决方案评审、主导投标决策评审等。二是，前场与后场人员的协同，比如非标产品的概算填报，在概念验证（POC）中申请测试设备等。

第三类业务活动，与销售运营有关。主要是为了支撑高效决策，提升经营业绩。其涉及各类运营规则的颁布、运营数据的统计分析、经营业绩有关会议的组织及待办跟进等。

（5）业务角色

业务活动有了，谁来干呢？这就涉及业务角色的设立。可以将三类业务活动的角色从营销视角归为四类。

第一类是客户组织角色，这类角色主要用来"养地"。客户分级后，针对每个战略客户，专门设置客户组织，除日常的 AR 外，还设置客户责任人、解决方案专家、解决方案赞助人等角色专门与客户对接。客户责任人，是战略客户的第一责任人，一般由营销副总裁、营销总监担任。解决方案专家，是战略客户在技术层面的一条龙经理,负责战略客户在关键技术节点的决策,承担战略客户的需求及机会管理,保障整体技术状态的可靠。技术赞助人,一般由产研副总裁级别的人员担任,主要负责推动技术层面与后端产研资源的拉通和事项推进。

第二类是"铁三角"团队,这类角色主要用来"打粮"。针对每个进行中的商机,设置"铁三角"团队,若该商机对应的客户建立了客户组织,则由客户组织的 AR 担任商机"铁三角"的 AR;根据商机大小决定 SR 由客户组织的解决方案专家担任,还是另找一个职级稍低的 SR;FR 也是根据商机复杂程度,决定由什么职级的交付人员担任。

第三类是后场营销业务支持人员,用华为的话讲,是后端的"炮火"。主要包括市场人员、报价时填写及审批非标产品概算的人员、财务人员、商务人员、法务人员、管理测试机的人员、供应链负责发货的人员等。其在商机推进及项目交付中,给前场提供帮助和支持,当然也会行使部分职能职权。

第四类是销售运营团队,与第三类"炮火"不同,其对销售业绩的支撑更直接,主要负责销售业绩的运营,为营销管理者提供决策支持,是前场一线与营销管理者之间的桥梁。

其实,从企业全局视角,除了这四类角色之外,还有很多角色,比如产研人员、定制开发人员、数字化人员、流程及体系管理人员等。因为与营销业务架构关系较弱,不再逐一列出。

(6)组织搭建

有了业务角色,就需要按照流程型组织的思路,进行组织架构搭建。例如,把 AR、SR 都纳入营销中心的行业业务单元(BU)或区域 BU,并且在营销中心设立战规部、项目交付部等主要部门。

3.To B 营销数据架构

To B 营销数据架构主要包括以下内容。

（1）数据资产目录

数据资产目录一般分五层，即主题域分组、主题域、业务对象、数据实体、数据属性。基于上述营销业务架构，针对主题域分组，站在企业全局的角度就是"营销数字化组"。该组可以拆分为客户关系培育、日常营销工作、线索采集及培育、商机推进、合同签约、交付回款等主题域。以"客户关系培育"主题域为例，对数据资产目录进行示意，见表1-1。其中，客户档案、客户分类、客户关系是"客户关系培育"主题域下的业务对象，它们是从业务角度抽象出来，可以施以一类或一组活动的主体。基于"客户档案"这个业务对象，可以分为客户基本信息、联系人、收货地址、开票信息等数据实体，每个数据实体一般是数据库中的一张表。数据属性就是每张表代表业务信息的字段。

表1-1 ToB营销数据资产目录（部分）

主题域分组	主题域	业务对象	数据实体	数据属性
营销数字化组	客户关系培育	客户档案	客户基本信息	客户编码、客户名称、统一社会信用代码等
			联系人	姓名、性别、部门、职位等
			收货地址	编码、名称、收货人、电话等
			开票信息	单位、统一社会信用代码等
		客户分类	行业分类	分类级别、分类名称等
			区域分类	分类级别、分类名称等
		客户关系	客户组织架构	版本号、姓名、关系温度等
			客户需求	需求内容、关注点等

（2）数据标准

数据标准是数据表字段设计需遵守的范式，比如需遵守第三范式，每个非主键字段只依赖于主键，而不依赖于其他非主键字段等。

（3）企业级数据模型

企业级数据模型主要指的是数据的实体—关系图（E—R图），它描述各个数据实体之间的关系与依赖。考虑到大多数字化人员都了解一些数据库知识，此处不再对E—R图举例阐述。

（4）数据分布

数据分布是有关数据的存储、位置和访问方式的规则和方案。在数字化落地过程中，一般由技术人员进行规划、设计和实施。

4. To B 营销应用架构

To B 营销应用架构用来支撑业务架构，并对数据架构所定义的各种数据进行处理。To B 营销应用架构还是数字化系统落地的整体结构，涉及面对哪些用户，分为几个系统，在移动端还是电脑端使用，都有哪些模块等，具体如图 1-5 所示。

在此应用架构中，首先考虑了"铁三角"及团队成员、业务管理者、销售运营人员、财商法支持人员、代理商五类用户。

基于这五类用户的使用场景和主要工作，划分了移动端和电脑端。例如，有些业务领导，经常出差或开会，为避免工作阻塞，在移动端规划了"业务审批"功能，便于其随时随地进行业务审批。而围绕营销主流程比较重的工作，以及销售运营、财商法人员，这类大多时间在办公室工作的人员使用的功能，都规划在了电脑端，操作起来更便捷。

同时，基于这五类用户的主要工作，结合业务架构、数据架构，对应用架构做了系统区分。例如，规划了"营销数字化电脑端""代理商门户""商业智能（BI）分析"三个系统。并且，考虑了与 ERP、项目交付管理系统、人力资源系统的应用交互和接口对接等。

阐述完业务架构、数据架构、应用架构，从 4A 架构角度来讲，还有一个技术架构。其主要包括 IT 基础设施的硬件、软件、网络、IT 标准等，从整体上比较好理解，从具体上又比较专业，偏技术，此处不再具体展开。

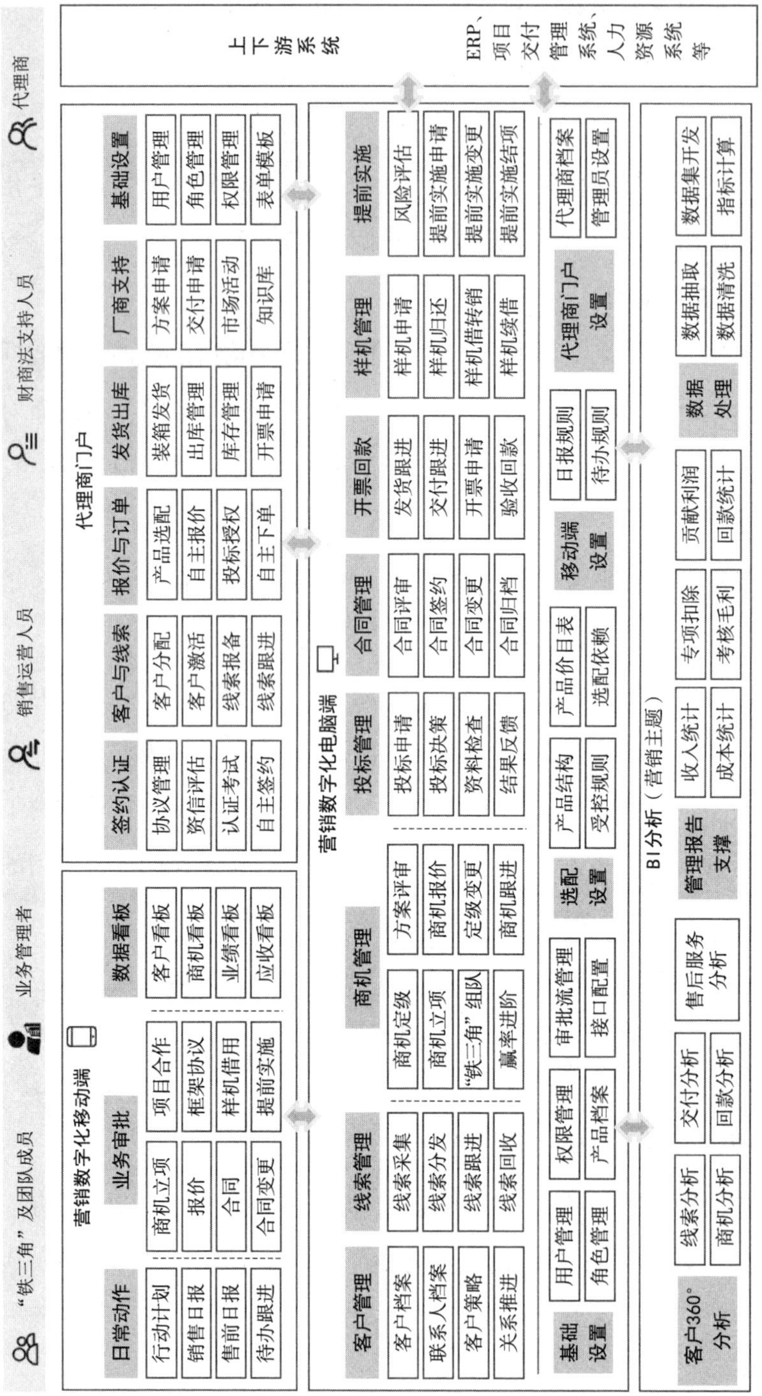

图 1-5 ToB 营销应用架构图

第二章 02

对外搞定客情

搞定客情是客户对企业综合实力、解决方案和服务能力的认可与信任，也是销售签单和促进回款的重要基础。然而，ToB 企业客户的认可与信任通常需要长期培养，并非仅依赖品牌影响力或个人销售能力，更不是仅靠商机跟进阶段与客户的接触。关键在于，未产生商机前，从客户业务发展角度出发，设身处地为客户着想，规划未来，建立信任并孕育线索与商机。简而言之，客户需要"养"。本章将从外部客情遇到的实际问题出发，通过业务研讨和共创，得出业务侧客户关系管理的变革策略，然后通过数字化建设，支撑这些变革策略落地生根。

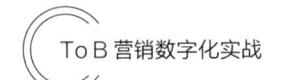

第一节　进行客户关系管理变革的原因

为何进行客户关系管理变革？主要原因显而易见，过去很多企业采用的"光打粮不养地"的方式已不可持续，签单变得困难，竞争愈发激烈。换句话说，以前"打猎"式的客户获取方式已难以为继，需要从"猎人思维"转变为"牧人思维"，即从捕猎转向放牧养羊。此外，还有以下原因。

一、解决"大客户经营不足，光打粮不养地"的痛点

大客户经营不足，光打粮不养地，是很多企业营销领域的通病。下面以两个案例说明企业在这方面的具体表现。

> **案例1：客户说"有奶便是娘"**
>
> 在某ToB企业年会上，董事长深刻剖析了过去一年在客户关系管理上的不足，首要问题就是"看天吃饭，只打粮食不养地，捡了芝麻丢了西瓜"。他直言不讳地指出，部分同人过于聚焦短期利益，重项目轻客户维护；项目来临时频繁拜访客户，项目结束后便鲜有联络。这种做法让客户极为不满，有客户直言："你们是'有奶便是娘'，我要你们这样的合作伙伴有什么用？"长此以往，宝贵的客户资源逐渐流失。

> **案例2：售前顾问的反思**
>
> 在复盘大客户项目时，某ToB企业售前顾问指出，企业在处理客户层面的多个单体项目时缺乏整体视角，导致对客户的价值体现仍然停

留在"点"上，而未能从整体数字化战略的角度进行工作。这影响了企业对客户整体商机的把控能力，使得售前阶段的项目介入较少，难以全面把握机会点和摸清客户的底数。同时，企业的关键技术和应用领域的顶尖专家与客户的互动不足，难以与高端用户从业务和技术发展视角，而非产品视角，进行深入交流和引导，从而导致无力挖掘潜在机会，即使有潜在机会也因缺乏前期铺垫而难以抓住。

二、解决客户界面关键角色与销售未形成战斗合力的问题

在客户界面上，To B 项目不仅涉及销售角色，还包括售前、交付、销售线领导，甚至产研和售后服务等多个关键角色。然而，由于信息未拉通、协同机制不合理及激励机制不到位等原因，这些关键角色无法与销售形成有效的战斗合力，进而影响客户服务质量和满意度的提升。总结下来，常见的有三种现象。

1. 没有客户组织和项目组织机制，信息不透明

由于缺乏明确的机制，业务管理者与负责客户界面的售前、交付等关键角色，都是在周例会、项目分析会及月度复盘会中零散地获取关于客户需求、商机进展及项目交付等信息。而且，这些信息往往在不同会议上被讨论，使得参与者之间的信息不对称。这种情况导致业务管理者难以全面了解客户耕耘情况，无法给销售团队提供更有效的客户耕耘策略，无法实现业务管理者与一线员工的有效互动。此外，这种情况还导致客户界面各角色无法充分进入客户维度进行思考和规划，难以主动掌握客户运营现状及其面临的问题，进而无法及时提供必要的帮助和支撑。

2. 重订单轻回款，有数量没质量

目前，营销部门把大量精力放在了获取新订单上，短期看实现了收入增长，但售前与交付环节之间缺乏有效沟通和协作，前后脱节，从而导致交付困难，项目无法验收，订单质量显著下降，回款变得困难重重。更严重的是，在产品开发测试阶段，由于测试不充分、质量检测不严，一些潜在问题直到交付给客户后才被发现，并且这些问题迟迟得不到解决，不仅损害了企业的声誉，也给后续的市场推广带来了巨大挑战。

3. 激励不足，全员都是辅助角色

当前，客户界面上的非销售关键角色普遍采用"下保底，上封顶"的激励模式，这种机制导致员工感觉自己仅是在协助他人工作，而非承担核心职责。无论个人贡献大小或表现优劣，最终获得的回报差异不大，形成了一种"干多干少一个样，干好干坏一个样"的局面。由于激励机制无法有效区分员工的努力程度与成果质量，使得即使全力以赴最多也只能达到100分，从而造成了团队内部普遍存在的"大锅饭"现象，严重挫伤了奋斗者的积极性和获得感。

三、解决客户拜访质量参差不齐的难题

客户关系管理变革前，客户拜访质量一般参差不齐。如何提升客户拜访的有效性，做到有目标、有计划、有闭环、有效果，是营销业务管理者迫切想解决的管理难题。下面以两个案例说明企业在这方面的具体表现。

案例1：销售人员未能全面收集客户信息

在一次商机复盘会上，销售人员声称与客户项目的关键决策人李总关系很好，已经打了两三年的交道。他强调李总非常支持他做的项目。销售副总裁张总询问能否将技术参数写入招标文件。销售人员犹豫后表示现在谈论这个问题为时尚早，但可以随时约见李总。张总指出，真正深入的客户关系不仅仅体现在表面上的亲密互动，更重要的是了解客户愿意提供哪些帮助和支持。他接着问销售人员关于李总的个人信息等细节问题，比如籍贯、毕业学校、家庭成员状况等信息，结果销售人员大多回答不上来。张总表示，既然关系这么好，为何连这些基本

信息都不清楚？他强调，客户关系的发展需要有效评估，如果不了解当前关系的深度，就难以明确未来的努力方向。显然，销售人员在过去的客户拜访中未能全面收集关键角色的信息，而企业在判断客情温度时也缺乏统一和客观的标准。

案例2：销售人员拜访代理商无目标、无计划、无结果

在一次例会上，销售人员小李解释了两次拜访某代理商仍未能明确本月任务完成情况的原因。该代理商的员工小王主要负责销售本企业产品。第一次拜访时，小王不在，他的同事告知小王被张总安排去火车站接站了。结果等待半天后，小王迟迟未归，小李只好先行离开。第二次拜访是顺路经过，仍未见到小王，他的同事解释说小王因孩子无人接送而早退了。小李这种随意的工作方式严重影响了拜访效果，直接导致目标不清、计划不明且无实际成果。鉴于代理商员工并非本企业直接管理对象，如何从自身管理角度出发，提高对代理商的拜访效率和效果呢？

四、实现以客户为中心的战略转型

为了在激烈的竞争中脱颖而出，企业必须全力以赴，做好充分的准备。在客户侧，企业需要实现以客户为中心的战略转型，打破同质化竞争的局面，通过提升服务质量来增强客户满意度和忠诚度，从而带动利润增长与现金流改善。在推进以客户为中心的战略转型过程中，许多企业都会经历迷茫与跑偏的情况。下面用一个典型案例来说明这一点。

案例："以客户为中心"变成"以商机为中心"

某To B企业在其内部刊物上刊登了董事长的讲话，并特别设立了《"以客户为中心"转型》专栏，同时在员工餐厅长期悬挂相关横幅，旨在营造浓厚的转型氛围。然而，由于缺乏系统化的转型策略和方法，尽管进行了多次尝试和调整，最终却偏离了初衷，转向了"以商机为中心"的模式。这种表面上的改变并未带来实质性的进步，企业的业绩增长与此次转型之间的关联也难以明确界定。跑偏后，该企业进行了深刻反思与总结。之后，通过对外建立客户组织，对内建设流程型组织，同时通过客户分类分级，做宽做厚大客户界面，全流程客户服务拉通等一系列组合拳，把以客户为中心的变革落到实处，并取得了明显效果，企业营收也从40亿元增长到近70亿元。

第二节 客户关系管理变革的整体框架及六大策略

在明确了进行客户关系管理变革的原因之后，本节将深入探讨如何实施这一变革。具体而言，可采用六大落地策略来推动这一进程。但在详细阐述这些策略之前，笔者先介绍一个基于工作经历构建的客户关系管理变革的整体框架。通过这个框架，可以深入理解客户关系管理变革的整体思路和方法，从而全面把握变革的全局视角。

一、客户关系管理变革的整体框架

此处提供的客户关系管理变革的整体框架，借鉴了华为的客户关系管理变革流程，并根据企业的实际情况进行了大量定制化的调整，具体如图2-1所示。

除业务目标外，流程方面分为五部分：第一，客户洞察与选择；第二，客户关系规划；第三，客户接触；第四，客户满意度；第五，客户档案。

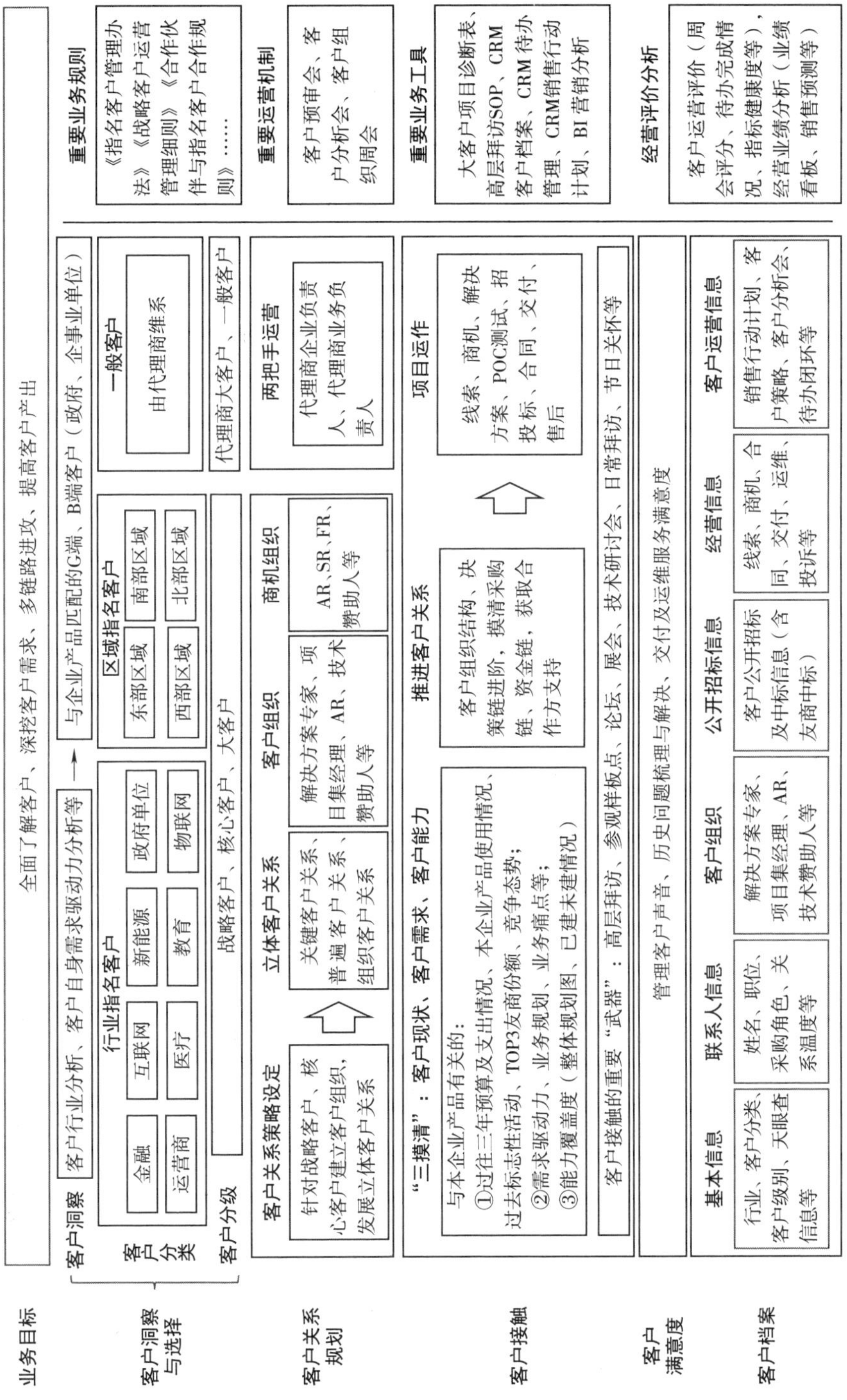

图 2-1 客户关系管理变革整体框架

在华为客户关系管理流程中，客户洞察与选择，属于偏战略层的流程；客户关系规划、客户接触、客户满意度，属于执行层面的流程；客户档案，属于支撑流程。考虑到这五步环环相扣、密不可分，变革团队未按步骤划分职责，因此未做分类拆分，而是自上而下地按照先后步骤做了前四步的推进，再通过数字化系统的建设和沉淀，完成客户档案部分的建设。除这五步外，在整体框架上，还配备了客户管理相关的业务规则、运营机制、业务工具、经营评价分析，形成了客户关系管理变革的管理思路、执行流程、结果评估、改善提升，从而形成一个戴明环（PDCA）的闭环，循序渐进，逐步实现全面了解客户、深挖客户需求、多链路进攻、提高客户产出的业务目标。当然，在实际过程中，还按阶段对业务目标制定了客观、量化、可衡量的具体指标，比如大客户商机激活率三个月内提升10%，大客户合同占比提高5%等。

讲清楚了客户关系管理变革框架的思路，下面对客户关系管理变革框架各部分的实现方式展开讲解。

1. 客户洞察与选择

在业务目标的牵引下，首先要做的是"客户洞察与选择"。企业经营的首要问题，是要弄清楚谁是企业的客户，谁不是企业的客户。从宏观层面讲，客户洞察要考虑企业的产品能解决什么需求，有这些需求的客户都在哪些行业，又有什么需求驱动力会促进客户购买企业的产品，想清楚这三个问题，便能找到客户的目标行业和目标群体。找到目标客户群体后，就要进行分类分级管理。因为一个企业的资源是有限的，不可能也没必要在每位客户身上平均投放资源与精力。图2-1中，把客户分为行业指名客户、区域指名客户、一般客户三类。前两类指名给直销团队的销售人员负责，与销售人员建立一对一的绑定关系；一般客户则分配给各代理商去跟进。然后，再对客户进行更细的分级，比如将指名客户分为战略客户、核心客户等。对于客户如何分级，分级后如何运营，在后续章节中展开介绍。

2. 客户关系规划

做"客户关系规划"，需要考虑五个方面。

第一，在客户关系的整体策略上，要充分考虑到企业的资源分配与投入产出比。为了更高效地服务战略客户和核心客户，要为这些关键客户群体分别成立专门的客户组织，以推动客户关系向更加紧密、有序的方向发展。具体而言，成立客户组织，即针对每个战略客户或核心客户，企业指定一个由解决方案专家、项目集经理、客户负责人、AR 及技术赞助人组成的专业团队与其进行对接。其中，客户负责人一般由销售 BU 的一把手或销售总监亲自担任，而技术赞助人则通常由产研 BU 副总裁级别人员担任。

第二，在发展立体客户关系方面，要强调针对战略客户和核心客户的深度合作。要找到战略匹配、文化认同的客户，并与之建立紧密的组织客户关系。通过增进高层互访、签订战略合作协议以及联合共创等方式，深化双方的合作。

第三，在客户组织方面，在客户关系整体策略中解释过，此处不再赘述。

第四，在商机组织方面，也就是在商机推进阶段，要给商机分配"铁三角"和项目赞助人。通过这种方式做宽客户界面，提升前场协同。

第五，针对代理商负责的客户，需要通过代理商去经营。然而，通过代理商经营容易出现之前案例中"小王去接站，小王去接孩子"的情况。在客户关系管理变革中，明确了在代理商方面的核心经营策略，即要把代理商的老板和负责业务的一把手经营好。因此，制定了代理商的"两把手运营"策略，以确保与代理商的紧密合作和高效沟通。

3. 客户接触

规划了客户关系策略后，就需要做"客户接触"，具体分为三步。

第一步，针对客户要"三摸清"。通过"三摸清"加深对客户的理解与认识，包括摸清客户现状、摸清客户需求、摸清客户与需求有关的专业能力。对于"三摸清"的具体内容会在后续章节详细展开。

第二步，推进客户关系。这是客情推进的重头戏，企业需要深入了解客户的组织架构，了解与项目有关的决策链和关系温度，并制定决策链上关系温度的发展目标及策略。同时，还要兼顾采购链、技术链、资金链涉及的流程。如果项目上有合作伙伴，还需要关注合作伙伴对企业的合作态度及客户对合作伙伴的信任程度等。

第三步，LTC过程中的项目运作。在商机推进、项目交付和售后服务的过程中，企业与客户有大量的接触点，每个接触点都是推进关系、加强信任的时机。在与客户接触的过程中，企业一般会使用一些常用"武器"，比如高层拜访、参观样板点、论坛、展会、技术研讨会、节日关怀等。在商机推进中，企业还会采用一些关系链增强的策略，比如"双线三轮进攻"。第一轮由AR和SR出面；第二轮由市场部人员协助开展市场活动和企业参观接待等；第三轮由企业高层出面，进行高层拜访和高层接待等。

4. 客户满意度

通过跟客户接触，服务客户，除了给企业带来经济回报，还会带来客户满意度。然而，笔者认为用"客户依存度"这个词可能更加合适，因为客户的需求总是不断变化，其满意标准也会越来越高。举个例子，笔者的一个朋友是某航空公司的金卡会员，他经常抱怨该公司的服务，甚至在机场贵宾室与工作人员发生过争执。他对这家航空公司满意吗？显然不满意。他曾表示再也不会乘坐该公司的航班了，后来却偷偷变卦了。为什么？因为他不愿意放弃里程积分和机场休息室、免费升舱等福利。这正是所谓的客户依存度，而不仅仅是客户满意度。对于To B企业来说，也是同样道理。笔者理解的客户满意度，更多指的是客户依存度。那么，如何管理客户依存度呢？倾听并有效管理客户的声音，建立客户信任。尤其是对于那些已经签约和交付的客户,要及时妥善地解决交付和运维问题。同时,提升自身的市场竞争力也是建立客户依存度、实现客户满意度的最切实可行的路径。

5. 客户档案

客户档案可以被理解成客户全生命周期的信息,在图2-1中,其被分为了六个方面。

第一,客户的基本信息,主要包括分类分级的信息、工商注册信息等。

第二,客户联系人信息,其也是客户组织架构、客户决策链、客户关系温度信息的主要来源。

第三,客户组织,即成立的专门对接客户的虚拟组织,这类信息在客户活动和客户运营周会中会使用。

第四,与企业相关的客户公开招标信息,也包括企业参与投标但竞争对手中标的情况。

第五,针对客户的企业经营信息,包括线索、商机、合同、交付、回款、运维等信息。

第六,客户运营信息,是企业针对客户产生的一系列活动,比如销售行动计划、客户策略、待办闭环等。

前三类信息基本都在CRM系统的客户信息模块中;后三类信息基本分散在CRM系统的各业务模块,并通过数据仓库汇总在了BI分析中。

以上五部分是客户关系管理变革的核心流程,但并不是全部,还包括业务规则、运营机制、业务工具、经营评价分析。业务规则,是核心流程执行过程中遵守的规则、制度,比如指名客户管理办法、战略客户运营细则等。运营机制,是让业务流程顺利推进的形式、节奏、步调的安排,比如通过一些重要会议,把客户分级定下来,通过客户组织周会,让客户组织转起来。业务工具,是打仗的枪,让打仗的效率和质量更高,包括一些SOP和数字化系统应用。经营评价分析,是对客户关系管理变革的阶段成果进行评价、

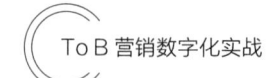

分析，其也包含业务目标中流程执行的绩效指标，比如大客户商机激活率、大客户合同占比提升率等指标的具体数值。通过这种方式，便于找出差距，及时改进。

二、客户关系管理变革的六大策略

客户关系管理变革的目标、核心流程，加上业务规则、运营机制、业务工具、经营评价分析，一起构成了 To B 企业客户关系管理变革框架。下面对客户关系管理变革的六大策略详细展开，以进一步了解每一步的实操和背后的逻辑。

（一）客户分类分级，分层制定经营策略

这一策略对应客户关系管理变革整体框架流程的第一步"客户洞察与选择"和第二步"客户关系规划"的"客户关系策略设定""客户组织"相关内容。下面具体介绍如何对客户进行分类分级，以及分类分级后如何匹配销售资源。

1. 客户分类方法和过程

（1）按行业和区域对客户进行分类

按行业和区域对客户进行分类是最普遍、最实用的分类方法。按行业划分，一般不是按国家行业分类标准进行划分，而是按照企业对目标客户的行业划分，进行分类。根据企业的产品和目标客户划分行业，便于企业按照行业做业务管理和经营分析。

> **案例：按照目标客户划分行业**
>
> 某 CRM 厂商将快消品和农牧业归为同一个行业大类，并针对这两个领域专门设立了产品研发部门和解决方案部门。这种做法与常规理解有所不同，因为快消品和农牧业一般被当成两个完全不相干的行业。然而，该厂商是基于其 CRM 解决方案的共性，为了便于市场管理和

产品研发，才将这两个行业划分在同一个大类下。这种分类方式并不需要与国家行业分类完全对应。

按行业划分，针对政府部门、事业单位、国有企业客户，会遇到垂直行业与水平行业管理方法不同的问题。先解释一下什么是垂直行业和水平行业。垂直行业，即同业组织间有上下级关系，且上级单位对下级单位有指挥和控制关系的行业，甚至下级单位没有独立的采购权。比如银行、电信运营商一般就是垂直行业。而水平行业与垂直行业对应，即不同地域的同业组织之间，没有组织上下级的指挥和控制关系的行业。比如医疗、教育就是水平行业。

在垂直行业中，由于许多决策通常由总部或上级单位主导，且下级单位普遍倾向于使用上级单位推荐的供应商，因此，为了更有效地开拓市场并减少内部竞争，将具有上下级关系的单位统一划分给同一个销售人员或销售团队负责。这种做法有助于优化资源配置，提高市场拓展效率，同时降低内耗，实现整体销售业绩的提升。

在水平行业中，由于客户通常拥有独立的采购权，从地域和客户关系发展的便利性角度考虑，将同一水平行业中不同地域的客户划分给同一销售人员或集中在某一地办公的销售部门负责，这种异地开发客户的方式会推高客户关系维系的成本。对于企业而言，全面覆盖水平行业的市场机会、提供专项解决方案、实施行业营销策略等，需要从整个行业的角度统一规划。这就要求企业明确制定出水平行业总部与区域销售之间的协同机制，包括各自的职责划分、业绩归属，以及如何联合养单、打单，实施交付、售后服务、后续客户升单业绩归属等问题，都需要有详细的规则说明。这样做可以避免内部竞争、业绩划分不清等问题，从而提高整体效率。

> 实际上，要确定市场上的目标客户，只需拉取企业工商名录，并将政府机构、事业单位的名录整理一遍，基本上就能覆盖全面。因此，按行业和区域进行划分是相对容易的。

（2）为销售人员和代理商划分"地盘"

对客户划分完成后，关键就在于如何与客户建立联系、找到正确的对接人，并持续维护这些关系。从企业内部角度来看，问题转化为如何合理分配"地盘"，以便销售人员更容易取得成绩。

案例：为销售人员、代理商划分"地盘"

在完成客户分类之后，某 To B 企业针对重点行业及自己设有分支机构的区域采取直销模式，而对于长尾客户和自己没有设立分支机构的地方，则交由代理商进行分销。然而，对于直销客户，有时会遇到客户指定合作伙伴的情况，这时该企业会与这些合作伙伴联合跟进客户，并实行业绩分成。在该企业内部，大多数直销客户又被细分为指名客户和公池客户两类。指名客户是销售人员的"自留地"，即每个销售人员自己的"地盘"，每年每个销售人员可以分得 20 家至 30 家指名客户。年初进行指名分配，年中根据销售人员的耕耘情况进行评估，必要时可以收回或置换。此外，每个季度也会有少量的机会进行置换。公池客户则是分配给每个销售团队的公用客户资源池，用于日常调配或预留给新入职的销售人员。当团队内的销售人员能够挖掘到此类客户的销售机会时，可对其进行跟进开发，待项目交付后再将客户收回到公池中。次年初，公池客户也会重新进行评估与调整。

该企业在直销客户的"地盘"划分上，还存在一些特殊情况。在个别行业中，并未采用指名客户制度，而是实施了报备制。对于这些特殊行业的客户，如果目前没有销售人员跟进，那么任何属于该行业销售团队的成员都可以进行报备，相当于这些客户都被纳入这个行业的公池。当然，为了确保公平性和效率，对于报备的客户会设定一个固定的保护期，在保护期结束后，若该客户仍未产生线索或商机，客户会被重新释放回公池，以便其他销售人员有机会跟进。

对于分销客户，该企业根据区域将客户分配给代理商，或者由区域内的几家代理商共享，并采用商机报备制度，即谁发现商机谁负责跟进。有时，企业也会将客户分配给区域内的某个代理商，并对该代理商设定客户激活率的要求。如果长期未能激活客户或产生商机，这些客户将被收回，以确保每个客户都有专人主动跟进，从而尽可能激活客户，创造商机。此外，代理商也会自行贡献一部分客户。通过这种方式，该企业的分销客户池越来越大。

对于未纳入该企业名录库的客户，如果由销售人员自行开拓出来，通常会先指派给该销售人员，并设定一个固定的保护期。在保护期内，如果没有产生商机，到期后客户将被释放回企业，由客户管理部决定是重新指派给其他销售人员，还是分配给代理商进行经营。

以上就是常用的客户分类方法、分类过程，以及如何把"地盘"划分给销售人员和代理商。接下来，谈谈如何进行客户分级，以便根据不同的客户级别，匹配对应的销售资源。

2. 客户分级方法和过程

客户分级的方法，概括起来主要有两类：一类是考虑单一因素，比如按年度预计收入，或年度预计毛利贡献；一类是考虑多种因素，按照价值矩阵，比如既考虑预计收入和历史贡献的显性价值，又考虑行业地位的潜在价值。一般情况下，在年初，企业会对客户重新做一次等级划分。

（1）采用单因素进行客户分级

单因素法如何划分，如何实操呢？下面举一个按单一因素分级的案例。

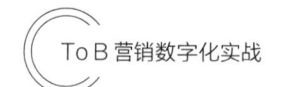

案例：按年度预计毛利贡献，进行客户分级

某 To B 企业将客户分为四级，年度预计毛利1 000万元以上的为战略客户，500万元至1 000万元的为核心客户，200万元至500万元的为大客户，200万元以下的为普通客户。

1. 在年度业务规划会上，各销售 BU 对战略客户和核心客户进行预申报工作

年初，每个销售 BU 依据标准在内部盘点客户资源，并按照企业整体业绩要求完成年度任务规划。随后，企业召开营销部门的年度业务规划会。在此会议上，各销售 BU 总经理汇报年度任务目标、按行业或地域盘点的客户情况，以及年度任务目标形成的依据。针对初步识别出的战略客户与核心客户，提供详细的客情汇报，以及预计产出的评估依据。评估依据涉及三个方面。

首先，财务相关情况，比如客户方与本企业产品有关的近三年预算金额、实际支出金额、本企业份额、排名前三友商份额、本企业过去三年每年的订毛情况、客户本年度的预算、本企业本年度的订单额目标和订单增长率目标等。

其次，过往业务相关情况，比如近三年本企业已验收项目在客户处的使用情况、有无未解决的问题和投诉、客户近三年的回款有没有逾期、客户上一年重点投入与本企业产品有关领域的匹配度等。

最后，客户的组织架构相关情况，比如客户的组织架构图、决策链、客情关系温度等。

2. 对各销售 BU 修订的战略客户和核心客户名单，通过客户评审会进行评审

年度业务规划会后，针对决策层的疑问，各销售 BU 对战略客户和核心客户名单进行完善、补充和调整。随后，由客户管理部组织企业决策层、解决方案总部、交付总部组成评审团队，召开客户评审会，对申报的战略客户和核心客户进行评审。在客户评审会上，除年度业务规划会上关注的三方面事项外，还会重点关注四类事项。

第一，客户本年度的预算构成，要明细到客户的预算名称、规划内容、执行部门、计划时间、预算金额等。

第二，客户目前线索、商机的储备及跟进情况，包括涉及本企业哪些产品、预计的金额、目前跟进情况等。

第三，客户跟进策略，包括客户关系提升、技术影响力提升、机会点分析准确度提升、客户满意度提升、后续行动计划等。

第四，客户侧可能存在的风险及应对策略。

3. 评审结束后，纳入战略核心客户运营计划

评审完毕后，将评审通过的战略客户和核心客户纳入本年度的战略核心客户运营计划，并分层制定相应的经营策略，同时匹配对应的资源。

以上就是按年度预计毛利贡献单一因素进行客户分级的详细案例。按单一因素法，简单、直接、有效，也推荐优先使用。

（2）采用多因素进行客户分级

采用多因素进行客户分级有一个实践中广泛应用的模型——"十六宫格"客户分级模型，该模型的思路在于首先对客户进行分层处理，然后进一步分级，从而实现更为精细化和个性化的客户管理策略。下面详细介绍"十六宫格"客户分级模型的分级逻辑和具体应用。

①"十六宫格"客户分级模型的分级逻辑

在"十六宫格"客户分级模型中（如图2-2所示），纵轴代表显性价值，依据显性的交易价值将客户分为四层（1至4），第一层价值最大。在交易价值中，重点考虑历史贡献值、历史贡献稳定性及次年的年度预算等因素。横轴则代表隐性价值，反映客户地位及潜力，同样将其划分为四层（A至D），A层价值最大。这里重点考虑客户在所在行业的领导地位、客户的影响力度、对其他客户的样板价值等因素。

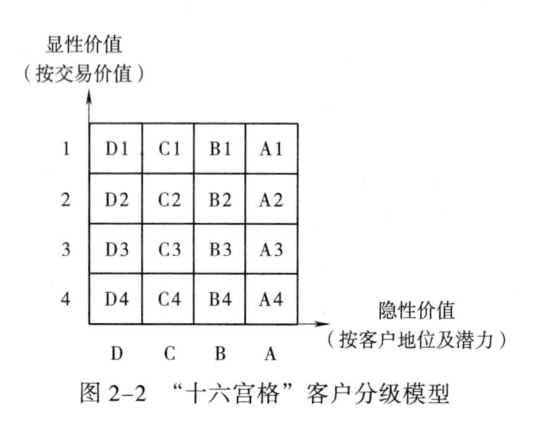

	D	C	B	A
1	D1	C1	B1	A1
2	D2	C2	B2	A2
3	D3	C3	B3	A3
4	D4	C4	B4	A4

图2-2 "十六宫格"客户分级模型

在完成对每个客户的显性与隐性价值评估之后，将其精准地定位于十六宫格中。随后，将基于此模型形成的完整客户名录进一步划分为重点型、价值型、潜力型及培育型四级，并结合企业策略分配给不同的销售人员或代理商进行跟进，如图2-3所示。

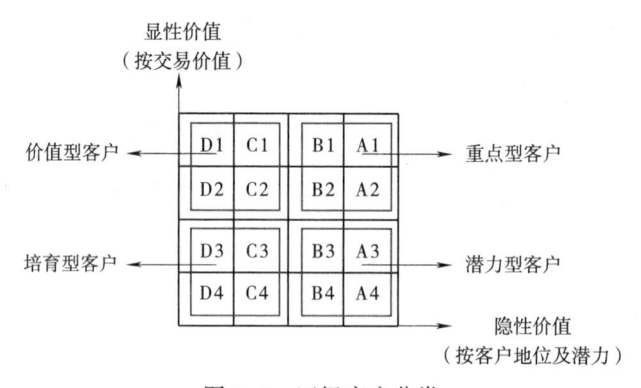

图2-3 四级客户分类

然而，基于经验，不推荐过于细致的客户分级。因为分级过于精细时，相邻层级之间的差异可能会变得微乎其微，这不仅在命名上造成混淆，也使得企业内部在理解和区分不同级别客户方面遇到困难。例如，某 To B 企业将客户分为战略型、重点型、关键型、潜力型、价值型、培育型、成长型七级，如图 2-4 所示。在该企业中，很少有人能说清楚重点型客户和关键型客户的区别，更不用说对每个宫格采用不同的策略，配备不同的资源了。所以，这种分级在理论上可行，但是操作起来很难。

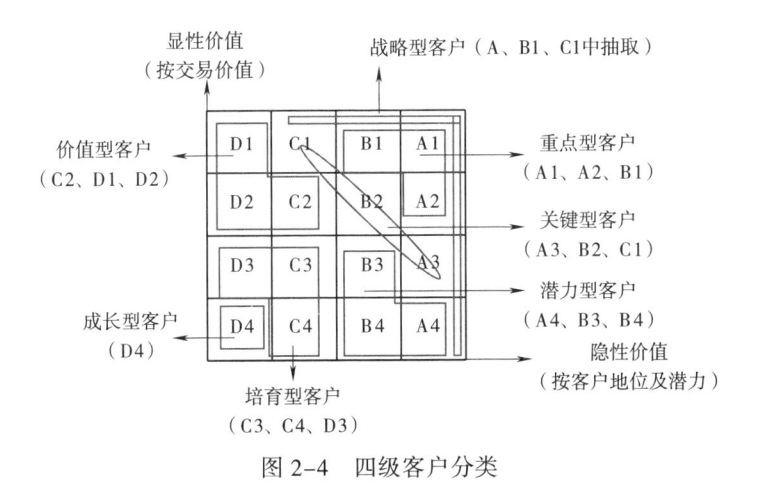

图 2-4 四级客户分类

② "十六宫格"客户分级模型的具体应用

下面通过一个具体案例，来详细说明如何用"十六宫格"客户分级模型进行客户分级。

案例：多因素客户分级法

某 To B 企业要对一个区域内的 17 824 个客户进行分级。根据"十六宫格"客户分级模型，进行了如下操作。

1. 按显性价值分层

根据表 2-1，对显性价值的评估重点考虑五个关键指标：历史订毛、合作连续性、获取客户的年度预算、历史购买次数及最近一次购买时间。每个指标都被赋予了一定的权重，并设定了计分标准。通过将每个指标的得分乘以其对应的权重，汇总得到一个基于显性价值的总分，进而根据这个总分将客户归类到1层至4层中的某一层。

表2-1 显性价值分层（按交易价值）

分层维度	指标一	指标二	指标三	指标四	指标五
	历史订乇（前三年）	合作连续性	获取客户的年度预算	历史购买次数	最近一次购买时间
权重	45%	25%	10%	10%	10%
说明	历史价值贡献度	客户忠诚度和稳定性	由业务端填写此项数据	反映客户的黏性	反映客户的活跃度
计分标准	区间（万元） / 得分（分）	区间 / 得分（分）	区间（万元） / 得分（分）	区间（次） / 得分（分）	区间（年） / 得分（分）
	≥1 000 / 100	连续合作4年 / 100	≥1 500 / 100	≥12 / 100	≤1 / 100
	≥500 / 90	连续合作3年 / 90	≥500 / 85	≥10 / 90	≤2 / 90
	≥250 / 80	合作3年 / 80	≥250 / 70	≥8 / 80	≤2.5 / 80
	≥150 / 70	连续合作2年 / 60	≥150 / 55	≥5 / 60	≤3 / 60
	≥75 / 60	合作2年 / 50	≥50 / 40	≥3 / 50	≤3.5 / 50
	≥25 / 45	合作1年 / 20	>0 / 25	>0 / 20	≤4 / 20
	≥5 / 30	无合作 / 0	0	0	>4 / 0
	>0 / 15				
	0 / 0				

显性价值（按交易价值）分层	1层	2层	3层	4层
分值区间	70<分值≤100	40<分值≤70	0<分值≤40	0

2. 按隐性价值分层

根据表2-2，先按行业对客户进行划分，再将每个行业划分为A至D层，并针对不同的行业定义出每层的标准。例如，医疗行业，三级甲等且电子病历为六级及以上的医院划分在A层；三级甲等且电子病历为五级的医院划分在B层；其他三级医院划分在C层；而二级和一级医院则统一划分在D层；对于私立医院，则归为企业类进行单独分层。

表 2-2　隐性价值分层（按客户地位及潜力）

层级 行业	A 层	B 层	C 层	D 层	备注
政府政党 机关单位	国家部委、部管国家局及内设机构、直属单位、派出单位	省厅级政府及直属下级单位（含直辖市、自治区）、国家部委、部管国家局及内设机构、直属单位、派出单位的下级单位	地市级政府及直属下级单位（含地级市、自治州）	县级及以下单位	
社会团体	中央编办管理机构编制的群众团体机关	省级及以上其他团体	市级团体	县级及以下团体	
企业单位	98家央企（总公司）+中信集团+中国投资+中国烟草+中国邮政+北大荒农垦集团	央企二级公司+营收≥260亿元	其他央企+5亿元≤营收≤260亿元	营收<5亿元	
学　校	"985"高校	200所高职（100所示范校+100所骨干校）及"211"高校	其他高校	普教及其他职教	
银　行	六大行+3家政策性银行+12家中小型股份制商业银行	六大行、政策性银行、中小股份制商业银行各省分行及城市商业银行	六大行、政策性银行、中小股份制商业银行其他分行+城市商业银行分行+农村商业银行	村镇银行及其他银行	
非银金融	中央金融企业17家（总公司）	营收≥100亿元	5亿元≤营收<100亿元	营收<5亿元	
医　院	三级甲等（且电子病历六级及以上）	三级甲等（且电子病历五级）	三级（其他）	二级医院、一级医院	无级别的私立医院可按企业类分层
……	……	……	……	……	

3. 实现客户分级

把客户名录按显性价值和隐性价值分别分好层后，开始"搬凳子排排坐"，将客户分别对应到十六宫格中。通过上述显性价值和隐性价值分层，先得到统计结果，相当于给客户找到横坐标和纵坐标，见表2-3。

表2-3 对客户分层的统计结果

	客户层级	1	2	3	4	总计
显性价值 （按交易价值）	客户数量（个）	623	2 906	6 163	8 132	17 824
	占 比	3.5%	16.3%	34.58%	45.62%	100%
隐性价值 （按客户地位及潜力）	客户级别	A	B	C	D	总计
	客户数量（个）	649	5 841	4 952	6 382	17 824
	占 比	3.6%	32.8%	27.8%	35.8%	100%

找到客户的横坐标和纵坐标后，将其分别列入十六宫格，结合每个宫格的客户数量，以及每层约占整体客户数量的百分比，并结合业务目标、资源情况，从而对整个客户划分出准确的等级。

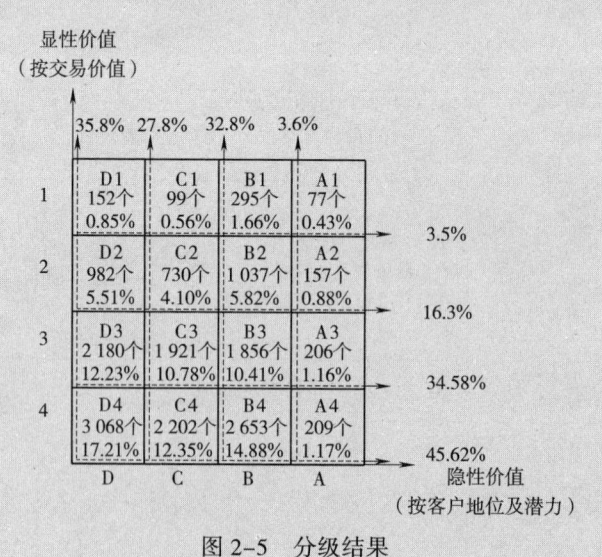

显性价值
（按交易价值）

	35.8%	27.8%	32.8%	3.6%	
1	D1 152个 0.85%	C1 99个 0.56%	B1 295个 1.66%	A1 77个 0.43%	3.5%
2	D2 982个 5.51%	C2 730个 4.10%	B2 1 037个 5.82%	A2 157个 0.88%	16.3%
3	D3 2 180个 12.23%	C3 1 921个 10.78%	B3 1 856个 10.41%	A3 206个 1.16%	34.58%
4	D4 3 068个 17.21%	C4 2 202个 12.35%	B4 2 653个 14.88%	A4 209个 1.17%	45.62%
	D	C	B	A	隐性价值 （按客户地位及潜力）

图2-5 分级结果

至此，常用的客户分级方法就介绍完了。在实际应用中，要结合企业实际灵活变通。还需注意，客户分级后，不是一成不变的，建议每年对客户分级评估一次，做优化调整。

3. 制定客户经营策略

在对客户进行分类分级之后，如何有效地进行经营成为关键。这需要基于业务目标和资源投入评估，制定分层的经营策略。以客户为中心，既注重"养地"又关注"打粮"。其中，"养地"的核心在于深耕头部客户，即战略客户与核心客户。对于这部分客户，有三大核心经营策略。

（1）成立客户组织，制定一客一策

针对每个战略客户、核心客户，成立虚拟的客户组织，分别制定客户总体策略。完整的客户组织包括AR、客户责任人、技术赞助人、解决方案专家、项目集经理、运维服务专家。通俗来讲，AR就是责任销售，客户就是他的"责任田"。客户责任人，是客户第一责任人，战略客户由AR的上级领导销售副总裁担任，核心客户由AR的上级领导销售总监担任。技术赞助人，专门服务战略客户，由产研副总裁级别的负责人担任。解决方案专家，是战略客户和核心客户在技术层面的一条龙经理，负责客户在关键技术节点的决策，承担战略客户和核心客户的需求与机会管理，保障整体技术状态的可靠，对效果负责，来自解决方案总部（统筹进行资源匹配）或售前部门。项目集经理，按需配置。若客户存在多个交付中的项目，则配备项目集经理，负责交付资源的统一协调，并在客户侧负责交付质量及客户声音的管理，一般由交付部门的资深项目经理或者项目管理办公室（PMO）的人担任。运维服务专家，按需配置，若客户存在已经交付验收的项目，配置专门对接的运维服务专家，处理运维问题的资源协调及问题解决。

客户组织成立后，通过邮件在整个营销部门及涉及的相关方进行公告。需要说明一下，在成立客户组织时，到底需要什么角色的成员，应根据企业的情况做灵活调整。

客户组织是针对每个战略客户、核心客户成立的，客户总体策略也要一对一制定，形成一客一策。关于客户总体策略，建议按年度制定，核心内容是客户关系目标及落地方法，涉及客户关系、技术影响力、机会点分析准确度、客户满意度等方面。

（2）确定战略客户和核心客户的关键运营指标

制定的客户关系策略，最终需要体现在业务成果上，日常要密切关注核心运营指标。建议从五个维度制定日常运营核心指标：客户信息、财务、LTC、从问题到解决（ITR）、日常待办与客情温度变化。例如，客户信息方面，关注客户基本信息、联系人信息、决策链信息、关系温度的完备率。财务方面，关注年初目标完成进度、商机储备支撑度、应收逾期率等指标。LTC方面，关注商机立项及方案评审完备率、商机创建及时性、赢单率、是否有超支项目、是否有超期项目、项目变更次数等。ITR方面，关注售后工单及时关闭率、是否有客户投诉等。日常待办与客情温度变化方面，关注待办任务的执行情况和客户决策链上关键决策人的客情推进等。

制定日常运营核心指标后，还要制定判断是否合格或达标的标准，低于标准时，进行亮灯预警。

（3）明确日常运营流程，确保客户经营策略的稳步落地

建议日常运营至少包括客户复盘周会、高层拜访计划与执行、运营过程监督抽查、客户分级准入准出调整四部分。

①客户复盘周会

对于战略客户，建议由销售BU总经理每周复盘几个，一个月进行一轮；对于核心客户，由每个销售BU的销售总监每周进行复盘，由销售人员及与其协作的解决方案专家共同汇报，统一由各销售BU的销售运营团队负责组会和跟进。基于客户总体策略，重点复盘上周的待办执行情况、运营指标健

康度，并制订下周计划，同时由销售 BU 总经理或销售总监对任务执行情况给出评级，明确连续多少次不达标将收回客户经营权。

②高层拜访计划与执行

对于战略客户，建议每半年完成一次企业董事长或总经理级的客户拜访；对于核心客户，每半年完成一次销售 BU 总经理级的客户拜访。在企业层面，制定统一的拜访 SOP 并进行培训，由各销售 BU 运营人员或企业市场部人员负责访前、访中、访后的协助及运营推进。

③运营过程监督抽查

建议从客户组织工作进度与质量、市场运营指标及待办完成质量两个方面，由不同团队来监督跟进。客户组织工作进度与质量，建议重点关注客户关系培育进程、商机运作进度、项目交付质量及满意度，由企业解决方案总部联合交付部门找专人运营监督；市场运营指标及待办完成质量，由企业层面销售运营管理团队负责监督、抽查和统计晒榜。

④客户分级准入准出调整

在准入方面，建议按照客户分级准入的标准，由销售人员进行申报，企业客户管理部每半年或每季度组织评审团队进行评审后，进行增补。在准出方面，建议制定量化的评估标准，企业客户管理部每个季度组织评审团队进行评审，一旦不达标，需要及时降级，并给客户组织团队或销售人员一定的惩罚。例如，如果客户存在丰富机会点或商机，但由于销售人员个人原因导致运营指标表现不佳，则要求销售团队对该客户的销售人员进行强制更换。

此外，因企业资源有限，以客户为中心的经营也有"二八法则"。对于普通客户，一般不配备客户组织，从获取线索开始跟进，在商机立项后，采用"铁三角"模式，正常推进即可。

（二）内部资源拉通，提升客户经营合作效能

这一策略对应客户关系管理变革整体框架流程的第二步"客户关系规

划"的"客户组织"。前面阐述的客户组织相关内容，侧重客户组织的建立与职责。此处侧重讲清客户组织核心成员如何开展工作，相当于在成立客户组织之后，如何提升客户经营合作效能。

1. 内部资源拉通的激励措施

客户分级后，通过成立客户组织匹配对应的销售资源。但是，成立了客户组织，仅在形式上做了内部资源拉通，拉通的质量如何、与客户的信任是不是增强了、业绩增长是不是向好了等，更多是靠客户组织成员的工作方法和积极性，而不能仅靠一份任命或一个要求。因此，对客户组织成员进行有效的激励和考核，科学合理地分配收益，就显得尤为重要。

从表面上看，客户组织中的解决方案专家和项目集经理在客户组织工作中获得的酬劳，不能直接从销售团队的费用中划拨。否则，客户组织很难顺利成立，因为销售团队可能并不愿意承担这部分费用。笔者曾经遇到过这样的情况：销售团队在使用解决方案专家和项目集经理资源时，需要向这些专家资源池支付费用，结果导致资源池中少数"大牌"专家非常忙碌，大多数专家却无事可做。从销售的角度看，通常不愿意使用资源池中的专家，因为这意味着要扣除自己的成本，感觉不划算。因此，其更倾向于寻找不需要额外付费的普通售前人员。这种情况最终导致客户组织无法有效运行，客户经营也成为空谈。

那么，解决方案专家和项目集经理的激励考核奖金从哪里来呢？通常情况下，企业需要在每年做预算时，提前从每个销售团队的奖金中划出一部分，专门用于资源池的建设。这样，销售团队在申请专家资源、成立客户组织时，就不需要单独支付费用。这种安排使得销售团队在申请资源时没有负担，并且会积极申请这些资源。毕竟，这些专家资源不仅免费，而且非常有效，谁不愿意申请呢？

对于募集到的奖金，应该如何分配给解决方案专家和项目集经理呢？可以让解决方案专家和项目集经理与合作的销售团队共同计算业绩。同时，结合 To B 行业的特点，适当考虑一些"苦劳"因素。由于 To B 行业的客户下单周期通常较长，短则一个季度，长则一两年甚至更长，因此在奖金激励分配时，需要综合考虑经营结果和经营投入两个因素，既要考虑功劳也要考虑苦劳。这样，可以确保客户组织成员在合作时没有心结、没有怨言。因此，仅仅成立一个客户组织是不够的，更需要明确如何进行利益分配。

对于客户组织中的技术赞助人和客户责任人这两个角色，一个是产研副总裁，一个是销售副总裁，在奖金激励方面可能并不需要特别考虑。然而，如果从考核的角度来看，当客户组织的工作表现不佳时，确实应该思考如何实施适当的惩罚措施来确保责任明确。

2. 解决方案专家在客户组织中的关键动作

"内部资源拉通，提升客户经营合作效能"这一策略的核心目的之一是挖机会、落项目。所以，仅谈完激励分配还不够，还需要明确客户组织要完成哪些具体工作及如何执行。下面详细介绍在内部资源拉通后，解决方案专家在客户组织中的关键动作。

（1）从"闪婚"开始，深入了解客户业务

解决方案专家一般是在客户评审会给客户定级之后，组建客户组织时搭班入伙的，因此可能对客户的情况了解有限，甚至与负责这个客户的销售人员也没有深入合作过。可以说，在客户组织成立时，通过一封宣布成立的邮件这一纸"婚"约，便与销售人员"闪婚"了。其只知道企业分配了某客户这块"地"，至于这块"地"的具体情况并不清楚。如何耕耘这块"地"，就像与"闪婚"的销售人员的感情一样，需要在"婚后"培养了。基于这种背景，建议解决方案专家以解决历史遗留问题或支撑现行项目为切入口，先达成由"点"到"线"的理解，逐渐摸清底数。此外，还可以从规划客户汇报会开始，通过"事儿"了解客户业务。后续，逐渐把客户的业务现状、需求规划、与需求有关的能力水平，这三项摸清楚。

（2）基于对客户需求与业务的理解，对客户决策人形成解决方案影响力

成立客户组织，就是为了正向影响客户决策人，以便后续做出有利于本企业的决策，在这个过程中，解决方案专家的工作尤其重要。对客户决策人形成解决方案影响力的过程，也是形成客户认同，融入客户组织的过程。影响力的形成，从最初解决一个小问题、提供一个免费支持开始，到成功完成一次规划汇报，再到系统解决客户痛点等。其间，客户决策人的态度会逐渐转变，从最初的观望到认同，再到信任，最终形成对解决方案的影响力。换句话说，客户组织的解决方案专家在客户眼里不是乙方任命的，而是通过实际行动赢得信任的顾问。

（3）与销售人员一起运作新项目

解决方案专家需持续深化对客户业务的理解，以此建立信任关系。要精准识别并厘清客户的痛点，进而提出切实可行的解决方案，并参与决策过程，从而有效引导新项目的启动与发展。

（4）参与LTC项目中的关键评审与事项把控

对企业来讲，战略客户和核心客户可能会陆续带来不同项目。鉴于解决方案专家需要从客户全生命周期的视角开展工作，所以其必须参与正在进行中的商机立项评审、项目"铁三角"组建、解决方案评审等重要环节的关键评审与事项把控，甚至需要亲自担任当前商机的SR，以确保项目的顺利推进和成功实施。

除了解决方案专家的这些关键动作外，提高客户经营的合作战力还离不开客户组织的日常运营。

3. 客户组织的日常运营

在分层制定客户经营策略中，谈到了企业层面的客户复盘会、高层拜访、

运营过程监督抽查等客户运营流程。在客户组织中,日常运营机制同样至关重要。其核心包括两个方面:每周召开客户组织周例会;建立日常工作沟通群。下面来看一个召开客户组织周例会的案例。

案例:如何召开客户组织周例会

某 To B 企业召开客户组织周例会,由解决方案专家担任会议管理员,销售人员、解决方案专家、承担该客户项目工作的 SR 必须参会;如果有 FR 和项目集经理,也必须参会;技术赞助人、客户负责人等按需参会。在客户组织周例会上,重点关注五类事项。

第一,盯进展。关注目标与行动策略的进展,具体要关注客户总体目标与关联的阶段性目标,以及基于当前阶段重点目标设计的行动策略进展如何。行动策略是为了达成客户总体目标和阶段性目标,集客户组织之力,经过战略性、全局性深度思考后,形成的一系列关联性动作的整体方案,需要通过客户组织周例会每周去审视进展与纠偏。

第二,管过程。关注计划的执行,优先说明周待办、周计划的完成情况,计划的行动要与当前阶段目标或年度目标挂钩。

第三,落项目。关注线索与商机的运作,以及线索拓展和商机项目的推进情况,包含销售侧、解决方案侧的双向推进,过程中是否达成客户关系、技术影响力、机会点分析准确性等方面的目标。同时,要识别推进中的风险,并将清除风险的计划纳入待办。

第四,挖机会。对于老客户,关注在建的和运维中的项目,以及项目交付、运维过程中的困难、风险及是否需要资源支持。当在客户组织内部遇到难题时,不必迟疑或等待。因为客户负责人和技术赞助人等企

> 业副总裁级别的管理人员均在客户组织内，其随时都能提供支持和协助。此外，在建和运维中的项目是提升客户满意度的核心环节，没有客户满意度，就不会有新的机会出现。
>
> 第五，管计划。关注阶段目标达成工作与风险解决持续计划。简言之，就是明确下周的计划，以及形成下周的待办。

关于日常工作沟通群，建议分为两个群，由销售人员或解决方案专家担任群管理员。大群主要用于处理与客户组织相关的事务、机制建设及重要节点的工作进度和计划通知。该群的成员构成较为广泛，包括但不限于销售人员及其上级管理链条，直至销售总监；解决方案专家及其上级管理链条，直至总监级别；技术赞助人、客户负责人、承担该客户项目工作的SR，如果涉及运维服务专家、项目集经理、FR等，也应邀请其加入大群。小群则侧重于日常的信息同步、工作讨论、行动策略制定等方面，同时也为团队成员提供了一个轻松交流的空间。此群主要由直接参与项目执行层面的人员组成，如销售人员、解决方案专家、承担该客户售前工作的项目SR、项目集经理等。

至此，内部资源拉通的组织架构建立、激励分配、重点角色的工作及日常运营等内容全部阐述完成。通过这些详细的介绍，对于如何有效实施内部资源拉通以提升客户经营合作效能的具体措施已然清晰。

（三）规划立体客户关系，强化高层关系维护

这一策略对应客户关系管理变革整体框架流程的第二步"客户关系规划"中的"立体客户关系"。

1. 什么是立体客户关系

发展立体客户关系，即通过关键客户关系、普遍客户关系、组织客户关系的发展，进行立体化的客户关系经营，从而实现客户关系的深耕。三类客

户关系的含义及其之间的相互关系具体如下。

（1）三类客户关系的含义

①关键客户关系

关键客户关系，主要是指与项目决策链上的批准人、决策人之间的关系。其一般是客户方的中高级管理者，比如副总或参与决策的部门总监，这类决策人在决策链上具备相当的话语权或否决权。关键客户关系是企业在商机推进过程中一直在发展的关系。问题在于，仅发展关键客户关系是远远不够的，因为客户项目往往涉及多个决策线，包括业务线、技术线和采购线等。在这些决策线上，都有项目招标的评委，即所谓的评估者，其意见同样至关重要，不容忽视。如果仅仅依赖关键客户关系，一旦这些关键人物的岗位或职责发生变动，项目的成败将受到严重影响。所以，要穿透组织层面，建立两家企业间的深度合作，以减少关键客户关系对项目成败的影响。

②普遍客户关系

普遍客户关系，指与客户项目决策链上所有主要参与者的客户关系。客户的决策链涉及多条线和不同角色，每个角色的职权和作用各不相同。例如，在业务线、技术线和采购线上，每条线都有不同层级的角色，包括招标评委、使用用户等。为了确保项目成功，通常需要在各个决策线上积极开展工作，争取获得全面支持。特别是对于老客户，已经交付项目的普通用户的满意度也会影响后续新项目的推进。因此，建立良好的普遍客户关系，也是提升客户满意度的群众基础。

③组织客户关系

组织客户关系，指两个企业或组织之间建立的长期稳定的合作关系。这种关系超越了简单的产品和服务交易，涉及双方在多个层面上的互动和协作。能否建立组织客户关系，重点在于两个组织是否"匹配"，是否"对昧儿",在未来发展中是否长期存在交集。如果能建立组织客户关系,一般会签订战略合作协议、联合共建实验室,甚至联合进行产品开发、战略入股等。这与客户联合共创的含义是类似的。尤其是针对大客户,需要尝试建立组织客户关系。

(2)三类客户关系的递进逻辑

在客户关系的管理中,三类客户关系之间存在着层层递进的逻辑。

关键客户关系是立体客户关系的起点,其建立在与客户关键决策人之间的深厚联系之上。这些决策人不仅掌握着项目的最终决策权,还影响着整个决策链对供应商的看法,因此赢得这些决策人的信任和支持是打开客户大门的关键。建立关键客户关系的同时,也应该致力于拓展普遍客户关系,这意味着在客户的整个决策链上,需要与各个部门和角色进行广泛的互动和沟通。

普遍客户关系的建立确保了项目在执行过程中可以获得全面的支持和协作,减少阻力和障碍。当企业在客户内部建立了广泛的联系,并在多个层面上获得支持后,组织客户关系将自然而然地得以深化。

组织客户关系超越了个人和部门的界限,是两个组织之间建立的战略合作伙伴关系。这种关系强调"门当户对",强调在未来发展中,双方可以长期保持交集和合作。

一般来说,首先建立关键客户关系,然后建立普遍客户关系,最后建立组织客户关系。三者之间还存在相互影响的动态关系。在普遍客户关系稳固建立后,对于拓展关键客户关系将产生积极影响。良好的群众口碑基础使得关键客户更容易受到正向影响,进而促进双方关系的深化。而一旦建立了稳固的组织客户关系,即使客户内部出现人员变动,新上任的决策人也会受到现有关系的影响,从而有助于关键客户关系的重新建立。这种稳固的关系能够降低因个别关键人岗位变动对企业采购决策带来的影响,确保业务的连续性和稳定性。

现在已经明确了立体客户关系的概念，那么如何衡量立体客户关系的发展是否到位呢？对于组织客户关系，可以通过查看是否有战略合作协议、联合共创项目或共建实验室等来衡量。但是，关键客户关系和普遍客户关系的衡量标准又是什么呢？这个问题将在"统一客情判断标准，提升有效拜访"举措中，与其他客情判断的尺度一起解答。

2. 发展立体客户关系的四点提醒

为了更好地构建和发展立体客户关系，需要注意四点。

（1）发展立体客户关系，需要客户组织和项目"铁三角"共同推进

发展立体客户关系的客户，一般是企业"二八法则"的头部客户。战略客户和核心客户就属于头部客户。因此，针对每个这样的客户，建议都成立专门的客户组织。一旦有了商机，客户组织和项目"铁三角"就会共同推进立体客户关系的发展。对于一般客户，建议以关键客户关系和普遍客户关系为主，由项目"铁三角"负责推进客户关系即可。当有了这两个组织及管理规则后，立体客户关系的建设就有了机制保障，避免了责任不清和配合不力的问题。

（2）发展立体客户关系，要与客户的决策模式相匹配

客户企业的决策模式直接影响发展立体客户关系时的策略和路径。例如，针对集团级大客户，当面对"集权制""诸侯制"两种不同决策模式时，规划与发展客户关系的范围、路径及链条都会有所不同。当面对国有企业、不同类型的股份制企业、私营企业，以及不同规模的企业时，立体客户关系的发展路径都会根据企业的规模和特点进行灵活调整。

（3）关注关键客户关系是否有隐性决策链

在分析某些客户的决策链时，不应仅局限于表面可见的汇报关系和业务职责。实际上，诸如谁与谁曾是同学、前同事，谁与谁私交甚笃，甚至包括

家庭成员（如配偶）所在的单位等信息，都可能成为隐性决策链上的关键节点。特别是当这些关联方恰好也是企业的战略客户时，这种联系就更显重要。因此，在规划和发展关键客户关系的过程中，必须充分考虑并利用好这些隐性信息点，否则可能会在不知不觉中错失良机，甚至导致失败而不知原因所在。

（4）项目的决策链与项目金额大小有关

任何客户关系的推进，都有成本，如果用高射炮打蚊子，不仅浪费资源，也难以取得预期效果；同理，试图用蚂蚁之力撼动大象也是徒劳无功。所以，客户关系的推进，要根据项目的金额和客户企业的规模，发展与之匹配的客户关系。例如，对于年收入不足10亿元的小型私营企业来说，即便是价值仅10万元的合作也可能需要得到最高管理层的批准；而对于年营收超过百亿元的集团公司来说，这样规模的项目高层可能根本不会关注。

3. 高层关系的维护如何落地

在建设立体客户关系中，关键客户关系和组织客户关系的良性发展，往往离不开高层之间的互动，离不开高层关系的维护。具体而言，高层关系的维护有三个关键环节。

（1）从企业层面制定高层关系维护管理规则

在面对大客户时，从销售的角度来看，自然期望企业高层能够亲自出面帮助推动与客户高层的关系。然而，鉴于企业高层的时间和精力有限，这就需要从企业层面制定一套关于如何维护客户高层关系的规则。这些规则应明确指出，哪些客户的高层关系需要企业高层介入，参与人员包括哪些，需要解决的具体问题有哪些，以及以何种形式推进，推进效果如何跟踪闭环等。结合经验，一般将客户分类分级后，针对头部客户，需要企业高层推进客户关系的维护，并需要把高层关系维护规则合并到头部客户运营管理规则里面。例如，针对战略客户，由企业董事长或总经理每半年与客户高层进行一次会谈；针对核心客户，由销售副总裁每半年会谈一次。同时，把这些规则要求纳入客户组织的年度或半年度工作目标和任务。

（2）制定高层关系推进标准操作流程

高层关系维护管理规则，仅是一个规则性要求，不是 SOP，没有落地的标准与具体流程，这导致在实际应用中，不同的销售团队或客户组织在执行时可能会产生各种差异，甚至可能出现遗漏或不一致的情况。因此，高层关系维护需要按场景分门别类地制定标准操作流程，比如客户高层来企业参观接待流程、企业高层走进客户拜访流程、双方高层出席的战略协议签约流程、邀请客户高层在重大论坛发言的流程等。下面来看一下客户高层到访企业的标准操作流程。

客户到访需要从访前、访中、访后三个阶段进行管理，形成一个完整闭环，以终为始，从最终效果出发分别制定不同的行动，充分使用各种工具，如图 2-6 所示。此外，还需要明确每个阶段的具体目标、每件事情由谁负责，以及具体的执行时间。为此，需要制定一份详细的关键行动推进表（见表 2-4），将任务拆解到人头，并明确时间节点。在关键行动推进表中，需要详细列出每个节点的业务目标、关键策略及人员分工，甚至客户参访后没有开车的重要客户需要安排送回家或帮忙打车这类细节，也要明确列示出来并指定责任人。

（3）对标准操作流程的涉及方进行宣贯培训

制定了高层关系推进标准操作流程之后，需要对涉及方进行多轮宣贯培训，以确保充分了解并能随时参考。考虑到人员流动性和企业发展会不断有新生力量的加入，建议将这些操作流程录制成视频，上传至企业内网，供所有员工学习使用。如有需要，也可以设置相应的考试，以检验员工的学习成果。

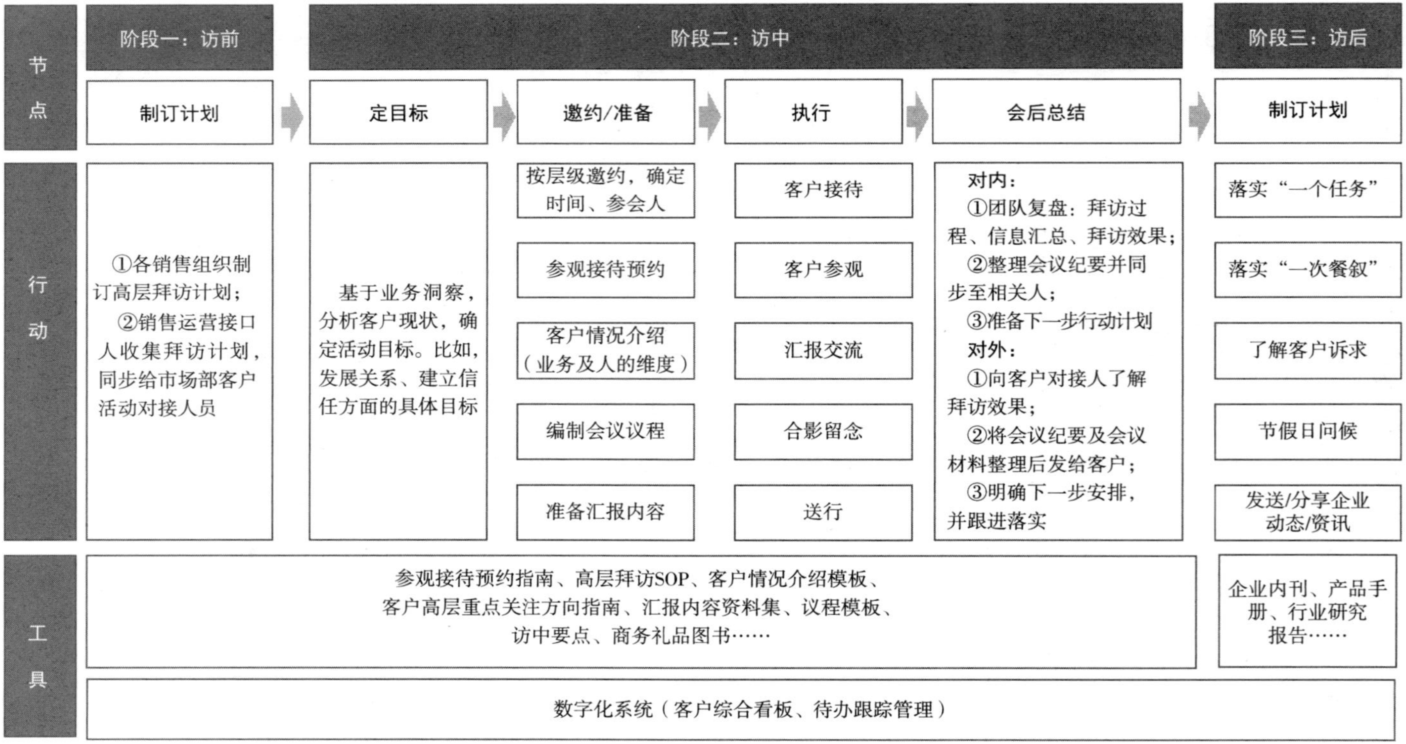

ToB 营销数字化实战

节点	阶段一：访前	阶段二：访中				阶段三：访后
	制订计划	定目标	邀约/准备	执行	会后总结	制订计划
行动	①各销售组织制订高层拜访计划；②销售运营接口人收集拜访计划，同步给市场部客户活动对接人员	基于业务洞察，分析客户现状，确定活动目标。比如，发展关系、建立信任等方面的具体目标	按层级邀约，确定时间、参会人；参观接待预约；客户情况介绍（业务及人的维度）；编制会议议程；准备汇报内容	客户接待；客户参观；汇报交流；合影留念；送行	对内：①团队复盘：拜访过程、信息汇总、拜访效果、下步相关人；②整理会议纪要并同步相关人；③准备下一步行动计划。对外：①向客户对接人了解拜访效果；②将各整理后发送客户材料；③明确下一步安排，并跟进落实	落实"一个任务"；落实"一次餐叙"；了解客户诉求；节假日问候；发送分享企业动态资讯
工具	数字化系统（客户综合看板、待办跟踪管理）					企业内刊、产品手册、行业研究报告……

参观接待预约指南、高层拜访SOP、客户情况介绍模板、客户高层重点关注方向指南、汇报内容资料集、议程模板、访中要点、商务礼品图书……

图 2-6 客户高层到访关键行动及工具全景图

66

第二章 对外搞定客情

表 2-4 客户高层到访关键行动推进表

分类 \ 节点	立项	邀约/准备	接待	参观	会议	送行	跟进
业务目标	基于业务洞察，分析客户现状，确定活动目标	邀约到场客户层级达标	客户关系温度提升	传递企业业务全景，展示企业实力	引导客户进行业务相关话题讨论	感受"最后一公里"	持续激发，促进商机达成
关键策略	客户关系目标、商机漏斗	①充分沟通客户关注点；②充分准备汇报内容	①与行政专员做好沟通对接；②企业高层亲自迎接；③统一着装	确定展厅内容路线及内容	①核心能力汇报；②相关案例分享；③专题内容汇报；④充分交流研讨；⑤植入合作构想	合影留念，客户送行	①给客户发送会议纪要；②约定后续进一步详谈；③持续跟进
客户责任人（销售序列副总裁或销售总监）	①分析客户现状，确定活动目标；②确定企业高层时间	①发起讨论会，确定汇报交流方案，会前将汇报方案汇报给企业高层；②把控邀请情况；③完善准备客户情况，作为准备阶段的重要资料输入	陪同接待现场重要客户	①提前确定参观路线；②当天陪同参观	①提前一天参与彩排；②当天主持会议；③按预期设定控制节奏，激发合作事项；④会议结束后，赠送对方高层礼品	①合影留念；②重要客户送行；③约定下次拜访或餐叙	致谢，回访

67

续上表

分类	节点	立项	邀约/准备	接待	参观	会议	送行	跟进
解决方案专家、技术赞助人		分析客户现状，共同确定活动目标	①共同完善客户情况；②参与讨论，共同讨论确定汇报交流方案	当天共同接待，活动前问候或交流	当天陪同参观	①提前一天参与彩排；②当天参加会议；③研讨环节与客户充分交流，寻找需求机会并得反馈	重要客户送行	共同回访
责任销售（AR）		①沟通客户诉求；②确定客户时间；③完成参观接待预约	①组织讨论会，确定汇报交流方案，建立沟通线；②输出活动议程；③督促各汇报人完成汇报方案；④动态邀约管理；⑤客户车辆准备	①当天提醒客户；②迎接指引；③现场组织	①提前沟通参观路线；②当天带领客户进行参观	①提前一天确认并提醒汇报人，同时提前彩排；②指定销售人员协助现场会务；③指定销售人员记录会议纪要；④会议结束后赠送图书或伴手礼	①引导合影；②客户送行，对于末开车的重要客户，安排送其回家或帮忙打车	①给客户发送会议纪要和会议材料；②约定拜访后续进一步详谈
汇报人（解决方案专家、技术赞助人等）		—	①对齐活动目标；②确认并准备汇报内容	提前到场做汇报准备	—	①汇报；②答疑交流	—	提供可分享的会议材料
时间		提前两周	提前一周			活动前一天与当天		活动后三天内

68

（四）绘制大客户画像，加深对客户的理解和认识

这一策略对应客户关系管理变革整体框架流程的第三步"客户接触"中的"三摸清"。只有深刻理解客户，才能更高质量、更高效地经营客户。总结下来，可以从两个方面绘制大客户画像。

1."三摸清"是 To B 企业客户经营的源头

（1）摸清客户现状

在"三摸清"中，先要摸清客户的业务现状，一般包括客户的业务规模、主要产品、主要客户、近三年业务增长情况、利润情况、核心竞争力、当前的挑战与机遇、主要的竞争对手、客户行业的发展趋势，以及决策链、关键决策人的关键绩效指标（KPI）、采购流程等。以外，还包括客户过去都采购了哪些友商的产品，什么时间采购的，使用效果如何等。同时，也要关注客户过去采购本企业产品的情况，包括使用体验和反馈。

（2）摸清客户需求

对于摸清客户需求，需要了解客户需求的背后驱动力，包括政策监管、业务发展、特定事件、政绩追求，或是年度预算的使用压力等。了解了需求驱动力，后续了解客户需求时，方向感更强。摸清客户需求，还要从企业层面和关键决策人的角度去摸排。这两个层面的需求缺一不可，否则在未来的商机孕育中可能会遇到阻碍，甚至白费力气。摸清客户需求，最常规的方法是要找到客户的业务痛点，即那些如果不解决就会严重影响企业运营的问题。有时候，还需要通过顾问式销售技巧（SPIN 法则）来引导客户，帮助客户厘清需求并认识到解决问题后的收益。这样，才能更好地满足客户的需求，实现双赢的局面。

在摸清客户需求的过程中，不能忽视客户的规划，特别是与本企业产品相关的领域。需要了解客户的具体规划是什么，尽管有时候其可能并未单独为这块业务做详细规划。这就需要销售人员和售前人员通过与客户的沟通，去发现、梳理并总结相关信息。如果无法了解到客户三至五年的长期规划，那么可以从客户的年度任务和年度目标入手，通过分析目前在建项目和运行项目来了解客户的业务规划。同时，还可以从过去三年的预算及实际支出情况入手，去判断客户的规划投入。此外，了解本年度的预算情况也是洞察客户规划的一个重要途径。如果客户有完整的业务整体规划图，并且能够展示已建和未建的项目情况，就可以以此为切入点，深入了解客户的具体规划。还有一种方法是，如果客户自身没有明确的规划，但有做规划的意愿，可以采用轻咨询的方式帮助客户制定规划。这样，后续与轻咨询相关的项目一般也会由本企业来承接。

（3）摸清客户与需求有关的专业能力

"三摸清"的最后一项，是摸清客户与需求有关的专业能力状况。例如，本企业是做网络安全的，就需要了解客户的网络拓扑图、安全架构、业务系统、安全防护能力的现状，甚至客户过去是否发生过安全事件、发生的原因、解决方法等都要了解清楚。

对于"三摸清"的这些信息，不是接触客户一次就能了解清楚的，需要不断更新完善。同时，这些信息也并非销售人员一人能完全掌握的，尤其是涉及本企业产品相关的细节，需要售前人员一起去了解，并丰富到客户画像中。

2. 利用数字化系统盘清客户全生命周期数据

客户全生命周期数据，是大客户画像必不可少的内容。通常情况下，客户全生命周期数据可以分为客观数据和主观数据两类。

（1）客观数据

①标讯

在 To B 行业中，许多采购活动是公开挂网的，尤其是国有企业，其有明确的采购挂网要求。因此，客户的标讯在很多 To B 行业中是可以采集到的。通过分析标讯，可以了解到客户发布了哪些招标项目，本企业参与了哪些项目及中标了哪些项目。同时，还需要关注那些本企业未参与或未中标的项目，以及哪家企业中标了。这些信息都需要在客户画像中清晰地展示出来。此外，通过标讯，还可以分析整个市场的规模及本企业在市场上的竞争力。这有助于评估本企业的市场表现，并确定是否需要加强销售人员的工作。

②客户档案信息

客户档案信息，至少应包括客户企业的相关信息和联系人的相关信息两大类。此外，还可以扩展收集与本企业产品相关的客户年度预算信息、决策链信息、客户信用信息等。这些信息可以通过对接天眼查或企查查等平台来获取。

③客户的历史订单和服务信息

客户的历史订单和服务信息，是在服务客户的过程中自然积累下来的。需要重点关注每笔历史订单的金额、过往付款是否有逾期、是否存在遗留问题及是否有过客户投诉等情况。

以上就是在客户画像中用到的客观信息，通过这些信息，能够进一步加深对客户的理解与认识。

（2）主观数据

正在跟进中的商机是否靠谱是基于人的推测，因此属于主观数据，建议重点从客情和内部协同两个方面梳理。

①客情方面

在客情方面，至少关注四类信息：一是，关注客户的项目决策链，了解谁是批准人、决策人、评委、用户，谁是业务线上的、技术线上的、采购线上的等；二是，关注项目决策链上每个人的采购倾向性，是排他性支持、支持、中立、反对，还是极力反对；三是，关注项目决策人的核心关注点，了解其工作的核心KPI是什么，背景信息如籍贯、在该企业的工作时间、毕业学校、生日、配偶的职业及业余爱好等；四是，关注竞争对手情况，了解目前是哪个销售人员在跟进，其惯用打法是什么，客户方都是哪些人支持该销售人员等。

②内部协同方面

在内部协同方面，需要明确项目"铁三角"中各个角色的分配情况，以及商机立项和解决方案的进度。同时，还需要关注目前是否存在任何内部卡点或障碍。

以上便是绘制大客户画像时必不可少的数据，其有助于更深入地了解和认识客户。只有全面理解客户，才能实现真正意义上的客户经营。

（五）给客户提供优势创新型解决方案

这一策略对应客户关系管理变革整体框架流程的第三步"客户接触"中的"推进客户关系"和"项目运作"。因为通过提供优势解决方案，既能增强客户的信任，又能推进项目落地。那么，什么是客户眼中的优势创新型解决方案呢？结合笔者的工作经验，符合以下几种情况甚至一种情况的时候，就是客户眼中的优势创新型解决方案了。

1. 解决方案是在充分了解客户业务和痛点的基础上量身定制的，而不是千篇一律的产品堆砌

笔者在网络安全公司工作时，一位售前专家曾指出："我们卖给客户的不仅仅是防火墙或杀毒软件，更是通过提供解决方案给客户赋予一种安全能力。"一种是卖产品，一种是让客户具备安全防护能力，理念上的差异立刻显现出来。尽管最终交付给客户的都是防火墙和杀毒软件，赢得的客户信任却截然不同。目前，销售实验室仪器的企业也是采用类似的模式，其为客户提供整体建设方案，包括实验室的人员配备、岗位职责、仪器设备，以及操作流程和规范等一体化的解决方案，然后再把自己的仪器打包到这个方案中。什么是优势创新型方案？可以这样理解：即使是卖饲料的，也需要结合客户养殖牲畜的具体情况，提供专业的饲养建议，包括如何喂养、如何提高牲畜的免疫力等，然后将饲料打包进这些建议。如果仅仅谈论饲料的配比和价格，客户一定会进行对比，即使价格低，客户也不一定会选择。

2. 制定整体视角下的全景规划方案，清晰展现整体路线

例如，客户正在进行数字化转型，为其开展营销数字化项目时，需要从数字化建设的整体视角提供一个全面的数字化转型规划，明确数字化转型的关键节点，并将营销数字化的具体实施步骤融入整个转型规划。这样，一方面便于客户内部向上汇报，另一方面也能满足客户高层领导对清晰完整转型蓝图的期望。

3. 制定过客户认可的同行的同类项目方案

例如，客户所在行业的第一名是本企业的客户，在给行业内其他客户提供解决方案时，通常行业第一的方案就是最好的参考。此时，客户可能不会要求太多创新，希望直接"抄作业"。但是，也可能碰到不服气的客户，其拒绝采用行业第一使用过的解决方案。这种情况下，就不应再依赖行业第一的标杆案例了。

4. 借助经验沉淀，针对客户的痛点提供直接且高效的解决方案

这种方式不仅容易获得客户的认可，更能获得具有竞争优势的解决方案。以笔者在甲方负责营销数字化的经历为例，当年，在进行营销数字化建设时，我们遇到了一些瓶颈，尽管尝试了所有可能的方法，但仍不知道下一步该如何推进。于是，我们找到乙方合作伙伴帮忙做营销数字化的规划。借助乙方的经验沉淀，我们很快找到了突破点，并与乙方合作了后续项目。这正是为客户提供优势创新型解决方案的一个实例。

（六）统一客情判断标准，提升有效拜访

这一策略对应客户关系管理变革整体框架流程的第三步"客户接触"中

的"推进客户关系"和"项目运作",因为有效拜访的目的就是推进客户关系和项目运作。那么,如何提升拜访有效性?这不仅是设定拜访目标、制订拜访计划及管理拜访闭环那么简单;更重要的是,在客情判断的尺度上要实现统一,遵循一定的章法,做到"书同文,车同轨"。需要明确差距所在,并在拜访过程中及时验证拜访的有效性。在统一客情判断标准上,需要注意六个方面。

1. 获取项目立项五要素

在客户启动一个外采项目时,如何判断其是否真的要启动项目,还是仅仅为了某个目的而找厂商了解学习呢?这通常需要明确获取五项要素。

(1)项目背景

项目背景就是客户为什么要启动这个项目。需要深入了解项目背后的需求驱动力,明确要解决哪些痛点,以及项目的整体目标是什么。当然,针对大客户,也有与客户共同筹划项目的情况。

(2)项目名称

项目名称是什么,这一点通常容易被销售人员忽视,但实际上它非常重要。如果客户能够提供一个在其企业内部达成共识的项目名称,甚至该项目名称已经出现在正式资料中,那么这通常意味着该项目非常靠谱。

(3)项目预算

项目预算是客户计划在该项目上投入的资金总额。如果客户尚未确定具体的预算金额,那么该项目可能仍处于酝酿阶段,是否能够立项还存在不确定性。如果本企业的产品只是项目需求的一部分,并且无法作为总包方参与,那么不仅需要了解项目的整体预算,还需要明确本企业能够触及的预算部分。对于本企业来说,只有能够触及的那部分预算才是真实的。

(4)时间阶段

项目的起始和截止时间点是什么,整个项目的阶段计划是什么,计划什么时间采购或招标，希望什么时间交付或实施，本企业是在哪个时间阶段介入等，这些信息都要做到心中有数。

（5）采购方式

项目将采用何种采购方式？是公开招标、邀请招标、竞争性谈判，还是单一来源采购？需要对此有清晰的了解。

这五项要素非常客观，无须销售人员进行推测和判断。它们对于准确评估项目情况具有极大的帮助。

2.项目前中后期的判断标准需统一

如何界定客户项目的前中后期呢？首先需要明确项目的前中后期以客户项目的进度为标准划分，而不是企业进入项目的时间。在不同阶段，客户关注的重点内容不同，企业的发力点也应该相应调整。要在合适的时间做合适的事情，否则可能会事倍功半，甚至适得其反。

一般把项目预算的到位、采购或招标时间的明确，作为客户项目前中后期判断的标准。需要注意：项目预算到位，指的是项目预算可以使用，已经审批完毕，而不是预算编制的审批完成。例如，有些企业在年初会进行预算编制和审批，但在真正使用预算时，还需要再次走使用审批流程。如果没有获得审批，预算就无法使用。此外，还可能遇到因经营策略调整而导致预算无法审批或被挪作他用的情况。

在项目的前中后期，客户关注的重点各有不同，如图2-7所示。通常情况下，在前期，客户主要关注的是价格和需求。如果在这个阶段与客户谈论风险，其不仅可能不会听取意见，还可能产生不好的印象。到了中期，预算已经批复，客户的重点便转向了方案。此时，如果再与客户讨论需要花费多少钱，就显得不合适了。而在后期，当招标即将开始时，客户会特别关注风险，担心是否存在潜在的问题。这时候，如果还在与客户讨论需求或方案，那就完全没有抓住重点。因此，客户项目前中后期的判断标准必须深入营销团队每个人的脑海，并确保标准统一。

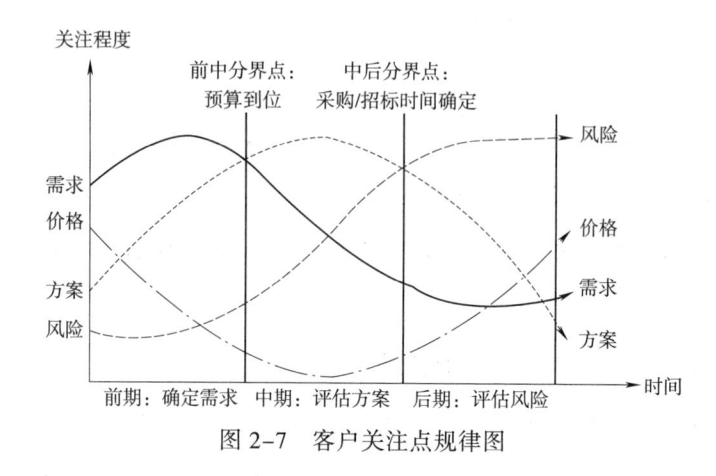

图 2-7 客户关注点规律图

3. 项目组织架构图和采购角色需明确

在复盘销售项目时，营销部门经常发现销售人员仅凭客户企业的组织架构图来阐述客户的决策链和内部工作关系，这种做法是片面的。销售人员还应当根据客户企业的组织架构图进一步绘制出项目组织架构图（如图2-8所示）。因为不同规模、不同决策模式的企业，以及金额不等的项目，其项目组织架构图会有所差异。此外，除了极少数小项目外，大多数项目在组织架构图中都需要明确标出采购部门的位置与作用，若项目涉及代理招标，还需体现出招标企业及甲方代表的信息。

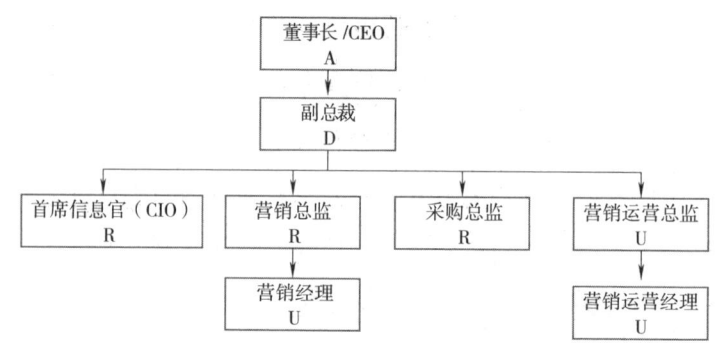

图 2-8 客户项目组织架构图示例

在复盘销售项目时，还经常听到销售人员提到客户的"张总""李总""刘主任"等，这种做法也不合适，需要使用采购角色来进行区别。客户项目中的采购角色，一般分为项目批准人（A）、决策人或拍板人（D）、评估者或评委（R）、用户（U），简称 ADRU 四种角色。无论是在企业内部复盘销售项目，还是销售人员跟客户日常沟通，抑或谈论项目决策链，都需要对客户方的人员进行 ADRU 四种角色的区分。采用这种方式，才能在客户关系温度推进上有的放矢，才能为统一客情温度判断标准奠定基础。

针对 A 和 D 这两个角色，有些人容易混淆。在这里，对它们的区别稍作解释。A 是项目批准人，负责审批预算和项目立项，同时也有权改变投资的使用方向。A 通常是企业或某块业务的一把手，可能在项目中乙方人员直接接触不到。而 D 则是决策人，负责拍板选择哪个供应商，对供应商有决定权和否定权。D 的级别一般低于 A，是乙方在项目上需要重点攻克的对象。但是，在规模较小的企业，或金额较小的项目，A 和 D 有时是同一人。

采用 ADRU 的角色划分进行沟通，在客户关系推进的目标对象上思路可以更加清晰、目标更为明确；在判断客户关系的温度及采购倾向性时，也有了明确的对象。

另外，项目组织架构图与立体客户关系也有一定的关联。一般情况下，项目组织架构图涵盖立体客户关系中的关键客户关系和普遍客户关系。项目组织架构图中的 A 和 D 两个角色，就是关键客户关系里最核心的角色。R 和 U 两个角色是普遍客户关系里面的核心。R 一般来自客户的技术线、业务线、采购线、财务线等部门的核心岗位，通常是招标过程中的评委，其意见不可忽视。而 U 则是普通用户，通过与其互动，可以建立良好的群众基础和口碑。甚至，如果希望拜访客户的 D 甚至 A，了解其何时在企业、今天是否在岗及最近有哪些竞争对手拜访等信息，这些都可以由关系良好的 U 来提供。

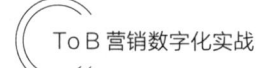

4. 客户采购倾向性的判断标准需量化

部分销售人员有时会这样说："客户某某是项目决策人，与我关系非常好，随时都能约出来吃饭。"然而，项目最终失败了。其实，仅凭这些互动，难以判断对方是否真心支持，因为竞争对手也可能成功邀请到该项目决策人。要确定其是否真正站在己方，企业需要为销售人员提供一套统一且可量化的判断标准。

各采购角色的采购倾向性也称为客户关系温度，具体分为强力支持、支持、中立、不支持、反对五种。下面详细分析。

从内心支持己方赢得项目，即便在压力下依然毫不动摇地坚守立场，这种情况称为"强力支持"。希望己方赢得项目，但在外界压力下可能会动摇，这种情况称为"支持"。例如，当其领导选择支持己方的竞争对手时，其也跟随转向，这种行为就是在压力面前表现出了动摇。还有一种情况是"中立"，即保持不偏不倚的态度，不倾向于任何一方，纯粹根据客观因素和项目本身的情况来做出评估和决策。此外，不愿意看到己方赢得项目，称为"不支持"。而从内心深处希望己方失去订单，这就是"反对"。

那么，如何验证呢？是不是每种采购倾向性都需要验证呢？是不是项目组织架构图中的每个角色都需要验证呢？有三条建议：一是，针对"强力支持"和"支持"这两种有利于赢单的倾向性进行验证；二是，至少对 A 和 D 两种角色进行验证；三是，企业根据所在行业及产品特性，制定可验证的客观标准。

在此分享笔者曾经使用的评估标准，以供参考。当满足可以私下约见的前提条件时，在以下六条中满足三条，就可记为"支持"。这六条包括：共同策划项目预算、提供客户企业内部信息、一起制定招标参数、提供竞争对手情报及策略、引荐项目组关键人物、帮助控制项目进度。若在面对压力时仍不动摇的前提下，在以下六条中满足两条时，则可记为"强力支持"。这六条包括：指导下一步工作行为、确定有利于己方的商务及技术要求、排他性推荐己方、确定有利于己方的采购方式、指导报价、帮助解决紧急问题。

只有对采购倾向性进行量化并制定验证标准，且确保统一使用这一尺度，客情关系才能被有效掌握。这样，也能明确了解自身的不足，并有针对性地加以改进。

5. 对项目决策人的全面了解需有客观标准

某些销售人员通常声称自己与某客户的项目决策人关系密切，但当进一步询问该项目决策人的个人信息时，很多销售人员却答不上来。这反映出两个问题：一是，对于项目决策人，不知道应该了解什么；二是，不知道应该了解到什么程度。

从"了解什么"的角度，建议从家庭（F）、工作（O）、消遣（R）、动机（M）四个维度了解（即项目决策人 FORM 表）。在家庭方面，可以通过"家庭七问"来获取详细信息，包括籍贯、年龄、生日、毕业院校和专业、配偶工作、孩子年龄、父母的健康状况和居住地。在工作方面，了解其岗位情况、职业经历、业绩目标完成情况，以及与上司和同事的关系等。在消遣方面，了解其在业余时间的兴趣爱好，比如钓鱼、下围棋、旅游、登山或跑马拉松等。在动机方面，探究其追求成就的内在驱动力，涉及思考逻辑、性格特点、价值观和深层志趣等。

从"了解到什么程度"的角度，要从这四个维度全面深入了解项目决策人，通过多次接触和合作，对这四个维度能够清晰地回答出来，这才算得上对项目决策人熟悉，而不是靠个人的主观感觉。

6. 对竞争对手的了解需要量化

从赢单的角度出发，深入了解竞争对手是至关重要的，这也是有效拜访客户前必须做的功课。获取竞争对手的信息通常较为困难，除非自己是从竞争对手企业跳槽过来，或者客户愿意分享一些有关竞争对手的信息。这也凸显了发展普遍客户关系的重要性。如果普遍客户关系发展得好，有时候不仅能获取一些内部消息，还能了解到竞争对手的最新动向。

既然获取竞争对手的信息很困难，那么一般建议优先了解竞争对手的以下信息。一是，了解竞争对手的企业及相关人员。具体来说，要弄清楚都有哪些竞争对手参与了客户的项目，以及销售人员是谁等。二是，了解竞争对手在客户项目决策链上的支持情况，是否有内部支持者等。三是，了解竞争对手惯用的策略，包括是否倾向于采用低价策略、是否喜欢带领客户参观考察、是否偏好做POC或是否经常通过组织活动等方式来建立关系等。掌握了这些具象化信息后，就能更精准地评估对竞争对手的了解程度，进而提升在客户侧的有效拜访。

以上六个方面不是标准答案，只是笔者曾经频繁用到的并且非常有效的策略。各企业可以根据实际情况，适当做些调整，形成适合自己的客情诊断工具或客情侧商机诊断工具。除六个方面外，建议企业明确日常客户关系推进中应完成的具体任务，形成最佳实践指南。这样，销售人员和客户组织成员在日常工作中只需按照既定的选项执行即可。在执行过程中，针对每项任务进一步制定明确的目标、详细的计划及完整的闭环管理机制。这种方式不仅能确保工作效果和质量，还能显著提高工作效率。

第三节 "分地"：数字化支撑客户划分

客户关系管理变革的落地，离不开数字化的支撑。客户是企业的核心资产，需要在企业层面上通过技术手段进行统一管理和使用。在客户关系管理变革整体框架的第五部分"客户档案"中，数字化建设将发挥关键作用。本节的大部分内容都与客户档案相关。根据客户关系管理的业务流程，首先需要明确客户的归属，分清"责任田"。在此过程中，以及后续的客户划分和日常使用中，数字化工具都是核心支撑手段。

一、为客户划分提供全面基础信息

客户划分，需要依赖全面而详尽的客户数据和销售人员数据。数据越全面，越能看清客户全貌，越能看清销售人员的客户经营能力。看得越清，客户划分就越合理。数字化系统是看清客户和销售人员的重要工具。

1. 客户数据

在客户数据方面，通过提供四类关键信息来覆盖客户的整个生命周期。

（1）客户基本信息

客户基本信息，具体包括企业对客户划分的行业与区域、客户的企业性质、注册资本、营收规模、统一社会信用代码、上级企业、企业银行账号和开户行。此外，还包括联系人的姓名、性别、部门、采购角色、客户关系温度等。这类信息一般由 CRM 系统或者由负责客户主数据管理的系统来承载。

（2）客户招标信息

客户招标信息包括招标公告名称、采购单位名称、发布日期、公告地址、标讯阶段名称、中标单位名称、中标金额等。如果本企业参加了投标，还需要关联商机编码、投标结果、未中标原因等。招标信息看似数据不多，却是一个非常复杂的链条。一般情况下，会专门搭建一个标讯采集及运营系统，对接外部第三方标讯数据源，然后把清洗后的标讯纳入数据仓库，再对接 CRM 系统，供销售团队和企业管理者使用。

（3）客户的历史订单交付和服务信息

当有了数字化系统后，客户的历史订单交付和服务信息会非常丰富，可以涵盖客户和本企业接触关键节点的全部信息。具体包括线索、商机、报价、投标、合同、订单、交付、回款、开票、售后服务等全链条各个环节的若干信息。一般情况下，还会通过加工处理、汇总分析得到若干个分析指标，以便分层分类地看清客户，比如最基本的合同金额、合同毛利率、财务毛利率、交付超支超期信息、回款逾期信息、售后工单及时关闭率等。客户的历史订单交付和服务信息涉及的链条非常长，一般涉及 CRM、ERP、项目交付管理、售后服务管理、BI 等系统，它们都是企业数字化建设全景中的核心系统。

（4）正在跟进中的商机信息

如果存在正在跟进中的线索或商机，这类信息也是看清客户的重要数据。具体包括商机立项信息、"铁三角"组队信息、解决方案评审信息、POC 信息、报价信息，客户组织信息、客户复盘待办完成情况，通过与客户接触摸排的本年度预算、后续规划等。这类信息对判断客户的重要性、判断本企业该如何推进项目，都有非常重要的价值。这类信息一般由 CRM 系统来承载。

2. 销售人员数据

在销售人员数据方面，具体涉及销售人员的职级、司龄、过去每年的任务额、任务完成情况及回款情况等详细信息。这些数据通常通过 HR 系统、CRM 系统，并结合 BI 分析工具来共同收集和呈现。

通过数字化系统，支撑起以上这些信息，便奠定了客户划分的坚实基础。客户划分通常在每年年初进行一次，日常则根据需要进行小的调整。虽然这项工作被称为客户划分，但其本质是针对销售管理者和团队成员进行"四动"管理：动地盘、动资源、动位子、动待遇。通过这种方式，能够实现能者上、弱者下的目标，激发组织活力，提升客户经营能力，从而促进销售业绩的增长。

二、支撑客户分类分级

客户分类分级，离不开数字化系统的支撑。一般情况下，数字化系统通过三种方式对其支撑。第一种，在客户档案上设置一些字段，比如行业、区域、是否世界 500 强等。第二种，专门设置标签来管理，比如教育行业的是否为"985"高校,医疗行业的是否为三甲医院。第三种,需要通过一些规则计算出来标签,比如把过去三年每年订单额都超过 500 万元、平均毛利超过 40% 且无逾期款的客户,定义为高价值客户,这需要先计算再打标签,并且需要动态自动更新。

第一种比较简单,通过 CRM 系统或客户主数据管理系统支撑即可。对于第二种和第三种,通常需要专门的标签管理系统来支撑。可以针对客户管理建立专门的标签系统,也可以结合产品及销售人员等信息一起建立企业级的标签系统。然而,标签系统无法独立存在,还需要考虑标签的数据来源,这通常会用到数据仓库。此外,还需要思考如何将打好的标签回归到 CRM、产品数据管理(PDM)等业务系统中去使用。同时,标签的权限管理也是一个重要的考虑因素,甚至还需要划分私有标签和公有标签。因此,标签管理系统及数据仓库是实现客户分类分级精细化管理的数字化基础。下面具体阐述数字化如何支撑客户管理分类分级。

1. **客户分类**

对于客户分类,比如按行业分类,为了方便企业管理,建议建立国民经济行业分类与企业内部行业分类的对应关系。通过对接天眼查或企查查这类系统,获取国民经济行业分类信息,然后对应到企业自身的行业分类上。对于企业注册地、统一社会信用代码、注册资本等信息,同样可以通过天眼查或企查查获取,以供客户分类或分级使用。通过利用这些平台的接口服务,在新建客户档案时,首先进行验重,查看客户库中是否已有该客户信息。如果没有,则调用天眼查的接口,直接使用返回的客户名称、统一社会信用代码、行业、注册资金等信息。并且,每年需要不定期通过天眼查排查客户是否有更名的情况,以避免因客户更名带来工作干扰。

2. **客户分级**

对于客户分级,一般经过客户盘点、客户分级预审会、客户分级评审会三个阶段。在这三个阶段中，都需要用到 CRM 系统和 BI 系统的数据支撑。常用的数据包括 CRM 客户编码、客户名称、客户近三年的预算总额、近三年的执行总额、近三年客户在本企业的产出订单金额、近三年客户在本企业的产出订毛、近三年的标讯发标信息、近三年本企业中标信息、客户组织架构及决策链信息、本年度客户的预算构成、目前客户在本企业的商机与项目情况等。同时，需要销售人员提供承诺本年度产出订单额、承诺本年度产出订毛、承诺本年度订毛同比增长、本企业在客户侧的商务和技术策略等信息。数字化系统通过提供或销售人员在数字化系统中填写这些信息，支撑起客户分级的整个过程，最后把客户分为战略客户、核心客户、大客户、普通客户等级别。之后，根据不同级别，数字化系统支撑不同的客户经营策略。

除支撑普通的客户分级，数字化系统还可以支撑一些特殊场景，下面以一个案例说明。

> **案例：联合申报战略客户**
>
> 某 To B 企业服务一家集团公司客户，该集团旗下的各子公司均拥有独立的采购权。该企业将每家具有独立采购权的子公司视为一个单独的客户，而这些客户各自都未达到战略客户的级别。如果这些具有独立采购权的子公司同属一个销售人员负责，该企业则允许该销售人员将这些客户联合起来作为一个整体，申报战略客户，以便享受战略客户的资源支持。这种管理规则，在数字化系统中需要对商机分别跟进。而且，在统计报表时，需要数字化系统既可以按每个客户进行统计分析，又能支持按照联合申报的战略客户进行统计分析。这就需要 CRM 系统和 BI 系统进行一些定制开发，以支撑这些特定的业务场景，从而支撑此类战略客户的日常客户复盘会。

数字化系统对客户分类分级的支撑，看似内容不多，但在数字化系统实际建设时，基本上把企业核心业务系统都用到了，比如客户档案管理系统、CRM、ERP、项目交付管理系统、售后工单管理系统、BI、标签管理系统等。在 To B 营销数字化建设过程中，企业可能需要三至五年才能完成这些系统的建设，并需要不断迭代更新。

三、支撑客户"地盘"划分

客户划分并非简单地将客户分配给某个销售人员或代理商，而是一项涉及多方面考量的复杂业务。在实际的客户划分和日常管理中，通常存在以下问题。

1. 客户公池管理与共享机制问题

企业的客户并不全部直接指派给销售人员，部分客户需要归属于特定团队，且不可再向下分配。这相当于团队拥有一个公用的客户资源池，团队成员可以按需申请使用。当客户被指名给某销售人员时，可以直接更新客户的责任人为该销售人员，该销售人员随后可以为客户建立商机、报价、签合同等。然而，对于公池中的客户，其负责人应如何设定？是挂靠于团队领导名下，还是整个团队？通常建议将其挂靠在团队名下，作为团队的公池客户。这就需要数字化系统支撑此类需求。但需注意，团队内的销售人员并不能随时取用公池客户，也不能查看客户之前的所有商机合同信息。而是需要通过共享的方式，进行定向开放才能使用。例如，某销售人员在公池客户中发现了一个商机并希望跟进。此时，需要先把这个客户共享给该销售人员，其才能基于此客户建立商机并进行跟进。重要的是，此时客户的所有权仍归公池所有，只是客户信息被共享了，该销售人员可以使用这个客户而已。因此，在数字化系统中，需要在客户"地盘"划分时，支撑客户公池的管理。

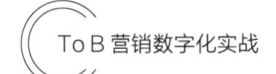

2. "一套班子多个牌子"客户管理中的挑战

因存在"一套班子多个牌子"的客户,这给客户管理带来一定的困扰。如果按统一社会信用代码来界定是不是同一个客户,就可能造成多个销售人员抢一个项目,或者销售人员和代理商抢一个项目的情况。此外,还可能面临长期存在大量"僵尸客户"的情况,因为这些客户从未通过某些工商主体与企业进行过业务往来。下面以一个案例进行说明。

> **案例:客户划分的困境与归一化管理的转变**
>
> 某ToB企业的董事长指出:"过去按照统一社会信用代码来划分客户,因销售人员有指名客户名额限制,导致大量优质客户被错误地分配到公池中,使得客户划分变得毫无意义。现在,我们开始以客户为中心开展工作,旨在让能够有效服务客户的销售人员获益。这种策略强调将客户归一化管理,特别是我们这种集团集中管控型的企业,无论全国范围内有多少家子公司,都应被视为一个客户来对待。"

针对案例中的情况,笔者曾引入"备案客户"的概念,即在"一套班子多个牌子"的客户中,选择和本企业发生业务的一家作为主客户,其他则为备案客户,并在客户档案上建立起这种关联。在后续商机跟进时,支持在商机、合同等环节看到主、备客户的关系;在统计分析时,类似前面提的联合申报战略客户,支持按主、备客户合并或分开做业务统计。这种业务同样需要客户档案管理系统,以及CRM、BI等数字化系统进行支撑。

3. 客户信息及商机跟进在销售团队中无法有效共享

客户被划分给某销售人员后,其团队领导及所在团队的销售运营人员,需要有权限查看基于这些客户建立的商机及其跟进信息,但仅限于查看而无法进行修改。这就需要数字化系统支撑客户信息及基于该客户发生的业务信息的自动共享功能。

解决此类问题，可以在 CRM 及客户管理系统中引入"团队"功能，把需要和销售人员共享信息的人员拉到同一个团队里，当客户档案负责人变更、商机创建、报价创建、合同创建时，将查看权限自动共享给团队。如果遇到特殊情况，比如销售人员调岗，或者商机、报价变更销售负责人时，团队信息需要自动更新，以确保所授权限的准确性。

4. 存在客户重复问题，需要进行客户合并

数字化系统不是一天建成的，有些企业在建设之初，并没有把统一社会信用代码作为客户的唯一识别码，这便导致了一些客户重复，后期需要进行客户合并。客户合并也是客户"地盘"划分中需要处理的情形之一。

客户合并比较复杂，要看企业有没有统一的客户主数据管理。如果 CRM、ERP 等系统分别独立进行客户档案管理，那么在一个系统完成客户合并后，还要同步更新相关联的其他系统。同时，还要考虑数据的存储机制。以 CRM 系统为例，线索、商机、报价、合同等模块通常直接引用客户档案中的信息。然而，这些模块往往会将部分关键信息单独存储在各自的单据上。在进行客户档案合并时，这种分离存储的方式可能会带来一些问题。例如，如果商机模块中已经存储了客户名称和客户编码，并且这些信息直接来源于客户档案，那么当两个客户档案合并后，可能会导致同一个客户编码在不同地方（如客户档案与之前建立的商机）显示不同的客户名称。这种情况不仅会造成数据不一致，还可能影响到后续的业务处理流程。因此，在执行客户合并的过程中，需要数字化系统能够灵活支撑各种信息的合并规则设定，以确保所有相关联的数据都能得到正确处理。此外，客户合并还会给数据仓库带来额外的数据清洗任务。因此，在构建营销数字化系统之初，就应当考虑到这些潜在挑战，并提前规划好相应的解决方案和技术架构，从而保证整个系统的高效运行及数据质量的持续优化。

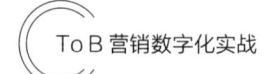

5.组织机构调整导致客户"地盘"调整

每年年初,许多企业都会进行组织机构的调整,特别是营销部门,由于其对企业业绩的重要性,往往成为优先调整的对象。这种组织上的变动通常会引发客户"地盘"的变化,进而需要对数字化系统作出相应的调整。以CRM系统为例,这可能涉及业务审批流程的调整。有些情况下,审批流程中的信息是基于表单字段自动提取的,因此当审批流程发生变化时,那些尚未完成审批的数据需要进行刷新,这一过程通常被称为"调整审批在途"。此外,还可能需要调整审批参数和共享团队等。为了更好地理解这些概念,下面通过两个具体案例来说明。

> **案例1:CRM审批流程调整**
>
> 某ToB企业在CRM系统中涉及将近20项审批流程,包括商机审批、客户审批、报价审批、项目合作审批、样机外借审批、样机续借审批、业绩拆分审批等。
>
> 每年年初,随着组织架构的调整,销售人员可能会带着客户转移到新部门,或者把客户留在原部门但销售负责人发生了变更,或者该企业的审批流程调整了,这些都涉及CRM系统审批流程的调整。在该系统中,部分审批节点的审批人通过表单字段自动获取信息,那么针对正在进行中的审批流程,就需要及时刷新相关表单字段上的信息。例如,报价审批流程通常需要得到销售人员所在部门的一至三级经理的批准。如果销售人员更换了所属部门,则必须相应地更新报价单上记录的各级部门经理信息,否则将导致依据旧数据选取错误的人作为审批者。

> **案例 2：CRM 共享团队调整**
>
> 年初，当某 To B 企业进行组织架构调整时，部分销售人员转入了新的部门。这种变动意味着原先与其对接的销售运营团队及直接上级领导都有可能发生了变化。在这种情况下，如果销售人员再创建新的商机，那么之前所在部门的销售运营人员和原部门负责人就没有权限访问这些新商机的相关信息了。因为该企业的 CRM 系统通过团队控制商机的共享权限，所以需要数字化系统支撑，以及时更新团队成员。

以上两个案例就是需要数字化系统支撑客户"地盘"调整的业务场景和需求。

其实，在组织架构调整过程中，还存在一些复杂情况需要数字化系统的支撑。例如，有的领导同时负责多个平级部门的销售团队，这种情况下无法直接采用 HR 系统中的岗位信息，因此需要在 CRM 系统中为该领导创建一个能够管理多个部门的特定角色。另外，还存在跨组织兼任的情况，通常建议通过设立多个账号的方式来解决。

第四节 "养地"：数字化支撑提升客户关系

客户关系管理变革策略和数字化建设落地，共同推动客户关系的提升，致力于将客户这块"地"养肥。具体来说，数字化在"养地"支撑的落脚点上，主要有三个方面。

一、支撑建设立体客户关系

数字化系统对立体客户关系建设进行了丰富的支撑，具体表现如下。

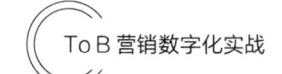

1. 支撑组织客户关系的共赢

有些To B企业是行业的领头羊,因此与不少企业建立了良好的组织客户关系。有的与客户签订了战略合作协议和联合共创协议,更多情况是签订了框架采购协议。拿框架采购协议来讲,在数字化系统中,有两项典型的支撑:一是,建立审批流,支撑框架协议的业务审批;二是,当客户按框架协议采购时,在商机、报价、合同上关联对应的框架协议。这是因为框架协议中往往包含了对采购产品品类、价格折扣、付款账期等重要条款的明确规定,这些都是在后续业务操作中必须严格遵守的约定。因此,在商机、报价、合同审批时,销售序列的审批人和财商法等部门的审批人都需要参考对应的框架协议。

有些To B企业,除了直接与客户建立组织客户关系外,发展集成商也是一项重要的战略。将企业的产品集成到集成商的产品中,通过他们打包销售给客户,这同样是与客户发展组织客户关系的一种有效方式。而且,必须积极主动地与这些集成商进行组织关系的建设,因为只有这样,才能源源不断地从集成商那里获得新订单。以笔者曾在的企业为例,我们通常会与东软、浪潮这样的大型企业合作。当这些企业为客户提供全面的解决方案时,其会将我们的网络安全产品作为其中的一部分,一并提供给客户。在这种情况下,东软和浪潮不仅是购买我们产品的客户,也是我们的合作伙伴。为了维持这种合作关系,需要使用数字化系统进行支撑。例如,在CRM系统中,我们会特别标注东软和浪潮为"集成商",这样其就能享受到特定的优惠政策。同时,在商机、报价、合同等关键环节,CRM系统会自动应用这些优惠,并进行相应的逻辑管控和审批管控。

2. 支撑关键客户关系温度提升

针对每个客户都要发展关键客户关系,所以其是客户关系管理的核心。在关键客户关系发展上,数字化系统能够起到两个核心作用。

（1）记录并推进客户关系温度相关信息

为了深化客户关系管理，需要借助数字化系统来记录和推进与客户相关的多维度信息。这涵盖了客户与本企业业务相关的组织架构图（亦称客户权力地图）、项目决策链、采购角色、关系温度及其变化趋势，乃至通过备注或附件形式将采购流程保存在数字化系统中。在数字化系统中，具体操作如下。利用客户联系人管理功能，为每个联系人标注其部门、岗位、采购角色（如批准人、决策人、评估者、用户等）及关系温度（如强力反对、不支持、中立、支持、强力支持等）。同时，详细记录这些信息的变更历史，特别是关系温度的变化。在商机层面，调用联系人信息，生成该商机的决策链，即项目决策链。此外，将获取到的采购流程以文本或附件形式记录下来。考虑到商机金额和产品范围可能影响决策链的信息，建议依据商机来构建决策链和采购流程。这些记录的信息将在项目"铁三角"工作沟通和商机复盘会议中发挥重要作用，为企业提供有力的数据支持。

（2）支撑关键客户关系重要事件的闭环

高层拜访、参观样板点和组织技术研讨会，都是增强客户信任与深化客户关系的关键策略。然而，这些策略的有效实施，往往需要销售团队与其他部门协同完成。在完成拜访、参观或研讨会后，通常会有一系列后续事项需要落实或复盘。为了确保这些事项得到有效处理，建议利用数字化系统来支撑后续待办的跟进及闭环。具体来说，组织方可以将待办录入数字化系统，系统随后通过邮件或消息通知到责任人。责任人将待办关联到自己的工作计划中，并在执行完成后，通过移动端或电脑端的工作日报或待办进行反馈。这样，相关人员可以及时了解执行进度和结果。当待办存在超期时，还可以通过数字化系统进行提醒。借助数字化系统的支撑，可以实现事项的闭环管理，加强内部协作，并使所有活动有序进行。此外，在数字化系统中检索相关信息也变得非常方便。

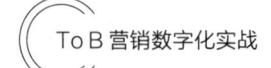

3.支撑普遍客户关系打下群众基础

在普遍客户关系上，数字化系统在售后服务方面发挥着至关重要的作用，其有助于客户满意度和客户信任度的提升，为后续项目打下良好的群众基础。

在售后服务环节，通常接触的是客户方的普通工作人员。在 To B 行业中，至少需要两个数字化系统的支撑：一是，呼叫中心，其是一线客户服务人员的工作平台；二是，售后工单管理系统，其是一二线客户服务协作的平台。呼叫中心需要与 CRM、客户主数据等系统紧密对接。这样，当一线客服人员接听电话或查看客户留言时，能够迅速获取客户的详细信息、所购买的产品信息及过往的服务记录，从而提供更加个性化和高效的服务。售后工单管理系统同样需要与 CRM、客户主数据、项目交付及呼叫中心等系统进行集成。这使得二线售后服务工程师能够全面了解客户信息、产品信息、历史交付信息及一线客服与客户的沟通记录，从而更准确地定位问题并提供解决方案。最终，服务结果会被反馈到呼叫中心、CRM 等系统中，形成完整的服务闭环。由此可见，在普遍客户关系的发展过程中，数字化系统不可或缺，对于提升客户满意度和信任度起着至关重要的作用。

二、支撑客情"三摸清"

"三摸清"同样需要数字化系统进行支撑。"三摸清"的详细内容，在"绘制大客户画像，加深对客户的理解和认识"中展开讲过，此处不再赘述。下面强调两点通过数字化系统记录"三摸清"信息的价值。

1.提升一线团队信息共享与客户管理效能

对于一线团队来讲，数字化系统支撑客户界面上的销售人员、解决方案专家等关键角色对齐信息，以便其从客户维度进行工作思考和规划，协同作战，共同致力于经营客户和服务客户。同时，改变过去客情信息碎片化、透明度不足等问题，避免因信息不对称导致的团队协作不畅及客户界面上各角色无法与销售形成战斗合力，使销售团队能够更加有序、全面地掌握客情，提升整体战斗力。

2. 提升客户耕耘管理与过程可视化

帮助业务管理者看清客户的原本耕耘状况，从而指导客户界面上的各角色制定有效的耕耘策略。同时，为业务管理者提供基于这些策略的过程管理可视化支撑，确保所有行动都能得到检查和评估。此外，还能使管理者及时、主动地掌握客户耕耘的进展及遇到的问题，以便与一线团队进行有针对性的沟通，提供必要的帮助和支持。

三、支撑客户组织建设及运营

客户组织建设及运营是客户分类分级后客户关系管理变革的核心。没有客户组织的建设及运营，客户关系管理变革就无法落地。因此，支撑客户组织建设及运营是数字化系统支撑优先考虑的重地。

1. 支撑客户组织周会闭环

客户组织周会的内容一般包括客户年度经营策略、上次例会待办完成情况、本年度商机推进情况、已上线项目运行情况、客户年度总体策略推进情况、确定下周待办等，这些都需要数字化系统的强力支持。

（1）客户年度经营策略

客户年度经营策略是客户组织年度工作的目标，后续的目标分解和日常推进都需要反映在周报中。因此，数字化系统需要承载客户年度总体策略的内容，并支持策略分解和推进调用。具体来说，当客户组织成员被任命时，应通过电子邮件发送任命通知。在初期阶段，可以采用人工方式发送这类邮件；但随着业务量的增长，建议将此流程集成到CRM系统中，使得客户组织成立或发生变动时，系统能够自动触发相应的任命或更新通知邮件。任命后，需要把客户组织成员纳入CRM系统，并为其开通系统权限。例如，客户的线索、商机、解决方案评审等事项都需要客户组织成员参与，客户组织周会的待办也需要其协同。然而，在 CRM 系统中实现对客户组织成员权限的自动授权并非易事。这不仅涉及区分哪些用户拥有编辑权而哪些仅具备查看权的问题，更重要的是在客户组织成员更新时，要实现 CRM 系统权限自动更新的功能。如果无法实现这一点，那么每次客户组织成员变更时，都意味着必须联系系统管理员来进行权限更新——这显然是不切实际且效率低下的做法。

（2）上次例会待办完成情况

与客户复盘会一样，建议客户组织周会由专人运营，这样就有人督促会议待办的线上闭环管理了，便能形成"拉单挂账，按周督导"的机制，否则，很难形成闭环，效果也不好评估。笔者曾有幸参与过一个超过 1 500 人的销售团队，该团队被划分为 20 个 BU，每个 BU 平均负责约 10 个建立客户组织的战略客户或核心客户，总共大约 200 个。这些客户每周都需要召开客户组织周会。通过这样的机制，并借助数字化系统支撑待办的管理，在每次客户组织周会上都能高效汇报和跟进上次例会待办完成情况。

（3）本年度商机推进情况和已上线项目运行情况

本年度商机跟进情况和已上线项目运行情况，可以通过数字化系统获取商机名称、商机级别、商机阶段、商机金额、"铁三角"成员，或者项目名称、交付阶段、终验时间、项目成员、项目金额等信息。随后，通过客户组织数字化协作平台上的"周报管理"模块，支撑项目成员填写每周的商务侧、解决方案侧、交付侧的每周进展及下周计划。此外，该模块还支持记录项目风险及其等级。这些日常填报的信息，通过数字化系统自动生成客户组织项目周报，从而显著提升协作效率，并确保客户组织的过程管理有迹可循、有据可查、有数可依。

（4）客户年度总体策略推进情况

客户年度总体策略的推进，也是客户组织周会的重要内容。客户年度总体策略制定后，需要拆解出阶段目标，并按周推进。客户组织成员需要在客户组织数字化协作平台上，每周更新进展情况、所需资源等信息，并通过数字化系统生成在客户组织周报中。

（5）确定下周待办

在客户组织周会结束前，还要形成下一周的待办，把待办记录在客户组织数字化协作平台中，自动通过邮件发送给相关负责人，并通过数字化系统进行提醒跟进和协作配合。这样，在客户组织周会开始前，可以通过数字化系统自动生成周报；而在周会结束后，则依靠该系统支撑待办的持续跟进与闭环管理。

2. 支撑管理团队对客户组织经营的指导

客户关系管理变革涉及企业各个层级，而不仅仅是客户组织核心成员的责任。有些企业会明确发文规定客户组织的运行管理规则，要求营销部门副总裁、销售总监等高级管理人员每月对客户组织的运行情况进行复盘。复盘的核心内容与客户组织周会的内容非常相似。因此，数字化系统同样可以支撑管理团队对客户组织的经营指导，成为管理者的"眼"和"耳"，从而更好地指导客户组织的行动。

在管理团队的客户复盘会上，还有一项重要职能是对客户耕耘情况进行打分，以此作为评估客户组织工作是否到位的标准。例如，如果连续三次客户复盘会上某客户组织的评分都是C，那么该客户组织的成员可能需要更换，或者考虑收回对该客户的经营权。

3. 支撑客户组织运营管理

销售运营团队在企业层面上承担的客户组织运营监督与管理职责，需要数据统计分析的支撑。例如，每个销售组织的战略客户和核心客户的评审数量及进度完成情况；每个战略客户和核心客户的客户组织成员的匹配情况和变动情况；客户组织周会的召开情况及待办的完成质量；整体客户运营关键指标的健康度统计情况；战略客户和核心客户的订单完成情况、毛利完成情况及商机支撑度等，都需要从数字化系统中提取数据进行支撑。因此，CRM和BI等核心数字化系统在支撑客户组织运营管理上是不可或缺的工具。当达到一定阶段时，可以通过数字化系统自动生成客户组织运营月报、季报等报告。

以上就是数字化系统在支撑客户关系提升，把客户这块"地"养肥上发挥的核心作用，其与客户关系管理业务策略共同支撑起客户关系管理变革，承担着提升客户产出和提高客户服务质量的重任。

第五节 "打粮"：数字化支撑推进商机赢单

"养地"的最终目的是更多"打粮"，客户管理由"猎人型"转变为"牧人型"的最终目的也是更多产出。因此，数字化建设通过支撑客户关系管理变革，最终支撑商机的推进与赢单，既支撑客户经营的过程，又支撑客户经营结出丰硕的成果。本节将具体阐述数字化如何支撑推进商机赢单。

一、支撑客户有效拜访

在"统一客情判断标准，提升有效拜访"中，提到了一系列的客情判断标准，这为讲清什么是有效客户拜访奠定基础。那么，针对这些判断标准，数字化系统可以做什么呢？

以笔者的经验，建议将这些客情判断标准制作成一份详细的客情诊断表，并为每项要素设置不同的分值。摸清楚即得分，否则不得分。数字化系统能够支持对每项要素进行打分，并自动计算总分和得分比。基于得分比，可以进一步计算出商机赢率。例如，获取了项目决策人的完整 FORM 表，得 10 分；获得了项目前中后期的明确信息，得 5 分；项目决策人的采购倾向性是"强力支持"，得 20 分；而"支持"则得 10 分等。通过这样的评分机制，可以更准确地评估商机赢率。这比单纯依赖商机阶段来判断赢率精确得多，因为商机阶段与商机赢率并无直接关联。下面展开讲解如何使用客情诊断表。

从线索阶段开始，CRM 系统就支持对客情诊断表进行打分，直至商机最终赢单或丢单前，都可以持续进行打分。此外，可以将客情诊断表的得分比不得低于 25% 作为线索转化为商机的必要条件之一。CRM 系统允许从低分更新到高分，但如果需要降低分数，则必须填写具体原因。在计算商机支撑度和进行业绩预测时，企业将客情诊断表的得分视为重要依据。例如，得分比介于 25%~50% 的商机称为"可参与"商机，50%~75% 的称为"可争取"商机，而 75% 以上的则被视为"可承诺"商机。基于这些分类，企业在季度初进行业绩预测时，按照"可承诺"商机的 80% 加上"可争取"商机的 60% 来计算预测值，从而进一步确定商机支撑度。

基于客情诊断表得分比，企业还可以采用不同的打单策略。例如，当得分比高于 75% 时，想办法让客户加快项目进程，以快速赢单；而当得分比介于 25%~50% 时，如果能够拖延项目进度，争取更多机会，则可能是一个明智的选择。由此可见，通过数字化系统支持客情诊断表的使用，不仅能够提升客户有效拜访，还能支撑商机复盘、业绩预测等工作，并显著提高商机赢率。

二、支撑销售动作最佳实践的落地

在业务发展中，不少企业都总结了符合自己企业业务特点的、让销售人员聚焦客户工作的跟单最佳实践，可以借助数字化系统将这种销售动作的最佳实践形成方法论，用于指导销售人员的日常工作。下面以笔者的经验，具体阐述数字化系统如何支撑销售动作最佳实践的落地。

首先，将销售人员与客户相关的日常工作细分为七项：情报收集、需求挖掘、商机建立、关系加强、项目推进、投标签约和交付回款。这七项任务在企业内部被形象地称为销售人员的"开门七件事"。可以说，销售人员每天早上醒来，专注于这七件事就足够了。实际上，这七件事是对日常销售活动的通俗分类，每一件事都代表了一类具体的工作内容。此外，对这些工作内容进行详细分解，并提供常用的手段和方法。以"商机建立"为例，将其细分为四个可衡量的具体任务：项目决策链分析、项目五要素确认、竞争对手三问、合作伙伴三问。针对每个具体任务，进一步提出一系列问题或要求，这些都是常用的手段和方法。例如，在分析项目决策链时，销售人员需要了解项目涉及的部门、主要需求部门、主要决策人、评委及评价标准。有了这些信息，销售人员每天可以根据既定的方法论进行有针对性的操作，就像做选择题一样简单明了。

随后，在企业层面，要求销售人员根据"开门七件事"制订每天的工作计划，并在填写工作日报时基于工作计划记录完成情况。通过这种机制，确保了围绕客户工作的最佳实践得以落地。更重要的是，这种方式简化了销售流程，使销售人员能够轻松执行任务，并保证了工作方向的准确性和工作效率的提高，真正实现了精准发力。

接下来，该数字化支撑上场了。将"开门七件事"集成到移动端应用中，并与CRM系统的电脑端实现数据同步，方便销售人员随时调取客户、线索或商机的基本信息。通过移动端，销售人员可以便捷地勾选制订工作计划，并在每天工作结束时，随时随地更新工作计划的完成情况。此外，移动端还支持工作计划与前面提到的客户组织周会、客户复盘会等各类会议的待办关联，从而搭建起销售人员日常工作的移动端闭环。除了在电脑端的 CRM 系统中推进商机关键事项外，绝大部分日常工作都可以通过移动端随时随地完成。如果企业对销售人员拜访客户有地点打卡的管理要求，通过移动端还可以获取打卡的地点信息，以验证销售人员是否真正进行了客户拜访。借助这些数字化功能的支撑，后续对销售行为进行统计分析就更方便了——可以根据"开门七件事"的分类，统计销售人员的行为；可以按客户分析日常工作占比，分析销售人员的客户拜访率等。

三、助力解决方案，打动客户心弦

客户认可企业，实际上是对企业品牌、产品、服务和实力的全面认同，而解决方案则是这四类实力的综合体现。如果解决方案不过关，之前在客户关系上的所有投入都可能付之东流。特别是大客户和大项目，其通常不会购买标准化的产品或服务，而是需要定制化的解决方案，这就更要体现解决方案的创新性和质量。既然解决方案如此重要，那么数字化系统在其中又能发挥什么作用呢？主要有两个方面。

1. 提升解决方案的评审质量与效率，助力赢得客户认可

对于大项目，建议解决方案不仅需要"铁三角"团队内部自评，还应联合客户组织中的解决方案专家和技术赞助人等共同进行复评。评审要素和结果都可以在线完成，并且通过在线方式支撑评审要素配置化，实现动态更新。例如，无论是方案设计、成本还是可交付性方面，一旦实现了评审要素的配置化，就可以按需随时更新，并自动生成新的评审表。通过数字化系统实现评审要素配置化的方式，对于后续按评审要素进行分析统计，从而有针对性地改进解决方案，提供了极大便利。对于已经通过审批但存在风险条款的解决方案，在后续商机推进过程中，数字化系统还可以提供提醒或推动问题的解决。

数字化系统支持解决方案评审，不仅能提高"铁三角"团队与客户组织团队的协作效率，更能显著提升解决方案的评审质量，最终赢得客户的认可。

2. 支撑"三库一平台"建设，为解决方案提质提效加速

"三库一平台"具体是指客户需求库、解决方案库、资质库，以及售前项目管理平台。"三库一平台"是与解决方案专家和售前团队关系非常密切的数字化应用。下面具体介绍如何通过数字化的方式搭建"三库一平台"，来支撑解决方案团队工作质量与效率的提升。

首先，依托知识库系统，搭建客户需求库和解决方案库。企业需要制定一系列政策，包括客户典型需求和解决方案的征集、评审、入库及奖励机制等。每季度，合格的客户需求和解决方案会被纳入库中，供全体解决方案专家、SR和售前工程师使用。同时，将客户需求与解决方案相关联，方便团队成员能够基于需求背景和价值等高效检索方案，极大地提高了工作效率。

其次，专门建设资质管理系统，统一管理企业资质、产品资质和人员资质。该系统支撑纸质版和电子版资质的查询、借用、授权及归还等，方便解决方案团队在方案撰写、标书制作或投标时申请使用，进一步提升了工作的便捷性和效率。

最后，基于CRM系统搭建解决方案专家、SR、售前人员使用的售前项目管理平台，把整个售前序列的项目推进、解决方案撰写与评审、售前日报、客户组织周会、待办推进等集成起来，形成整个售前序列团队工作的"三库一平台"数字化体系。同时，与销售序列使用的CRM系统、销售移动端等完全打通，形成营销数字化的大闭环。

由上可见，数字化在解决方案的支撑上发挥着重要作用，不仅能提升解决方案的质量与效率，还能为企业赢得客户认可，为"打粮"签单助力。

四、支撑产销咬合，多管齐下助赢单

许多企业对产研和营销团队都设定了明确的业绩目标，实行业绩双计。这样做的目的是防止产研人员脱离市场实际，避免企业业绩与市场需求脱节，从而防止出现"闭门造车"的情况。因此，在产研团队中，通常会设立产品经理、产品市场经理或产品行销等岗位，专门负责推动特定领域或产品线的市场分析、推广策略及确保销售业绩的达成等工作。

对于一些战略产品或对企业未来发展至关重要的明星产品，要在企业层面成立专班或委员会，由高层领导亲自挂帅，拉通产研、市场、销售、生产、交付等各个环节的重要资源。通过建立一套高效的机制，按周督导，产销咬合，实现深度协同，各部门齐心协力，共同为达成业绩目标贡献智慧和力量。

既然产销咬合这么重要，那么数字化支撑在其中的作用就更加不可或缺了。至少三个方面需要数字化系统进行深度支撑。

1. 支撑产品市场团队的客户拜访管理

在客户拜访过程中，产品市场人员需要从数字化系统中获取一系列关键信息，包括客户名称、线索或商机信息、销售数据、预计购买的产品信息，以及销售和售前团队过往与客户互动的关键记录等。并且，客户预计购买的产品信息只有在该产品市场人员负责的业务范围内时，其才能获取到相关的线索或商机信息。这就需要通过数字化系统的权限管理来进行严格控制。

此外，需要数字化系统支撑产品市场人员能够查看销售人员对商机客情的整体评估，以及售前人员对客户需求的了解，以便产品市场人员从产研角度进一步做出交叉验证，或者全力提供支持。需要特别指出的是，对于综合复杂的商机，即使整体赢率较高，但具体到某个产线时，其赢率可能并不一定高。这是因为整个商机可能涉及若干产线的产品，而每个产线的产品在整体解决方案中发挥的价值是不同的,价值低的产品可能被去掉。因此,产品市场人员需要从产研角度提供深刻的见解,帮助挖掘客户需求,优化解决方案,以期为客户提供最优解。这也是产品市场人员在客户拜访中发挥的关键作用和价值所在。

当数字化系统在移动端提供了这些信息的支撑,产品市场人员便可以随时随地,从产研角度补充客户拜访信息,以便持续跟进。加之数字化电脑端,便可以支撑产品市场管理团队的产品销售复盘,让产研侧的客户拜访过程透明化,行动可检查,结果可管理。

总之,产品市场人员在客户拜访过程中的数字化支撑涉及线索或商机信息获取、拜访信息跟进及权限管理。通过构建功能完善的数字化系统,可以显著提升产品市场人员的工作效率,提升其与营销团队的协同,并最终提高商机赢率。这样的数字化系统不仅有助于提升产品市场人员个体的工作能力,还能增强整个产品市场团队的管理效能。

2. 支撑产品市场团队的业绩统计与分析

产品市场团队角度的业绩统计与分析,是推动业务增长的关键环节。与营销团队相比,产品市场团队在统计分析上有着更为精细化的需求。其不仅关注商机、报价、合同和回款等基本数据,更注重从产品和产品线的维度进行深入挖掘和分析。

笔者做数字化建设的时候,经常需要基于产品和产品线维度,在 BI 系统中为产品市场团队搭建商机、合同、回款、客户相关的统计分析。例如,按产品统计商机赢单率、合同毛利率、回款额等。另外,也需要做一些同环比的对比分析和排行榜分析,帮助产品市场团队识别业绩亮点和潜在风险。

在权限管理方面,产品市场团队与营销团队有着显著差异。根据团队的业务特点和工作流程，建议为产品市场团队设计基于产品维度的权限管理体系。这样既能保证数据的安全性，又能提高工作效率。而营销团队则采用基于客户维度的权限管理模式，以满足在客户管理和市场拓展方面的需求。

这些数字化工具和权限管理策略，高效便捷地支撑了产品市场团队的业绩统计与分析工作。有了数字化系统的加持，产品市场团队可以更专注于自己的核心业务，利用数据驱动的洞察力不断优化市场策略和产研管理，并与营销团队更好协作，多管齐下助力赢单。

3. 促使销售团队及时创建商机

销售团队何时会寻求产品市场团队的支持？通常在面对刚上市的新产品，解决方案人员不知道如何制定方案，或者客户的需求比较复杂，希望获得产品优化方面的支持时。再考虑一下，在企业经常复盘销售线索和商机的前提下，如果采用指名客户管理的方式，销售人员是否会主动将每一条线索或商机早日纳入CRM系统呢？据了解，销售人员往往不愿意过早公开信息。只有当商机看起来可靠，甚至快要进入投标阶段，需要企业审批价格时，其才愿意将这些信息公开出来。

因此，在CRM系统中尚未建立线索或商机记录的情况下，销售团队通常会寻求产品市场团队的支持。然而，产品市场团队需要依据线索或商机信息，在使用的数字化系统中进行报备和跟进。否则，产品市场团队的工作就变成了为个别销售人员"卖人情"。这是一个矛盾。为了获得产品市场人员的支持，销售人员不得不提前公开线索。可能有人会问，只有销售人员才能建立线索吗？并非如此。但线索的培育与跟进确实是销售人员的职责，这一点无法由他人替代。

通过产销咬合，促使销售人员及时公开线索和商机，这是企业所乐见的。因为公开这些信息，企业才能更清楚地掌握商机支撑度够不够，才能看清客户耕耘的真实情况，才能从企业营销和产研整体层面上统筹资源、制定策略，推进企业整体赢单率的提升。从另外一个角度来看，促使销售人员及时公开线索和商机，在一定程度上还能避免销售人员私下飞单，杜绝不良风气，防止损害企业利益的行为发生。

第三章 03

对内搞定协同

对外搞定客情和对内搞定协同，是 ToB 营销的两大重点。即便外部客情摸得再透，客户关系维护再好，如果企业内部存在一系列问题，整个营销管理也是失败的。本章将总结出 ToB 营销的内部协同痛点，通过 LTC 业务变革的方式加以解决，并提供详细的业务策略与数字化落地支撑方案。通过内外联合、双管齐下，在搞定外部客情的基础上，搞定内部协同，支撑企业的高质量发展，助力基业长青、业绩长虹。

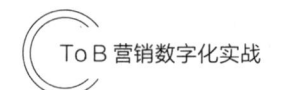

第一节　ToB营销内部协同的六大痛点

在长期从事ToB业务的职业生涯中，笔者深刻体会到内部协同对于业务成功的重要性。尽管投入大量时间和精力去推动问题的解决，但面对不同企业和团队时，许多同样的问题通常反复出现。基于经验，可以将ToB营销内部协同面临的主要问题归纳为六个方面。

一、销售人员解决问题的最佳方式是"刷脸"

销售人员是企业与客户对接的龙头，在客户面前往往代表着企业。无论是商务、售前，还是交付、售后的问题，客户通常更倾向于直接联系销售人员。当找不到直接对接人时，客户更是会首先想到销售人员。在这种情况下，就需要销售人员协调企业的内部资源。

笔者经常遇到交付资源冲突、定制开发排不上期而客户着急上线，以及解决客户问题的内部流程过长且客户不断催促等问题。在这些情况下，客户根据合同条款向销售人员寻求帮助是可以理解的。不过，销售人员自己难以解决这些问题，于是不得不在内部四处寻找资源、请求领导支持，但往往无法得到及时响应。因为很多时候，别人会说领导已经安排了其他任务，或者自己正忙于其他事情，需要按顺序处理，甚至表现出一副事不关己的态度。下面列举两个案例具体说明。

> **案例1：找前同事"刷脸"，销售人员才搞定交付资源**
>
> 某ToB企业的一个客户的总部在北京，项目合同是与客户总部签订的，但交付地点在上海。根据该企业的规定，需要上海分公司派出资源进行交付。然而，上海分公司当前的交付资源都在其他项目中，近两个

月内无法抽调出来。按照合同约定，交付入场时间已经超过两周，客户也一直在催促。遇到这种情况，按该企业的规则，交付经理需要向华东区交付资源池申请借人。然而，照章办事往往无法及时要到人，因为资源池的人手也很紧张。恰巧，该客户的销售负责人与华东区交付总经理是前同事。他通过一个电话"刷脸"之后，华东区交付总经理通过协调人员加班、对调人手的方式成功要到了人。

案例2：借助领导的脸面，销售人员才快速解决问题

某ToB企业为某银行提供数据安全方面的系统，但在运行过程中发现了产品漏洞。尽管已经过去了两天，支持工程师仍未定位清楚问题。这已超出了售后服务的时效标准，而数据安全对银行客户至关重要，客户因此非常担心，急得团团转。如果按照标准流程，支持工程师一步步上报，时效性较慢，无法确定问题何时能解决，也无法给客户一个准确的解决时间。这时，该客户直接联系了销售人员，销售人员通过领导找到了数据安全研发事业部的总负责人。研发负责人迅速组织会议进行会诊，并协调应用技术研发中心专家和产品线核心研发人员共同参与，最终成功定位并解决问题，当天夜里即完成了修复。

这都是"刷脸"成功的例子，其实大多是"刷脸"失灵和无脸可刷的情况，这充分暴露了To B营销业务内部协同的问题。

二、销售人员与售前人员在资源调用上存在分歧

在工作中，销售人员常常反映找不到售前资源，而售前人员则表示销售人员调用资源没有限制。这种情况对团队的士气、风气及协作质量非常不利。

1. 销售人员态度

在销售人员看来，找不到售前资源常见于涉及多领域的复杂项目难以跨团队协调的情况，或者高要求的项目难以找到合适的解决方案专家进行售前支持。下面以具体案例说明。

> **案例：销售人员说找不到售前资源**
>
> 某 To B 企业的一个装备制造业客户，希望该企业分享当前数字化转型的落地经验，并结合自己的实际情况提供规划建议。然而，普通售前人员难以胜任这类项目，因为项目达不到战略规划的级别，又无法调动咨询规划专家，这在销售人员眼里就是找不到售前资源。此外，该企业还有一个集团客户需要上线 ERP 系统，涉及多条产品线的复杂接口对接，且部署资源需求巨大。然而，各产品线都不愿增加投入，导致售前集成方案难以落实。这也是销售人员眼中找不到售前资源的典型情况。

2. 售前人员态度

售前人员认为销售人员调用资源无限制，说的是各种小项目"杀鸡用牛刀"，甚至某些代理商的项目，销售人员连客户还没见，就让售前人员写方案出报价。这对售前人员来讲纯粹是消耗时间，没有任何意义。下面以具体案例说明。

> **案例：售前人员说销售人员调用资源无限制**
>
> 某 To B 企业根据行业与区域对客户进行了划分，其中行业客户规模稍大，区域客户规模稍小。在一次抽样调查统计中，发现行业售前团队将约 40% 的时间用于处理各种 30 万元以下的项目，包括撰写方案和进行交流；而区域售前团队则将约 30% 的时间花在了 10 万元以下的小项目上，包括撰写方案和进行交流。售前团队普遍反馈，这些小项目的日常专业性工作较少，简直是"杀鸡用牛刀"，甚至销售人员希望售前人员随叫随到。销售人员无限制地调用资源，不仅造成了极大的资源浪费，还导致售前人员的能力提升缓慢。

销售人员与售前人员相互抱怨的根本原因是什么呢？首先是缺乏项目和售前资源的分类分级，没有根据项目级别明确需要什么样的售前资源，普通售前人员和售前专家的职责未能有效区隔。其次是缺乏流程型组织建设，各部门都在一个个职能"竖井"里，各扫门前雪，导致跨部门衔接出现断点。最后是协作配套的管理机制要么缺失，要么不合理，要么未能充分发挥作用。

三、解决方案被迫单兵作战，复杂方案质量堪忧

在 To B 销售中，很多时候卖的不是标品，而是基于业务解决方案的需求来确定所需的产品。尤其是对于复杂项目，通常涉及多种类型的产品以及定制化需求。这就需要由解决方案人员牵头，承担一条龙经理的角色，召集相关领域的各解决方案专家和定制产品经理，集思广益，共同协作，出具完善的整体解决方案。

但在许多企业中，由于各部门各自承受考核压力，很难实现"力出一孔"的效果。有时在各解决方案领域，没有人愿意承担一条龙经理的整体统筹角色，这将导致客户需求缺乏整体视角引导，解决方案缺少总体设计，显得拼凑而成，格式和逻辑都不统一。甚至只有某个解决方案人员孤军奋战，其他人只是敷衍配合。即使有人承担了一条龙经理的职责，还会遇到解决方案人员与产品定制经理目标不一致的问题。解决方案人员希望定制经理不仅解决当前需求，还能保证产品解决方案具有一定的扩展性，能够快速匹配客户未来的业务发展；而定制经理更关注是否有分成，本部门的投入产出是否划算等。这会导致复杂项目拉通乏力，售前、产品、交付等各个环节都打自己的算盘，给项目成功增添了许多内部困难。迫于项目压力，不得不继续进行，但负责该项目的解决方案人员得不到有力支持，甚至让客户认为这是一个"草台班子"，导致解决方案的质量堪忧。如果侥幸签约了，也会导致方案与实际落地脱节，给交付带来种种困难，客户怨声载道。下面以案例来具体说明。

案例 1：关于复杂集成项目，解决方案团队各扫门前雪

某 To B 企业有一个国外复杂项目，解决方案涉及 12 款企业自研产品和 18 款客户指定的第三方产品，需要进行集成开发。在售前阶段，解决方案设计被分为两部分：五大核心组件由一个团队负责，其他非核心组件由另外两个团队和集成交付部门负责。然而，各部门各自为政，没有部门对整个解决方案的设计、开发及交付价值负责。这导致项目内耗严重，工作不合拍，无形中形成了许多"部门墙"，影响了彼此的协作，最终导致交付给客户的整体解决方案质量不佳。

案例 2：CEO 现场调度扭转困境，才得以成功签单

在某项目中，由于缺乏强有力的牵头方统筹项目解决方案的总体设计，导致项目运作面临商务关系难以把控、技术方案客户不认同的困境。结果该项目的销售人员在季度冲刺会上借工作汇报的机会，向 CEO 请求支援。CEO 现场调度，给出三项举措：一是，销售人员组织客户与同类项目的标杆客户进行技术交流，由副总裁级别的研发负责人李总亲自主导，向客户展示整体解决方案的优势；二是，整个研发部门组织涉及的三个研发团队，以及准备该项目的技术方案研讨会，仍由李总带队；三是，任命李总为该项目的赞助人，销售人员为 AR，并选定 SR 和 CDR，建立项目"铁三角"团队。通过这种集企业相关领域精兵强将之力的做法，最终成功扭转了局面，成功签下了 1 000 万元的大单。

导致"解决方案单兵作战，复杂方案质量堪忧"问题的核心在于，企业缺少集成类解决方案的业务设计与研发交付部门的责任机制和利益分配机制，缺乏一条龙经理统筹机制。由于各部门本位主义严重，致使拉通困难。

四、前期需求挖掘和成本估算不足，导致项目超支超期

在企业运营中，一个常见问题是售前阶段与交付阶段的脱节。具体来说，交付人员和二次开发定制人员在项目初期往往参与不足，这可能导致一旦项目中标，交付过程中就会出现诸多问题。例如，项目可能会因为前期评估不准确而面临亏本交付的情况，或者项目超支超期。此外，由于方案设计与实际交付脱节，客户可能会频繁提出问题，导致项目难以顺利进行。另外，售前阶段对交付成本估算不充分，还会出现无法调配到高水平的项目经理或交付专家的情况。这种售前与交付的不协调，常常造成双方之间的矛盾和冲突。

有时，企业对客户项目的风险判断也显得不够专业，未能准确判断客户需求与实际交付之间的差距，从而导致"需求是 A，招标是 B，交付是 C，验收是 D"，甚至一些项目迟迟不能验收，超支超期。这不仅增加了交付成本，也使得交付团队士气低落。为了更直观地理解这些问题带来的后果，下面通过两个案例来具体说明需求挖掘和成本估算不足可能引发的问题。

案例 1：需求管理不善，变更 40 余次

某 To B 企业有一个政务数字化项目，由于种种原因，项目持续了三年多才正式进入招标阶段。然而，该企业凭借三年前的方案成功中标。遗憾的是，在此期间，客户的领导层多次更迭，最初提出需求的人早已不知去向。更为复杂的是，项目中包含一个管理驾驶舱的大屏，客户每次接待领导时都将其作为参观的重点，而每位参观的领导都提出了不同甚至相反的意见，导致客户不断要求根据这些意见进行调整和修改。据统计，仅颠覆性的修改就进行了 4 次，整体大屏的改动更是达 40 余次。每次修改后，客户总感觉仍有不足之处，但又难以明确指出问题所在。最终，双方在疲惫中接受了当前的结果，一些功能经过反复修改，实际上又回到了最初的版本。

> **案例2：预算确认不细，导致交付严重超支**
>
> 某ToB企业曾实施了G省大数据局政务外网检测平台项目。当时，销售和售前团队一心只想拿下订单，基于经验判断项目可行，但并未与客户深度确认整个预算包的具体内容，也未向该企业内部交付部门通报情况。结果，中标后项目硬件成本占到80%，交付服务无任何毛利甚至赔钱，致使交付团队投入意愿极低，交付周期长，沟通成本高，客户也一肚子怨气。

五、部门本位主义严重，所有部门都是销售部门的"帮忙"角色

在某些企业中，售前人员工资主要由职级决定，而奖金多少与其签订的订单金额关系不大，更多地取决于领导的评价及整体业绩的完成情况。这种类似于"大锅饭"的利益分配机制，可能导致员工更多关注上级而非项目的实际签约情况。久而久之，部门间可能会形成本位主义，销售人员在推进项目时不得不四处求人。

另外，在某些企业中，运维项目签单是运维服务部门业绩的核心来源，但在销售人员前期谈单阶段，能否最终签署运维合同尚不确定，如果销售人员频繁请求运维团队的支持，后者必然会在前期投入一定精力。然而，由于缺乏有效的业绩划拨机制来奖励运维团队前期对产品订单的贡献，这可能导致运维部门重新评估其投入产出比是否合理。久而久之，内部便形成了一种固定看法：运维部门认为销售部门不切实际，只想免费获得支持；而销售部门则觉得运维部门不愿提前投入资源，除非有明确回报。这样一来，每个部门都从自身利益出发考虑问题，没有部门站在企业整体的角度去权衡利弊。同时，这也导致其他部门对销售部门的支持变成了一种"帮忙"的角色，而且这忙能不能帮则取决于项目是否符合自身直接利益。下面以案例具体说明。

> **案例：运维团队辛苦 160 人天，销售部门签单近千万元**
>
> 在某网络安全企业中，有一个知名的企业客户项目已经运作了两年，但迟迟未能取得实质性的突破。直到该客户遭受了一次严重的网络勒索事件，导致生产网络大面积瘫痪，该企业的运维服务团队才紧急介入，投入 160 人天的支持，为该客户恢复正常生产运营提供了强有力的技术保障。结果，安全产品很快成功签约了近千万元的订单，运维服务订单产出却为零。这致使运维服务团队心生不满，认为销售部门享受了丰厚的利润，而自己连基本的回报都未获得，仿佛只是为他人作嫁衣裳。因此，运维服务团队提出今后在类似情况下必须先明确结算方式。

可见，企业缺乏整体视角去深入洞察市场和制订业务计划，并且各部门之间的利益分配机制并不完善。特别是内部对于运维服务体系的提前资源投入，缺乏相应的结算机制。这种情况会进一步助长部门本位主义，抬高部门墙，使得其他部门觉得自己就是给销售部门帮忙的。

六、前后场互不信任，流程长且梗堵

在企业运营中，不仅前场的销售、售前、交付和定制开发之间的协同经常出现问题；前场与后场的商务、法务、财务、销售运营及供应链之间的协同也常常存在相互不理解、不信任和抱怨的情况。销售人员反映，后场人员各管一段，导致同一个问题需要反复说明，一山放过一山拦。同时指出，企业的审批流程节点过多，效率低下，信息绕圈跑，流程长且梗堵。而后场人员也有自己的苦衷，认为销售人员总是试图投机取巧，明知故犯。下面通过案例具体说明。

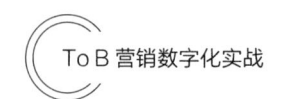

> **案例1：前场抱怨投标资料准备慢**
>
> 某ToB企业在参与A客户的投标过程中，A客户要求查看供应商过往签约同类案例的合同，以及详细的产品清单和开发票信息。对于该企业来说，虽然中标了几个与A客户类似的项目，但相关合同并未纳入投标资料库。为了解决这个问题，该企业的标案支持部不得不在合同库中寻找相关案例，并与财务、法务、客户等多方进行了多次沟通和反复确认。因为这些信息对于过往成功案例的客户来讲，未必可以全部公开，所以沟通下来，时间长达一两周。但是，对于销售和售前来讲，他们认为后台流程长且梗堵，而财、商、法人员也一肚子委屈，从而导致了前后场人员的互不信任。

> **案例2：后场表示，前场明知故犯，给企业造成损失**
>
> 某ToB企业，后场人员明确告知销售人员和售前人员，合同中不按照软件著作权标准填写产品名称会导致企业退税损失，销售人员仍然不听劝告。该企业做了相关统计，发现每年约有20%的非标合同没有正确体现软件著作权的名称，这导致该企业每年损失近3 000万元的退税收益。如果销售人员和售前人员能够在每次签订合同时都进行仔细检查，确保所有信息准确无误，那么就不需要财商人员再进行额外的核查，并避免了相关损失。

总之，前后场互不信任的情况很普遍，单凭个人的主动性显然解决不了问题，还是需要通过流程优化和机制调整等一系列手段来减少误解，增强前后场之间的信任与协同。

第二节 LTC业务变革：实现协同发展的关键

关于To B营销内部协同的六大痛点，解决之道在于LTC业务变革。具体而言，需从以下方面入手。

一、建设流程型组织，是LTC业务变革的核心

LTC流程作为企业运营的核心环节，其效率和效果直接影响到企业的市场表现和客户满意度。因此，建设流程型组织成为LTC业务变革的核心任务。在深入探讨LTC流程型组织的建设过程中，不仅需要关注其整体思路的制定，更需要细致入微地审视每一个环节和细节。

（一）LTC流程型组织建设的整体思路

在研究企业某一业务领域的运作时，通常会从五个关键维度着手：业务模式、流程设计、管理体系、组织架构及数字化支撑。建设流程型组织同样需要围绕这些方面进行深入探讨与实践。对于企业而言，在基于LTC构建流程型组织的过程中，由于业务模式相对明确，通常围绕营销域的直销流程展开，因此可以暂不考虑业务模式的问题，直接从优化和梳理流程入手。

1. 流程设计

流程决定组织，组织服务流程。因此，首要任务是清晰梳理流程框架，遵循"主干明确、细节灵活"的原则，确保LTC流程体系至多细化到四级，后续则可依托作业指导书来灵活应对。在构建流程体系时，要特别注意调用流程、非必须流程，以及流程之间的衔接，并明确每一层级及分支流程的责任人，确保流程运行的责任归属清晰明确。

2. 管理体系

流程的管理体系涵盖了确保其稳定有效运行所需的管理规则、涉及的业

务角色、关键的流程绩效指标及激励机制等方面。为了便于描述，有时会将业务角色与组织架构一并讨论，但从思路上是基于业务角色来搭建组织。

3. 组织架构

如何基于业务角色来搭建组织，形成一个个业务部门呢？一般要涉及"铁三角"及团队成员、一条龙经理、赞助人、后场的职能人员，这些人就像随时待命的"炮火"，为前线提供必要的支持和服务。后续章节会详细讲解这几个角色及其内涵。

4. 数字化支撑

在建设流程型组织时，数字化怎么支撑也要着重考虑。对于 LTC 流程，主要涉及 CRM、BI、ERP、项目交付等系统。CRM 系统是核心，支撑着合同签订及签订之前的线索管理、商机推进。BI 系统主要支撑数据统计和决策分析。ERP 系统主要支撑从销售合同到回款的物流、资金流。项目交付系统重点对项目交付过程进行支撑。

以上就是 LTC 流程型组织建设的整体思路。下面结合实践详细展开。

（二）LTC 流程型组织建设的关键环节与实施策略

先来看 LTC 流程型组织建设的整体框架（如图 3-1 所示），这个框架不仅借鉴了华为在 LTC 流程型组织变革中的宝贵经验，也融入了笔者在多次变革实践中的心得与演进，建议重点关注落地方法与实践路径。

1. 基于 To B 企业核心业务模式，构建内部高效协同的 LTC 流程体系

在 LTC 流程建设时，To B 解决方案型销售企业的三级以上流程一般是通用的。从二级流程来讲，LTC 流程分为管理线索、管理商机、管理合同执行三大流程或三大阶段。

从三级流程的角度，在管理线索阶段，包括收集与生成线索、验证与分发线索、跟踪与培育线索三部分。有些企业的线索验证由销售人员来完成，便把线索的收集与生成、验证与分发，合并成了"收集与分发线索"。在管理商机阶段，包括商机立项与拓展、制定方案与引导、报价、投标、谈判与

第三章 对内搞定协同

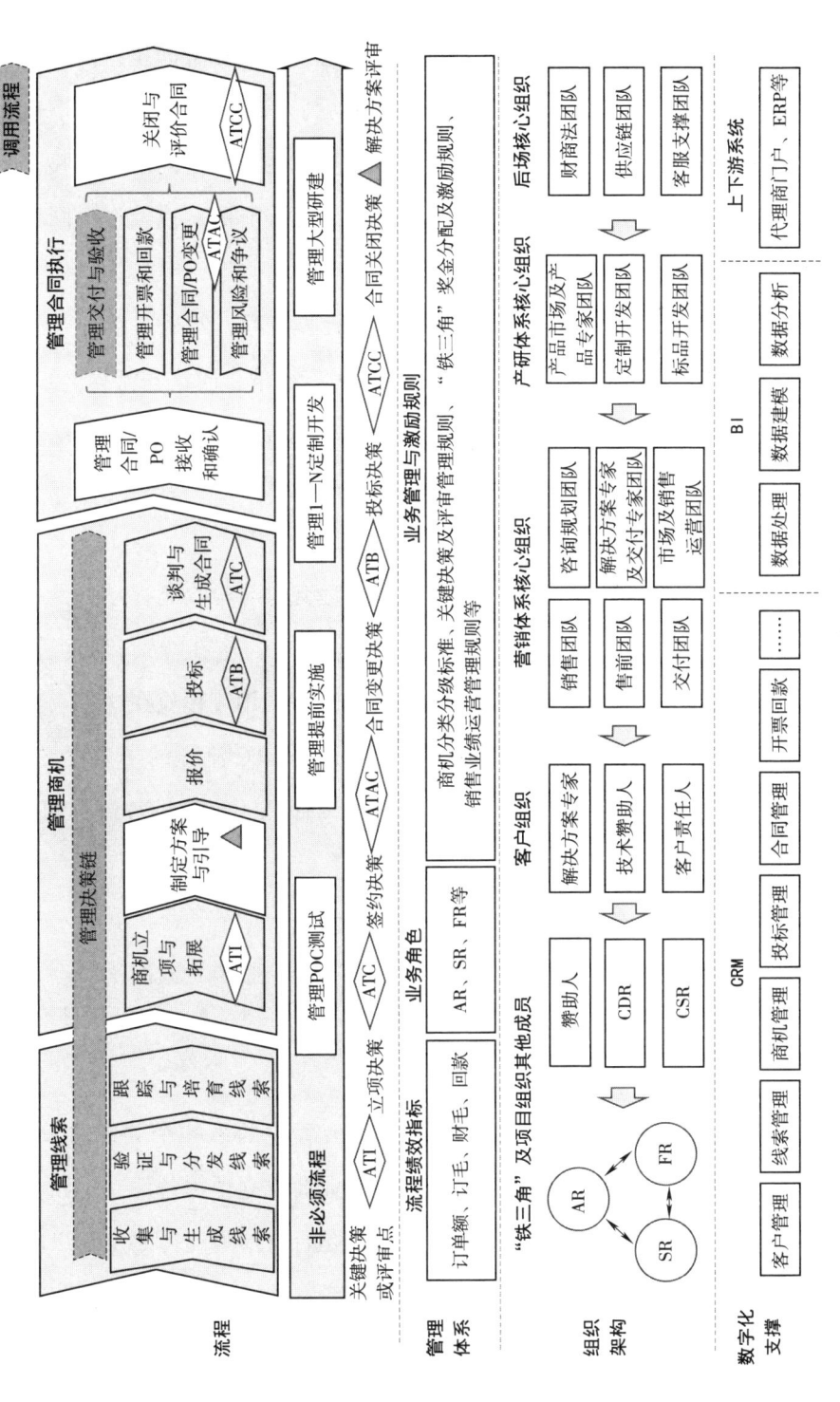

图 3-1 LTC 流程型组织建设整体框架

生成合同五部分，它们是赢单前内部协同的核心。在管理合同执行部分，先是"PO 接收和确认"。注意，在合同签订完成后，满足一定条件才能下达客户的采购订单。比如已收到首付款，同时双方盖章的纸质合同已经回收。因为每个企业都可能遇到大量合同签署后首付款迟迟未到账，以及在合同盖章前条款细节反复协商的情况。

PO 接收和确认后，就转到了管理交付与验收流程，然后是管理开票和回款、管理合同 /PO 变更、管理风险和争议、关闭与评价合同这些流程。其中，合同变更、风险和争议等环节，虽然不一定每一笔合同都会涉及，但由于使用频率相对较高，因此通常不会将其归入非必须流程。

在整个流程建设中，要注意三点。

（1）调用流程，就是管理客户决策链和管理交付与验收流程

管理客户决策链是 MCR 流程的核心子流程之一，它在线索和商机管理的整个过程中都发挥着重要作用。因此，将其作为调用流程放在这里。至于管理交付与验收流程，实际上是 OTD 流程，这是 LTC 流程的子流程之一。由于涉及的事项众多，经常单独拿出来进行详细管理，并供 LTC 流程调用。

（2）决策点和评审点

在 LTC 流程中，存在五个关键决策点和一个关键评审点。下面先对决策点和评审点的作用进行详细介绍，以便对其有一个整体全面的了解。后续章节将详细展开使用方法和实操过程。

①商机立项决策

商机立项决策，简称立项决策，是 LTC 流程中的第一个关键决策点。在此决策点，需要判断该商机是否已经满足企业商机立项的条件，比如客户需求是否明确、客户预算是否到位、客户项目是否有清晰的计划及客户内部是否已经立项等。商机是否可以立项，建议参考"统一客情判断标准"中的项目五要素。一旦商机成功立项，就要根据商机的分类分级，成立相应的项

目"铁三角",遵守"铁三角"的协同工作机制,并明确该项目中"铁三角"的利益分配机制。

②投标决策

投标决策,是涉及客户招标项目的一个非常关键的决策点。如果企业是直投项目,将涉及企业前后场的"铁三角"、投标专员、财商法等多个角色的共同参与。在此过程中,有两个关键控制点需要特别注意:一是在各方分析完招标条款后,共同进行打分,并根据打分结果决策是否投标;二是在封标前,对各种投标文件进行交叉检查,确保所有文件准确无误后,方可正式投标。

③签约决策

签约决策,通常在正式决策前进行,此时客户已经认可了解决方案,并且双方已经就商务条款进行了沟通。因此,签约决策一般以合同内部评审的形式出现。特别是对于非标合同,必须经过企业内部评审通过后,才能与客户正式签约。内部评审过程中,一般重点关注最终售卖价格、与前期价格申请相比概算是否有变化、付款和发货等商务条款是否符合要求,以及各项条款是否存在法务风险等。此外,根据不同的合同金额和毛利率,评审级别也会有所不同。

④合同关闭决策

合同关闭决策,通常在尾款能够正常收回的情况下进行,如期关闭即可,没有太多需要特别注意的地方。然而,一旦出现不可收回的坏账,甚至涉及法律诉讼的情况,合同关闭决策将变得非常慎重。在这种情况下,需要走严格的决策流程,确保所有相关事宜得到妥善处理。

⑤合同变更决策

合同变更决策,主要涉及合同条款的变更、退换货等情况。一般情况下,在与客户达成一致后,会先进行内部沟通。沟通完毕后,再按照正式的变更决策流程进行操作。这一流程通常以流程审批的形式出现，并且根据变更内容的不同，会走不同的审批流程，涉及不同的审批人员。

⑥解决方案评审

解决方案评审，是客户认可与否的关键。在整个采购过程中，客户最关心的四项内容是价格、需求、方案、风险。可以说，一旦客户认可了解决方案，很多时候就意味着需求和风险也得到了解决。特别是对于那些涉及多产品线、定制需求及内外集成的复杂方案，内部评审更是必不可少。内部评审的主要目的是解决复杂方案质量堪忧、前期需求挖掘和成本估算不足、解决方案与交付脱节等痛点。通过解决方案内部评审，可以拉通销售、售前、解决方案专家、交付、定制等多个角色对解决方案的共识，为赢单和顺利交付扫清障碍。

（3）非必须流程

在LTC流程中，还可能涉及以下非必须流程。

①管理POC测试

在解决方案提出后，有些客户会要求POC测试，通过后才能取得投标资格。这就涉及管理POC测试的流程。

②管理提前实施

如果在拿到中标通知书与正式签订合同之间有较长的时间间隔，客户可能会期望提前入场，即所谓的提前实施。提前实施存在巨大的风险，也需要有单独的管理流程来控制这些风险。

③管理1—N定制开发

在许多To B项目中，经常涉及二次开发或集成需求。这时，就需要运用管理1—N的定制流程。这一流程对于项目"铁三角"及交付的OTD流程都有着重要影响。例如，在项目"铁三角"中，引入定制经理的角色，以确保定制需求的准确传达和有效执行。同时，在交付流程中，1—N 定制要作为一个独立的子项目或子流程来进行单独管理，以确保其顺利进行并满足客户的需求。

④管理大型研建

大型研建虽然使用频率较低，但一旦用到，就需要单独进行管理，并遵循专门的研建管理流程。这一流程与 MM 流程和集成产品开发（IPD）流程紧密衔接，确保从市场需求到产品研发的各个环节都能高效协同。

总之，在 LTC 流程中，除了必须流程外，企业还需要根据自身的业务特点、业务模式及目标客户群的差异，引入一些非必须流程，并融入 LTC 主干流程中，共同管理起来，以增进内部协同，并提升协同质量。

2. LTC 流程的高效运行依赖于完善的管理体系

在构建了流程之后，还需要建立流程运行的管理体系。关于这一点，从四个方面进行阐述。

（1）流程执行的效果需要通过绩效指标来衡量

从 LTC 的角度来看，最终关注的是四个关键指标：订单额、订毛、财毛和回款。对企业而言，订单额是干的活，订毛和财毛是饭，回款是血。不干活就没饭吃，不吃饭就没有血，没有血就无法生存。所以，这四个指标是 LTC 业务的顶层指标。围绕这四个指标，进一步分解并逐级制定子流程的绩效指标。但是，需要注意的是，不能为 LTC 流程单独制定指标，而应该将 LTC 流程的指标与企业整体业务目标相结合，形成一套完整的指标体系，确保 LTC 流程服务于企业的整体战略目标。

（2）流程的顺畅运行需要对应的业务规则来支撑

流程要跑起来，必须有明确的业务规则作为支撑。在 LTC 流程中，这些规则不仅是指导工作的灯塔，也是确保各部门协同作战的基石。比如商机分类分级标准、"铁三角"运作规则、客户组织运作规则、关键决策及评审管理规则，正是这些业务规则支撑起了LTC主干流程的高效运行，促进了各部门之间的密切协同，并搭建了业务变革与数字化赋能的桥梁。此外，对于业务规则来说，持续的培训和宣贯至关重要。如果把流程比作道路，那么业务规则就是"交规"。因此，需要有一套完善的培训机制，比如每季度组织一次培训。特别是在业务规则更新时，更需要不断轮训。据了解，在众多企业的营销体系培训中，业务规则培训是其中一项重要内容。一些企业每月都会为营销体系的新员工进行培训，每季度针对业务规则的优化与调整进行专项培训，并且每次培训后都会进行考试以确保培训效果。通过这种方式，可以确保业务规则得到扎实落实。

（3）流程的高效运行需要配套的激励规则来驱动

不能既让马儿跑又不让马儿吃草，备足料草，马儿才有劲儿干活。同样地，为了激发员工的积极性和创造力，需要制定有效的激励规则。这些激励规则不仅要存在，更重要的是要能够打破部门间的壁垒，通过利益绑定来提升内部协同。例如，至少应该包括"铁三角"奖金分配及激励规则、销售业绩运营管理规则等。

（4）流程的优化实施需要明确的业务角色与岗位设置

在设计流程时，必须依据流程的需求来设定人员和岗位，确保每个环节都有专人负责。为了便于理解，本书将业务角色的阐述融入了组织搭建内容，并对"铁三角"进行展开讲解。

流程需要由人来执行，而人则需要有明确的组织归属。因此，下一步就是依据流程来构建组织架构，也就是流程型组织。

3. 根据LTC业务变革，建设流程型组织

职能型组织通常是按照业务职能单元来构建的，这导致流程在不同部门

间穿梭，从而形成了部门墙和管理"竖井"。而流程型组织则是依据流程来设置业务角色，围绕流程搭建组织架构，或者建设虚拟组织，使得整个组织都依附于流程之上，从而实现全员面向客户、提升组织绩效和激活组织活力的目标。如何能更便捷地服务客户，就如何搭建流程；这个流程上需要什么角色，就如何排兵布阵；然后基于这些角色，形成企业内部的组织架构。这就是流程型组织的核心思想。基于此，下面具体介绍 LTC 流程型组织建设涉及的角色、组织和职责等。

（1）"铁三角"组织

第一章中谈到的"倒三角"组织模式，就是通过做宽做厚客户界面，提升客户服务的质量与效率。其中，客户界面就是"铁三角"组织。在第一章中，详细介绍了"铁三角"机制，此处不再赘述。下面重点对"铁三角"的职责、"铁三角"各角色在不同阶段如何配合、与客户组织的协同等进行阐述。

①"铁三角"的职责

鉴于"铁三角"在 To B 项目型销售或 To B 解决方案型销售业务中通常都能用到，因此提供一个关于这些角色详细职责的示例，见表 3-1。对于企业而言，由于涉及的行业各异，其运维服务的需求也存在较大差异。有些情况下，可能不需要乙方深度参与运维服务，仅需提供一些答疑支持即可。基于这种情况，本书不再对 CSR 的详细职责进行举例说明，可以根据自身企业及行业的实际情况，参考 AR、SR 等角色的详细职责进行自行编制。此外，需要再次指出的是，"铁三角"中的"三"是一个概数，根据企业实际情况的不同，可能是"铁三角""铁四角"等多种形式。因此，尽管表 3-1 名称为"铁三角"，但实际上列出了四个角色（AR、SR、FR、CDR）的职责。

表 3-1 "铁三角"详细职责示例

项目角色	角色职责
AR	①客情关系的负责人，负责建立、维护好客户沟通界面； ②熟悉客户组织架构，能够依据客情诊断表对客户进行全面、深刻分析； ③挖掘客户线索，组织相关资源制订下一步行动计划，推动线索转商机立项； ④组织资源完成预算制定、招投标、合同签订、产品调配发货及合同回款等商务工作； ⑤以客户为中心组织"铁三角"资源的相关工作，对客户侧的风险进行监督、把控
SR	①需求管理的负责人，挖掘客户痛点，确认客户需求，确保客户需求得到有效解决； ②方案阶段的负责人，为客户提供满足或超出客户需求的解决方案，并获得客户认可； ③组建项目技术团队，与 AR 一并制订行动计划和策略，对执行过程进行监控，并善于通过相关调度机制，解决资源冲突、事件停滞等影响项目进度的关键问题； ④组织技术团队完成客户现状调研、需求调研、方案编制、方案汇报、招投标等相关技术工作
FR	①项目集成交付阶段的负责人，依据设计方案制定集成方案、实施方案，并组织相关资源完成交付工作； ②承担项目交付的项目经理（PM）职责，协助 AR 完成交付成本的估算，组建项目交付团队，制订项目计划，对项目交付全生命周期进行管理； ③依据交付需求，组织包括 SR、集成专家、服务工程师、产品线等相关资源，完成项目交付相关工作，并达到预期； ④完成项目交付后的验收工作，取回项目验收报告
CDR	①定制开发的负责人，协助 SR 进行客户现状调研，完成定制开发需求调研与确认、定制开发方案编制、定制开发方案汇报，并获得客户认可； ②协助 AR 完成定制开发的报价和方案认可； ③在交付阶段，配合 FR 完成整个项目的交付计划制订、定制资源协调、定制工作的整体统筹； ④在交付阶段，负责定制开发项目的开发、实施、培训、上线，并达到预期，取回定制开发验收报告

"铁三角"虽然有明确的分工，但是更多时候需要相互配合与协同，因此有了整体统筹的"一条龙经理"这个角色。

②"铁三角"各角色在不同阶段如何配合

在 LTC 流程的各个阶段中，"铁三角"各个角色的戏份都有所不同，配合方式也各有特点，如图 3-2 所示。同时，每个阶段都会安排一条龙经理来负责协调和管理。针对图 3-2，有两点需要说明。一是，在 LTC 各阶段的客户界面上并不是由"铁三角"孤军奋战，而是在商机立项环节，进行项目成员组队时，根据项目类别、级别引入赞助人或 CDR 等角色，与客户组织做好紧密协同。在 LTC 各个阶段、各个流程中，"铁三角"也会按需引入后场职能人员，推进项目进展与闭环。二是，图 3-2 更多是从"铁三角"在每个阶段参与程度的角度进行制作的，因此，对 LTC 流程各阶段进行了部分合并或弱化处理。其中，线索各阶段主导方都是 AR，因此用二级流程合并进行体现。另外，管理商机的报价子流程，在投标环节中还会在投标决策评审中一并审核；管理合同执行流程中的合同变更和风险管理，需要根据变更类型及风险类型分情况确定主导方；合同关闭本身事项不多，所以这三项内容没有单独体现。

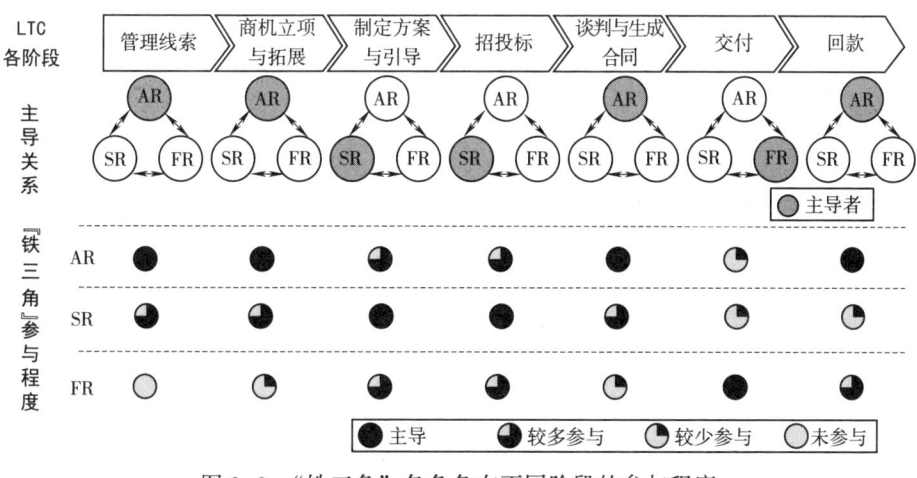

图 3-2 "铁三角"各角色在不同阶段的参与程度

③ "铁三角"与客户组织如何协同

讲清"铁三角"的详细职责，以及"铁三角"各角色在每个阶段如何配合、如何协作、谁主导、谁"戏份"多之后，还要讲清"铁三角"与客户组织的关系，以及如何协作配合。

根据前面的内容可知，并不是对每个客户都建立客户组织，一般是针对长期重点合作的客户，以及预计后续持续高产出的客户才建立客户组织，比如战略客户和核心客户。另外，客户组织的核心作用在于建立立体客户关系，通过"三摸清"，"拱"出商机，持续产单。"铁三角"的目的更直接，就是把这单拿下来，实现交付。可以说，从工作阶段的角度，客户组织跟"铁三角"属于接力棒的前后两棒。从客户组织传承到"铁三角"，一般情况下销售人员不会变，其在客户组织中担任客户经理，在"铁三角"中担任AR。但是，客户组织的解决方案专家、项目集经理、技术赞助人、客户责任人等，可能不会进入"铁三角"，或者不会进入这个客户所有项目的"铁三角"。但是，在商机立项、解决方案评审及投标决策评审中，需要销售人员作为决策评审专家参与其中。因为其既对客户足够了解，又是企业的优质资源。

（2）营销部门

"铁三角"、客户组织、"铁三角"项目组织里的其他成员，都是客户界面上的一线组织，都需要企业整个组织架构的支撑。那么，从企业顶层组织架构规划上，就需要对流程型组织进行整体设计与支撑。一般情况下，为了更敏捷高效地支撑客户界面上的一线组织，建议整个营销部门至少包括六大团队，即销售团队、售前团队、咨询规划团队、解决方案专家及交付专家团队、市场及销售运营团队、交付团队。销售和售前团队可以分布在各个业务单元中，而其他四个团队则需要独立设置。

①咨询规划团队

咨询规划团队，主要通过咨询规划撬动商机，为企业孕育大项目和大客户。

②解决方案专家及交付专家团队

解决方案专家及交付专家团队，是企业大项目SR和FR的重要资源库。当每个业务单元的售前无法独立担任大项目SR时，可以从这个资源库中申请所需资源；面对项目管理复杂的交付项目，也可以从这个资源库申请FR。此外，解决方案专家及交付专家团队还是企业客户组织解决方案专家和项目集经理的重要供应方。

③市场及销售运营团队

To B 企业不像 To C 企业,市场团队是真正的桥头堡、排头兵,To B 企业的市场团队很多时候侧重于市场运营,所以笔者将市场团队与销售运营团队合并在一起阐述了。但是,在某些 To B 企业中,市场部承担着承接企业战略、进行市场研究与分析的重要职责,并为销售管理和产品研发提供纲领性的支持。这样的市场部门可以被称为战略市场部。当市场部承担这种关键职责时,它不应再与销售运营部门合并在一起,而需要独立出来,甚至应提升到企业战略部门的高度。

④交付团队

交付团队是关键执行单元,负责实施解决方案并确保项目顺利完成。

为什么建议营销部门至少包括这六大团队呢?因为当这六个团队最终汇报给同一个人时,在统一的领导下,沟通成本将降至最低,协作效率将达到最高。

(3)产研体系

根据面向客户的顺序,阐述完营销部门,在组织搭建层面就该产品研发体系了。为了落实以客户为中心的理念,与营销部门更好协作配合,共同提升企业业绩,建议除了标品研发团队之外,至少还应该设立产品市场及产品专家和定制开发两个单独运作的团队。

当遇到定制项目时,CDR 就来自产品市场及产品专家团队。在商机立项时,CDR 就作为"铁三角"团队的一员参与进来,与 SR 一起进行需求调研、评审解决方案、评估工作量及交付成本。这样的安排能够有效避免前期需求挖掘和成本估算不足,以及解决方案与交付脱节等问题。定制开发团队单独设立的好处是既不影响标品的研发进度,又不耽误客户定制开发的工期。更重要的是,这种方式减少了销售人员依靠个人关系来争取资源的情况

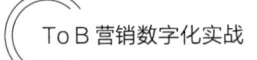

发生，使得整个流程更加透明高效。

以上介绍的各个组织，一般都需要直接面对客户，称为前场；接下来阐述的组织，一般不直接面对客户，称为后场。一般情况下，在To B业务模式中，后场包括财务、商务、法务、供应链、客服支撑、销售运营等团队。其主要提供业务和运营支持，或者代表企业执行某一领域的管理职能。从LTC流程型组织建设整体框架的角度，后场是不可或缺的一部分，通过与前场协同的变革，显著提升了协作效率，解决了前后协作的一系列问题。

（4）高层领导

在流程型组织中，高层领导承担着政策监督者和服务者的角色。根据项目需求，高层领导会作为赞助人参与"铁三角"团队，为团队提供必要的支持和指导，确保项目的顺利推进和成功实施。

如果进一步细化前后场，可以将项目"铁三角"定义为"前台"。而产品研发体系中的CDR、营销体系的咨询规划专家、解决方案专家等，在一般"铁三角"团队难以解决问题时，作为专家资源加入，这部分可以称为"中台"。财务、商务、法务及供应链等部门则构成"后台"。在这种流程型组织架构下，理想的模式是"大前台、强中台、小后台"。在这样的结构中，前台负责做宽做厚客户界面；中台由精兵强将组成，具备强大的专业能力；后台则追求精简高效，保持敏捷灵活。整个组织都面向客户，以赢得订单和高质量交付为目标，通过提高组织协作效率来增强团队战斗力，并提升客户服务水平，最终促进企业业绩增长，实现可持续发展。

4. 数字化是LTC流程型组织建设成功落地必不可少的支撑

在前文中已深入探讨了数字化落地与业务变革之间的关系，为了业绩提升，两者缺一不可。现在，从另一个视角来看，数字化与业务变革又是共融共存、相互依赖的关系。在数字化建设过程中，每一步都离不开业务流程的支持和指导；同时，业务变革的推进也离不了数字化系统的保障。可以说，业务跑在数字化系统上，数字化系统融入业务中。通过这种方式，数字化系统能够全面吸收并整合关于业务变革的所有理念、方法论、流程设计、组织关系及业务规则等内容。因此，数字化是 LTC 流程型组织建设成功落地的有力支撑。

既然数字化支撑是流程型组织落地必不可少的一部分，那么，数字化到底如何支撑 LTC 流程型组织变革呢？具体有三个角度。

（1）从业务目的角度，支撑价值实现

LTC 流程型组织变革中，关键环节如流程优化、"铁三角"协同及前后场协同提效，均需依赖数字化通过应用功能来支撑。通过这些数字化支撑措施，不仅能够显著提高内部协同，还能增强解决方案的整体质量，有效降低项目交付风险。此外，这也有助于提升客户认可度，从而实现顺利回款。

（2）从功能角度，支撑流程与规则落地

在 LTC 流程型组织变革中，企业往往会对现有流程进行大规模的优化和调整，并更新一系列业务规则。例如，许多企业在变革前可能缺乏正式的商机立项流程，而在实施 LTC 流程型组织变革后，通常会建立一套合理的商机立项机制。又如，过去或许没有明确"铁三角"团队的合作规范，但变革之后，这些协同工作的规则也会得到完善。所有这些流程或规则的优化，都可以通过引入数字化系统得到支撑——比如利用 CRM 系统支撑应用功能的具体落地，借助 BI 系统支撑业务管理的统计、分析、辅助决策等。

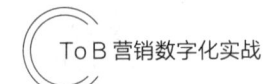

（3）从协同角度，提升组织协同效率

LTC流程型组织变革的核心目的是提升内部协同，通过练好内功，在外赢得客户信任，把合同签出去，把业绩拿回来。无论是"铁三角"内部协同、"铁三角"与客户组织协同，还是"铁三角"与后场的协同，都高度依赖于数字化系统的各项功能。数字化系统可以提高信息流转效率，并通过移动端支持随时随地的协作，进而提高协同效率。加之业务规则嵌入了数字化系统中，可以进一步提升协同质量。

二、进行商机分类分级，实施按类按级分配资源

要真正发挥LTC业务变革的效能，关键在于对商机进行有效的分类分级。商机分类分级，常用的有两种方法：一种是基于单一因素的方法，比如仅根据商机金额进行分级；另一种是综合考虑多个因素的方法，比如根据商机金额、商机类别、市场意义等进行分类分级。

从价值角度看，商机分类分级具有两个重要作用。一是，实现资源匹配。通过对商机进行分类分级，企业能够根据不同级别的项目合理分配售前支持和其他资源。这样既解决了"销售人员与售前人员在资源调用上存在分歧"这个痛点，又解决了"牛刀杀鸡，小刀宰牛"的问题。二是，为提升解决方案质量和协作效率奠定基础。基于不同的商机等级，企业可以设计出相应的立项和解决方案评审等流程，从而为提高复杂项目的解决方案质量、签约质量和协作效率，奠定资源分配的基础。

在前面的章节中，已经简要提及商机分类分级的基本思路。接下来，通过一个案例来深入了解这一过程的实际操作。

> **案例：商机分类分级**
>
> 某ToB企业在进行商机分类分级的过程中，整体分为三个主要步骤。
>
> **第一步**，从商机（项目）金额、项目类别、市场意义三个维度考虑商机的分值，具体见表3-2。

表 3-2　商机分类分级评分规则

评分要素大类	评分要素子类	评　分	项目特点说明
项目金额	商机金额	金额≥800万元；40分	
		600万元≤金额＜800万元；35分	
		400万元≤金额＜600万元；25分	
		200万元≤金额＜400万元；15分	
		25万元≤金额＜200万元；10分	
		金额＜25万元；5分	
项目类别	续保类	0分	忽略方案评审过程，可直接签合同
	简单交付	0分	纯交货类的交付，不包含实施配置交付
	标品采购	0分	标准产品采购，含实施配置交付，但不涉及定制开发；不涉及综合解决方案的设计与落地
	大型集成类（不含定制开发）	10分	由我司主导的简单集成业务（涉及第三方产品1~2种）
		20分	由我司主导的复杂集成业务（涉及第三方产品3种及以上）
	综合解决方案类（涉及多种组合）	20分	基于用户需求设计解决方案，涉及多个产品技术领域，并要求方案实施落地（以下把此类称为"A"）
		30分	A＋单产品线定制开发
		40分	A＋多产品线定制开发
	大型研建类	50分	以落实用户平台化需求为目标，公司无标准化产品及平台提供支撑的大规模定制开发
	战略咨询规划	30分	指纯战略咨询规划，不涉及解决方案的落地交付
市场意义	战略或标杆项目	10分	标杆项目要求：新方案或新市场，可复制、可参观、可公开宣传
	特殊市场意义项目	直接定级	对于特殊商机，根据特定理由，可直接定级

在商机立项前，该企业提出以下要求。

①销售人员必须初步全面了解客户的需求、尽可能摸清客户预算，并初步判断匹配什么产品，以便能够初步确定商机金额，然后根据商机金额按段赋分。例如，800万元以上的赋40分，600万元到800万元的赋35分等。

②根据与客户的沟通，销售人员要初步判断出项目类别，是续保、简单交付、标品采购，还是大型集成、综合解决方案等，然后根据不同的项目类别进行赋分。例如，续保、简单交付、标品采购，都比较简单，项目类别为 0 分；大型集成、综合解决方案、大型研建，根据复杂程度和资源消耗程度，赋予 30 分、40 分、50 分等不同分值。在综合解决方案中，根据定制开发的复杂程度也做出不同分值的区分。

③考虑市场意义。例如，若计划进军新的领域或行业，初期的项目金额可能并不显著，但这些项目对企业的市场战略意义重大。若能成功打造样板项目，后续将产生强大的示范效应，吸引更多新客户。针对这类商机，除了考虑项目金额和类别外，还应单独增加一个评分维度，以更全面地评估其潜在价值。此外，还存在一类特殊商机，具有独特的市场意义，难以仅通过项目金额和类别来量化定级，比如赞助大型国际赛事等。这些项目不仅体现了企业的综合实力，还能显著提升品牌影响力。对于这类特殊商机，应直接根据其市场意义赋予较高分值，如 50 分或 80 分，而非遵循常规的评分标准。

注意：在商机立项时，该企业根据评分规则确定商机级别，后续可以根据最终的解决方案，对商机级别进行微调。

第二步，对商机赋分后，根据分值定级。

根据分值，该企业制定了 P1—P4 四级，详细级别及分值见表 3-3。

表 3-3　商机（项目）分级规则

级　别	分　值
P1	项目总分≥60 分
P2	项目总分≥40 分
P3	20 分≤项目总分<40 分
P4	项目总分<20 分

第三步，使用分类分级结果。

商机定级后，许多内部协同和提升商机质量的事项便得以明确。例如，对于 P1、P2 商机，该企业要求"铁三角"组队时，AR、SR 和 FR 不能由同一人担任多个角色；SR 必须是解决方案专家级别，而不能是普通售前人员；同时，至少需要配备销售总监级的商机赞助人。此外，针对 P1、P2 商机，必须进行两轮解决方案评审：一轮由"铁三角"自评，另一轮由解决方案专家和交付专家共同评审。相比之下，对于 P3、P4 商机的要求就没这么严格，资源也不必投入这么多。例如，允许 AR 兼任 SR，解决方案仅需进行"铁三角"自评即可，投标决策评审流程也可以简化。

此外，商机定级后，P1、P2 商机对资源能力的要求较高。对于一些资深专家和架构师资源，如解决方案专家和交付专家，如果一线销售组织没有或资源不足，就在"铁三角"运作规则中明确规定这些资源应从企业的解决方案专家资源池中调配。同时，结合项目类别，在"铁三角"运作规则中明确规定哪些类型的商机需要产品研发团队提供 CDR。例如，对于包含定制的综合解决方案类和大型研建类商机，产品研发团队必须提供 CDR 支持。通过这种方式，把业务流程、管理体系和组织搭建等业务变革的核心要素也充分应用了起来。

在商机立项后，随着与客户不断确认需求细节，解决方案可能需要进行必要的调整，随之而来的是商机产品和预计金额的变动。这些变化可能导致商机级别的重新评估。在这种情况下，必须启动审批流程或评审机制，因为商机级别的变化直接关系到"铁三角"资源的投入及决策评审流程的选择。此外，这一机制也有助于防止某些销售人员为了争取更多资源，在初期故意将商机级别定为 P1 或 P2，而在立项后为了省事，又试图将商机级别降至 P3 或 P4。

这就是企业对商机进行分类分级，以及如何使用分类分级结果的整个实操过程。

在商机分类分级之前，由于商机立项与资源匹配之间缺乏直接关联，导致商机立项过程往往流于形式。然而，随着业务变革，这一状况将得到根本性改变。立项后，销售人员可以根据商机的级别明确要求相应的资源支持；而对于那些级别不足的项目，则不能随意动用售前资源。这表明，商机分类分级不仅能够从根本上解决内部协同和资源分配的问题，而且是LTC业务变革中一个至关重要的步骤。

三、深化"铁三角"协同，提升解决方案及签约质量

前文讲过，在LTC流程中，存在五个关键决策点和一个关键评审点。其中，商机立项决策、解决方案评审、投标决策、签约决策是需要"铁三角"深度协同的重要环节。为了实现这一目标，核心思路是让"铁三角"全面参与这四个决策点或评审点的全过程，使其真正成为并肩作战的兄弟，甚至可以考虑让其日常紧密合作。比如，对于P1、P2商机，要上会进行立项评审，并在会上一并解决资源分配的问题。这样，整个"铁三角"团队的成员都能齐聚一堂，共同开展工作。

解决方案，对外是增强客户认可的桥梁，是能否深入挖掘客户的痛点、把项目做大的利器；对内是方案和交付是否一致、项目成本是否可控的源头，是项目能否挣钱的基础，是内部协同是否高质高效的体现。所以，P1、P2商机的解决方案也要上会评审，并邀请FR和定制经理参与评审。并且，要求FR按需参加售前调研，定制经理则必须参与售前调研和定制方案的编写，以便准确评估对应的成本和工期，避免超支超期。

通过这种方式，至少能产生两方面的价值：一方面，攻克"解决方案被迫单兵作战""前期需求挖掘和成本估算不足"的痛点；另一方面，促使"铁三角"成员协同起来，从全局出发，全面审视问题，共同寻找解决方案。为了更直观地理解如何深化"铁三角"协同，下面通过一个案例进行说明。

案例：通过商机立项决策，正式任命"铁三角"团队

某 ToB 企业的商机级别分为 P1—P4 级，P1 级别最高。对 P1、P2 商机，该企业要求召开立项决策评审会；对 P3、P4 商机，要求直接在 CRM 系统审批流程中审批，省去召开立项决策评审会的环节。该企业 P1、P2 商机立项决策评审的主要流程见表 3-4。

表 3-4 P1、P2 商机立项决策评审流程

工作分类或工作事项		核心工作内容	工具、规则或数字化系统
商机立项申请		在 CRM 系统中，根据商机评分要素确定的级别，由 AR 申请商机立项。当是 P1 或 P2 项目时，需要走线下的立项评审	CRM 系统
商机立项预审		各销售部门按省（区）或行业，在周例会上，由 AR 介绍项目情况后，对商机进行预审，判断是否真正达到了 P1 或 P2 级别，达到后，销售部门在 CRM 审批通过，并进入评审委员会评审节点	CRM 系统
商机立项评审	评审材料准备	AR 准备商机立项评审汇报材料，立项前参与项目的 SR 进行协助	商机立项评审汇报模板 标前项目 WBS 工作表模板 商机立项评审会议议程模板
	召开立项评审会	①销售运营负责组会，协调评审专家、确定会议时间、地点等；②AR 与 SR 进行决策评审汇报；③明确商机奖金分配比例及细则；④确定"铁三角"、赞助人等项目核心成员	《项目制激励细则》
	明确评审结论	评审专家根据 AR 和 SR 的介绍，给出立项评审结论和改进意见	—
	撰写会议纪要	AR 指导销售运营人员按模板编写会议纪要，由参会人员确认内容和待办	商机立项评审会议纪要模板
	会议纪要上传至 CRM 系统	AR 把参会人员确认后的会议纪要上传至 CRM 系统	CRM 系统
"铁三角"任命发布		销售运营通过邮件或 CRM 系统在营销组织内发布"铁三角"的正式任命	《"铁三角"运作规则》 "铁三角"任命发文模板

在CRM系统中，该企业搭建了商机立项决策评审的审批流程。因此，P1、P2商机的立项决策评审流程采用了线上与线下相结合的方式。

线索转商机后，首先由AR在CRM系统中对P1、P2商机发起立项决策评审申请。

之后，进入预审阶段，为了提升预审质量，不仅依赖CRM系统中的信息，还要充分利用周例会的时间，由AR详细汇报项目情况，以便预审负责人能够获得更全面、更准确的项目信息，从而做出更加精准的判断。通常，预审负责人是省区级或行业级的销售总监。

预审通过后，AR和SR一起准备评审材料，由销售运营同事负责协调评审专家和组会，并推进整个评审流程的完成。评审会的议题，一般包括项目背景介绍、客户核心需求、技术路线、解决方案思路、总体工作计划、潜在风险及风险控制措施、确定"铁三角"组织成员清单、项目激励包分配及考核规则等。评审会结束前，评审专家给出评审结论及改进意见；评审会结束后，销售运营人员按模板编写会议纪要，各参会人员确认后，由AR上传至CRM系统，由评审专家在CRM系统的审批流程中审批通过。

最后，由CRM系统或人工通过邮件正式发出"铁三角"任命清单。

商机立项评审通过后，整个"铁三角"团队成员便全部组齐了，并开始了紧密协同工作。那么，"铁三角"团队成员如何开展工作呢？如何提升解决方案及签约质量呢？下面再通过一个案例具体说明。

案例：通过解决方案的专家评审，提升方案质量

针对P1、P2商机的解决方案，某ToB企业要求进行"铁三角"自评和专家评两轮评审。解决方案的专家评审流程见表3-5。

表 3-5 解决方案专家评审流程

工作分类或工作事项		核心工作内容	工具、规则或数字化系统
"铁三角"内部自评		SR 组织"铁三角"成员自评解决方案	解决方案自评表模板
SR 提交解决方案专家评审申请		针对 P1、P2 项目,"铁三角"自评解决方案通过后,SR 向销售运营部提交《P1/P2 解决方案评审申请表》与《解决方案》,申请解决方案专家评审	解决方案评审申请表模板 解决方案模板 解决方案评审汇报模板
解决方案专家评审	申请资料初审	销售运营从资料完备性、填写规范性方面对 SR 提交的资料进行初审	—
	召开解决方案专家评审会	①销售运营负责组会,协调评审专家、确定会议时间和地点等; ②评审前一天,销售运营把评审资料发给各评审专家; ③SR 进行评审汇报,"铁三角"团队提供补充支持; ④评审专家对解决方案进行提问、交流	《解决方案评审管理细则》 解决方案评审专家池清单
	评审专家现场评审	评审专家现场登录 CRM 系统线上评审或填写纸质评审表	CRM 系统 解决方案专家评审表
	汇总评审意见,公示评审结论	销售运营在 CRM 系统或线下收集评审表,汇总评审意见、公示评审结论	
	撰写会议纪要	SR 指导销售运营人员按模板编写会议纪要,由参会人员确认内容和待办	解决方案专家评审会议纪要模板
	会议纪要上传至 CRM 系统	SR 把参会人员确认后的会议纪要上传至 CRM 系统	CRM 系统

首先,经过"铁三角"内部自评,自评通过后,由 SR 申请发起专家评审,并提交解决方案。

在整个评审流程中，销售运营部门承担着组织与推进的关键角色。当销售运营人员接收到评审申请时，会对提交的资料进行初步审查。如果资料完整且符合填写规范，销售运营人员将依据商机类别，联系相应的评审专家团队成员，并安排会议时间进行深入评审。

评审会上，由SR进行汇报，AR、FR、CDR等"铁三角"其他成员进行补充。

评审完毕后，评审专家从方案设计、非商务成本估算、技术风险、可交付度等方面对解决方案进行判断，即是否合格或风险级别（高、中、低），最后给出是否通过评审的结论。

全部与会专家给出结论后，由销售运营部门进行汇总。当80%以上专家的结论是"评审通过"时，本解决方案专家评审的最终结论便是"评审通过"。

这就是一个非常简单、高效且易懂的解决方案评审案例。

投标决策评审和签约决策的流程与商机立项决策、解决方案专家评审类似，因此不再赘述。采用这种评审方式，不仅确保了"铁三角"团队在信息上保持一致，共同推进商机，齐心协力解决问题；同时也让业务管理者能够看清商机耕耘情况，从而提供更加合理的工作指导。更重要的是，这种方式有效填平了内部协同的鸿沟，打破了部门本位主义的壁垒，将团队成员紧密地绑定在一起，形成一个利益共同体，提升了解决方案和签约的质量，还使得企业业绩乃至竞争力得到提升。

四、重构激励体系，从职能部门导向转变为以项目组织为核心

在传统职能型组织中，因部门大于流程，绩效评价和激励分配都是管理者说了算，导致员工在一个个管理"竖井"里面朝领导、背朝客户，绩效评价弱化了工作成果导向，而强化了留给领导的主观印象，甚至私人关系。

激发组织活力的最佳方式是让员工有更多机会增加收入；而提高组织协同的最有效手段则是通过利益捆绑，使员工成为利益共同体。项目型组织正是基于这种导向，其在绩效评价和激励分配中减少了管理者的主观评价，更加强调团队成员在项目中的实际贡献。简单来说，奖金主要取决于工作量、项目是否成功赢单及能否顺利交付验收。因此，解决企业内部协同的痛点，推进LTC业务变革的关键一环就是重构激励体系，从职能部门导向转变为以项目组织为核心。

项目激励考核通常分为两种方式：一种是侧重结果导向，主要关注赢单和交付验收；另一种则是过程和结果并重。具体来说，第二种方式在赢单或交付验收后，根据团队成员在各个阶段的贡献和投入进行激励分配。对于商机，从立项到验收短则几个月，长则一两年。在这个过程中，难免会有团队成员的变动，而且很多"铁三角"团队成员也可能无法完全从头跟到尾，加之有些成员只是在项目中提供特定支持，完成后便离开本项目。因此，项目激励考核更适合采用过程和结果并重的方式进行激励分配。下面通过一个既考虑过程又兼顾结果的激励分配规则案例，详细解读如何制定这样的规则。

> **案例1：项目激励积分制定与分配规则**
>
> 在制定激励分配规则时，某To B企业采用了一种创新的方式：不是直接计算每个人在项目中应得的奖金金额，而是先分配积分，再将积分转换为相应的奖金。这种方式的优点在于，项目中每个事项的分值是固定的，这使得规则更加直观易懂且便于操作。需要明确的是，项目激励积分仅用于确定每个人的奖金部分。该企业的项目激励积分制定与分配规则具体见表3-6。

表 3-6 项目激励积分制定与分配规则

编 号	事项名称	事项详情	说 明
1	参与积分分配的人员范围	项目"铁三角"成员中的 SR、SR 团队成员，FR、FR 团队成员，参与积分分配	① AR 按销售任务完成情况分配奖金，不采用积分分配；② 定制开发的签约额，由营销团队与开发团队业绩双计。CDR 及定制开发团队，执行研发团队的奖金分配机制，不采用积分分配
2	项目级别及积分总分值	按商机（项目）P 级，赋予不同的总积分：P1，200 分；P2，160 分；P3，120 分；P4，80 分	—
3	项目积分选项集	根据项目阶段，设置下单前后的积分选项集，以供在不同 P 级的项目中调用。比如，下单前，设置售前调研、解决方案编制、解决方案自评、解决方案专家评审、POC 测试、投标参数编制、投标材料编制等	—
4	不同 P 级项目积分项清单及分值	不同 P 级的项目，工作复杂程度和工作项会有差异。根据工作需要，为每个 P 级的项目选择积分项，并为每个积分项赋值。比如，P1、P2 项目都用到"解决方案编制"这个积分项，分别赋予 20 分和 16 分	积分项赋分时，除按项目级别赋分外，还可以考虑项目分类。比如，同是 P1 项目，大型研建类与集成交付类的解决方案分值不同
5	项目积分分配人及分配时间	分配人：下单前积分由 SR 分配，下单后积分由 FR 分配。分配时间：下单前积分，在合同签约后，由 SR 给 SR 团队成员和本人分配；下单后积分，在项目验收后，由 FR 给 FR 团队成员和本人分配	① SR、FR 分配积分前，需 AR 对项目先评估出积分系数，系数在 0.8~1.2 区间，积分系数乘以原始积分，得出可分配的积分；② P1、P2 商机，需销售总监级别的管理人员审核、确认积分系数，以及 SR、FR 的分配结果

该企业项目激励积分制定与分配规则主要分为五部分。

第一，要说清哪些人员参与项目激励的积分分配。

在该企业中，仅 SR、FR 及其团队成员参与积分分配，AR、CDR、赞助人等不参与积分分配。项目积分分配的核心目的是面朝客户，提升内部协同。作为前场的先锋，AR 肩负着明确的销售任务额，其提成和奖金直接与任务完成情况挂钩。因此，对于 AR 而言，采用项目积分分配机制并非必要。CDR 及定制开发团队隶属于产品研发体系，其工作不局限于项目交付，还需考虑定制成果的复用性及其产品化潜力。鉴于此，CDR 及定制开发团队遵循研发体系的奖金分配机制，而非项目积分分配。至于赞助人，通常是 AR 或 SR 团队的管理者，对其绩效评价更为全面，侧重于团队业绩、市场拓展、客户关系及人才建设等方面。因此，赞助人同样不纳入项目积分分配体系。

第二，要说清每个项目分别是多少积分。

为了清晰展示每个项目"值多少钱"，该企业根据商机分类分级的 P 级来设定每个项目的积分。这种方式既合理又简单，也便于记忆。例如，P1 项目 200 分，P2 项目 160 分，P3 项目 120 分，P4 项目 80 分。

第三，要说清做哪些事儿可以挣积分。

鉴于不同 P 级项目的流程基本相似，主要区别在于任务的复杂程度，因此，该企业先制定了一个积分选项集，然后针对每个 P 级项目组合成对应的得分项清单。例如，在下单前，售前调研、解决方案编制、解决方案自评及解决方案专家评审等事项都可以纳入积分选项集。简而言之，将售前团队和交付团队在下单前后的工作分解结构（WBS）中的关键事项都纳入积分选项集。

第四，要说清不同 P 级项目的积分项有哪些、每项的分值是多少。

为了确保奖励分配的公平性和合理性，该企业对每个 P 级项目从积分选项集中挑选出相应的积分项，组成了每个 P 级项目的积分项清单，并赋予每项具体的分值。同时，确保所有赋分加起来等于该项目级别的总分值，比如 P1 项目的总分值为 200 分。如果需要更细致的管理，可以在同一个 P 级项目内，根据项目分类的不同适当调整每项的分值。例如，对于同为 P1 的项目，大型研建类和集成交付类的 POC 测试环节，由于大型研建类可能没有现成的产品进行测试，因此其 POC 测试的分值可以设为 0，而集成交付类则可以根据实际测试情况赋予相应分值。

第五，要说清谁来分配积分、什么时候分配积分。

简单来讲，售前工作的积分由 SR 在下单完成时分配，而交付工作的积分则由 FR 在项目验收完成时进行分配。此外，该企业还特别考虑了具体工作的难度和辛苦程度，并为 AR 设定了 0.8 至 1.2 的积分评估系数。例如，如果 AR 认为 SR 团队的工作表现出色，解决方案赢得了客户的高度认可，且项目成交额从预估的 300 万元提升至 700 万元，那么 AR 可以直接将系数调整至 1.2。为了避免 AR 与 SR 或 FR 之间可能出现的串通情况，AR 的评估系数需要经过其管理者的审核和确认。总体而言，积分主要由 SR 和 FR 进行分配，但同时设置调节和监督机制以确保公平性。

以上就是项目激励积分制定与分配规则的详细内容。有了明确的分配规则，那么在实际工作中，整个分配流程是如何进行的？接下来，基于案例 1 的分配规则，继续讲解积分分配流程的案例。

案例 2：项目激励积分分配流程

延续案例 1 的项目激励分配规则，整体的激励分配过程具体见表 3-7。

表 3-7　项目激励积分分配流程

阶段 角色	商机立项	下单	第一次分配	第二次分配
AR	"铁三角"组队，确定 SR、FR	下单后合同生效前，对 SR 团队的工作进行评价，并给出积分系数	—	AR 收到项目验收申请时： ①对 FR 团队的工作进行评价，并给出积分系数； ②若 SR 团队的工作对交付产生了影响，可以调整 SR 团队剩余 20% 积分的分配系数
SR/FR	补充 SR 团队成员、FR 团队成员、CDR 等	SR 对下单前的积分，给团队成员和自己进行分配	—	对于下单前的积分，由 FR 给团队成员和自己进行分配
销售管理人员	—	P1、P2 商机，需要销售总监级别的管理人员审核 AR 给出的积分系数，审核 SR 的积分分配结果	—	P1、P2 商机，需要销售总监级别的管理人员审核 AR 给出的积分系数，审核 FR 的积分分配结果
数字化系统	根据项目 P 级，自动生成积分项及每项积分，并在立项后，自动触发消息或邮件通知 SR、FR，告知下单前后的积分分值	销售管理人员审核后，把 SR 评分的 80%，预分配到对应人员名下，即本次共分配的积分为：下单前标准积分 ×AR 评价系数 ×80%	商务人员在数字化系统确认合同生效后，预分配给 SR 及其团队成员的积分生效，其可以在数字化系统中查询本人的积分	将 FR 分配的积分与 SR 团队剩余的 20% 积分分配到个人名下。分配后，个人在数字化系统中可以查询

　　该企业的项目激励分配流程，主要涉及四个阶段和四类角色，整个分配周期从商机立项持续到项目验收。在整个分配过程中，每个阶段都离不开数字化系统的支撑，因此该企业把数字化系统作为其中的一类角色。

　　第一个阶段，商机立项，主要说清如何"切蛋糕"。

　　一旦商机立项，项目级别随即确定，"铁三角"及项目团队成员也随之明确。此时,需要说清楚如何"切蛋糕"。由于此时尚未知晓各成员的具体贡献情况,也不确定团队构成是否会有变动,因此暂时无法将具体的积分直接分配给个人,而只能先划分到团队层面。具体来说,只需明确 SR 团队和 FR 团队各自的积分包总额即可。在整个过程中,从"铁三角"组队、确定积分包到积分包的分配,所有这些步骤都需要在数字化系统的支撑下完成。该企业把这部分数字化功能集成到了 CRM 系统中。

第二个阶段,下单,主要说清 SR 团队的积分如何分配到个人。

订单一旦确认,SR 团队的任务便宣告完成,此时每位成员的贡献与参与度已清晰可见。接下来,由 SR 负责为其团队成员及自身分配积分。在 SR 完成分配后,销售 AR 需对 SR 团队的工作进行评价,并给出 0.8 至 1.2 的系数。当系数超过 1 时,意味着 AR 高度认可 SR 团队的工作,使得每位成员都能获得超出标准的积分奖励。这种正面反馈将激励团队成员在未来更愿意跟随该 AR 工作。

然而,在制定系数时,AR 不能过于慷慨,以免影响企业的利润考核。因此,需要 AR 的上级管理者进行监督和审核,以确保公平性。如果给 SR 或 FR 团队分配过多积分,可能会影响对企业整体利润的考核。该企业还赋予了 AR 的管理者对 SR 分配结果的审核,从他的视角评估积分分配的合理性。通过这样的监督机制,既保证了多劳多得的原则,又维护了分配的公平性,避免了企业承受不合理的损失。值得注意的是,该企业仅针对 P1、P2 项目引入了销售总监级别的管理者进行积分系数审核,而 P3、P4 项目则无须审核。

第三个阶段,第一次分配,主要说清下单前的积分如何进行分配。

并不是 SR 说清下单前积分怎么分配,积分就会马上归属到 SR 团队个人名下了，而是需要合同生效以后，才能完成积分的分配动作。对于 To B 企业来说，如果走线下双方盖章的纸质合同流程，从中标到合同签订完毕，短则半个月，长则可能一个季度。只有当双方盖章的合同正式生效后，积分分配才算真正完成。这样做也可以规避在个别异常情况发生时，需要对积分分配重新进行处理的风险。说得严重点，有些不招标的客户，前期谈拢了合同条款，但在签订合同过程中，客户决策发生变化，甚至撤单。在这种情况下，无法起诉客户，或者不愿意为了追讨而耗费大量资源。如果已经进行了积分分配，订单却没了，那么这笔钱该从哪里出呢？因此，在合同生效后再把积分真正分配到个人名下，是更为稳妥的做法。

那么，在合同生效时，是否应该把 SR 团队的积分全部分配下去呢？考虑到项目还未交付，最终款项能否顺利收回仍存在一定的风险。售前解决方案与交付环节衔接不好，可能导致项目难以交付，这也是影响回款顺利与否的重要因素之一。因此，该企业采取了一种更为谨慎的策略：在合同生效时先分配 80% 的积分给 SR 团队，剩余的 20% 则留作"质保金"，在项目验收合格后再行发放。

第四个阶段，第二次分配，主要说清项目验收后，如何对项目激励的积分全部进行分配。

当客户完成验收并签字确认后，意味着项目成功交付，此时应当对参与项目的团队成员进行奖励，确保其获得应得的回报。这不仅能够激发团队的积极性，还能满怀热情地投入下一个项目。在此阶段，AR 可以对 SR 团队在整个项目期间的表现做出最终评价，并据此确认剩余 20% 积分的具体分配方案。如果在项目执行过程中发现之前给予 SR 团队的初始积分系数设定过高或过低，则可以在 20% 积分中做出相应调整。

同时，对于 FR 团队而言，此时也要为其确定相应的积分系数，该系数同样被限定在 0.8 至 1.2。在这个阶段，FR 将对其团队及自身进行积分分配。每位成员最终获得的积分等于 FR 分配的积分乘以 AR 审定后的积分系数。

此外，针对 P1、P2 项目，该企业的销售管理者需要对 AR 的评估系数和 FR 的积分分配结果进行全面审查，以确保整个过程既公平又合理。

以上就是重构激励体系的生动实例。通过这一变革，旨在激励企业从职能部门导向转向以项目组织为核心，激活组织活力，实现全员思想统一、行动一致，共同努力减少内耗，优化内部协同，从而有效提升企业整体业绩。同时，确保每位员工的辛勤付出都能获得公正合理的回报。

五、优化前后场协同流程，提升协同效率

流程型组织变革的核心在于提升内部协同，不但提升前场"铁三角"团队之间的协同，而且提升前场与后场之间的协同。无论是职能型组织中常见的管理"竖井"现象、层层审批导致的决策效率低下，还是为了实施有效管理，职能部门不断扩大人员规模，用更多的制度、更复杂的考核来实现企业的管理，以及前后场之间存在的严重信任缺失问题——"信息绕圈跑，一山放过一山拦"，都是前后场协同不畅的问题。这些问题如何解决呢？答案是，通过优化协同流程和提升服务意识来进行改变。基于经验，在此讲解三种具体实施策略。

1. 找到问题根本原因，剔除不必要的流程环节

下面通过一个具体案例，来看看如何有效地定位根本原因，并剔除不必要的流程环节。

案例：报价审批拆成两段

某 To B 企业，以前报价流程大致分为销售提交、每类非标品概算填报及审批、标品超底价审批、销售一二三级领导逐层审批、价格管理部审批、企业决策层审批等。平均每个流程十余个审批节点，涉及前后场的多个部门，一个审批流程下来，短则一两天，长则三五天。

销售人员经常抱怨报价流程过于冗长，而价格管理部门的流程所有者起初也束手无策。由于价格关乎毛利，任何一个审批节点都不能省略，因此一直未能找到有效的解决方案。然而，这位报价流程所有者非常负责任，通过调研数十位销售人员，终于发现了问题的根本原因。实际上，问题并不在于报价流程长，而是销售人员在开始时并非真正想进行对外报价的审批，其只是想查看非标产品的毛利，以评估价格的合理性。对于标品，毛利在选配后即可得知；而对于非标产品，只有在报价审批过程中由产品市场经理填写完概算后，才能看到毛利。

这时，报价流程所有者恍然大悟，意识到如果销售人员只是想查看非标产品的毛利，有必要让概算填报后的五六个节点再逐个审批吗？这不是浪费时间吗？将概算和报价审批，这两个步骤分开处理，不就解决问题了吗？

于是，报价流程所有者在报价审批流程的第二个审批环节"概算填报及审批"后，增加了一个"报价提报人本人"的审批节点，即销售人员的审批节点。这样，每次审批完概算，报价审批流程又回到了销售人员手中，销售人员本人可以"拒绝"，也可以"审批通过"。当"拒绝"时，流程便终止；当"审批通过"时，流程继续往后走。并且，支持销售人员在不变动产品选配的前提下，调整产品售价后，再审批通过，向后流转。销售人员若想了解非标产品的毛利，审批结论直接选"拒绝"；若是认为选配的产品没问题，结合了解到的毛利信息，想调整一下售价，直接调整即可，调整完再选择"审批通过"。这个方案上报该企业流程管理委员会后，很快得到了批准。

就这么一个小小的流程优化，不仅解决了销售人员经常抱怨的大问题，还减少了销售人员重新发起报价的工作量。除了销售人员本人外，还使许多其他相关人员受益。在概算审批之后的五六个审批节点，每天每个节点至少减少了 50 个以上的报价审批工作量，整体来看，报价审批的工作量降低了 80%，成效非常显著。

通过以上案例可以看到，找到问题的根本原因并剔除不必要的流程环节，进行流程优化，是提升流程效率、增强团队协作的关键。

2. 换位思考，积极为前场着想，能并行的工作不串行

在前后场协同工作中，特别是在引入数字化系统之后，可以审视现有的串行工作流程，看是否有可能将其转变为并行处理，以此提升流程效率。这样的转变能够更好地与前场协同。下面通过一个案例，来具体说明如何实现协同效率的提升。

案例：审批流程部分节点，由串行改为并行提效

报价审批流程和签约审批流程，是 To B 企业前后场协同的非常重要的两支流程，也是审批节点多、涉及人员广的两支流程，还是前场关注度最高的两支流程。在这两支流程中，某 To B 企业有不少串行的节点，而审批节点串行是造成流程时效长的核心原因。经过仔细分析，该企业发现这两支流程中，有些串行节点并不是前置依赖关系。于是，决定从串行改为并行，以便提升流程效率，以及前场满意度。

在报价审批流程中，价格管理部的审批意见和产品市场经理的审批意见，都是为销售部门管理者提供审批决策参考。二者的审批并不相互依赖，而且以前二者之间的审批是串行的——产品市场经理先审批，价格管理部后审批。经调研分析后，该企业将二者的审批改成了并行，这一举措赢得了销售团队的高度赞扬和广泛认可。

在签约决策审批流程中，商务和法务部门分别负责审查不同的合同条款，而这两个部门的审批节点以前是串行的。该企业统计发现，在这个审批流程中，需要商务和法务部门分别关注的事项多达十余个，这是导致这两个节点容易发生"阻塞"的核心原因。这支审批流程的所有者在商务部门，商务部门同事以积极开放的心态，在LTC流程变革之初，主动提出优化签约审批流程的这两个节点，从串行改成并行。这一改变不仅提高了审批效率，也拉近了前后场的关系，提升了整体协同效率。

以上就是将串行改为并行以优化协同的案例。表面上看，这些是流程上的优化，但实质上它们改变了员工的心态和工作认知。换位思考和主动协作并不能完全依靠流程优化来实现，因为流程是固定的，而人是灵活的。即使是最好的流程，如果心态不到位，也难以有效执行。因此，业务变革不仅仅是改变流程，更重要的是转变人的思维和认知，培养利他心态。

3.提高主动服务意识，尽早介入，沟通前置

在众多企业中，后场部门往往不直接与客户接触，而是为前场提供支持服务。然而，这些部门往往没有主动向前迈一步，深入参与前场的业务。这种做法导致许多潜在的问题未能提前暴露，一些本不该出现的瑕疵却不断浮现。这种前后场的隔阂，不仅导致了双方之间的不信任，还形成了"有人管事，无人负责"的局面，使得前后场之间的关系也日益紧张。相比之下，某ToB企业后场部门的做法则值得点赞和借鉴，下面来看一下这个案例。

> **案例：后场部门主动往前走，提升前后场协同质量**
>
> 在某 To B 企业的 LTC 业务变革过程中，后场部门主动向前迈出一步，将能够提前沟通的事项进行前置。这一变化在投标子流程变革中表现得尤为明显。投标流程所有者来自标案支持部，这是一个后场部门。他强调，高质量的合同不是签出来的，而是通过提前策划和评审得来的。特别是在投标决策评审阶段，不仅要评审产品和解决方案，还要对商务、财务、交付等条款进行细致审查。他还表示，一定会协调商务、法务和财务等部门提前介入投标评审过程，这样做可以事半功倍，避免后续可能出现的问题。确实如此，通过将沟通前置，该企业成功避免了不合理的知识产权转移问题及客户提出的不合理违约风险等问题。为此，该企业特意将财务、商务和法务人员纳入应标小组，共同参与投标决策评审。这一举措不仅避免了一些不必要的投标风险，也防止了一些问题暴露得太晚而给该企业带来损失。

实际上，沟通前置并不仅限于后场人员。在 LTC 流程变革之前，前场出现的许多问题也是由沟通没有前置或前置不到位导致的。例如，解决方案与交付脱节的问题，其核心原因在于交付团队介入得太晚，对需求和风险的了解也相应滞后。因此，提高主动服务意识，尽早介入并确保沟通到位，是提升前后场协同的关键，也是业务变革和流程变革的重要举措。

六、优化毛利管控，强化回款机制，构建稳健经营策略

对于企业而言，毛利、回款和利润这三个指标是相互关联且至关重要的。LTC 业务变革的终极目标，以及企业所有经营活动的核心，都是围绕这三个关键指标展开的。在优化毛利管控、强化回款机制及构建企业稳健经营策略方面，笔者积累了丰富的实战经验和心得体会，下面具体阐述，希望能提供一些有价值的参考。

1. 标品和非标品分开控制毛利率，助力提升毛利的同时，提升价格的市场竞争力

产品定价是个非常复杂的事情，不能仅考虑毛利率这一个因素，还要考虑市场竞争、产品生命周期（早、中、晚期）、客户接受度等因素。当一个企业不同类型产品定价策略不同，又在一起售卖时，整个合同的毛利管控将更复杂。因为一眼看不出每类产品的售价和毛利是否合理，这就需要仔细考虑采用什么样的管理方法，才能做到既能清晰地了解毛利，又确保有足够的利润空间。而且，To B 市场还有一个典型特点，即价格一单一议。这与 To C 市场不同，后者可以对所有客户统一定价。这使得 To B 企业的毛利管理更加复杂，需要逐单审查，没有一劳永逸的解决方案。

为了全面了解在 LTC 业务变革中，为什么采用"标品和非标品分开控制毛利率"来助力毛利提升，先看一下其背后的逻辑和具体实施过程。

当一个企业的产品线较为单一时，产品定价和毛利管控都相对简单。以 ERP 软件企业为例，其产品定价就比较直接：产品与交付分开定价，产品按市场价设定，然后根据折扣销售，而交付则按人天制定标准价，稍微优惠几百元，仍按人天出售。例如，购买 ERP 时，财务总账、应收、应付、固定资产等每个模块的标准产品价格及一个许可的费用都有明确的市场价，然后可能按四折或三折出售。这样，无论卖几折，毛利的高低和市场竞争力都一目了然，因为产品单一，其定价策略也一致。客户购买 ERP 时，通常只需采购一个系列的产品，因此在报价和签约时很容易计算产品的毛利。

然而，当一家企业拥有较多产品线时，产品定价和毛利管控就变得非常复杂。此时，每条产品线的定价策略各不相同，不能简单地根据毛利高低来统一售卖，因为每条产品线的市场竞争策略不同。例如，刚上市的热门产品定价自然较高，而在市场上非常有竞争力的产品定价也会偏高。此外，在签订合同时，还经常出现定制、外包和外采的产品，这些定制产品更不能与自研的标品一起统一看待毛利高低。面对如此复杂的情况，如何解决呢？下面来看一个案例。

> **案例：标品和非标品分开管控毛利**
>
> 　　某ToB企业拥有100多条产品线。在LTC业务变革前，该企业的标品采用了梯度价格定价法，针对每个型号的产品制定了媒体价、销售代表价、销售经理价、销售总监价和销售副总裁价。对于不同型号的产品，即使是同一个级别的价格，其毛利率也绝大多数是不一样的。例如，A、B两个型号的产品，由于定价策略不同，它们的销售总监价的毛利率可能一个是5%，另一个是50%，这种悬殊非常大。采用梯度价格法非常灵活，便于每条产品线自主掌握定价策略和毛利率，避免了按折扣一刀切的弊端。然而，当这100多条产品线上的产品任意组合在同一张报价单或任意一份合同中时，情况就变得相当复杂；再加上非标品、外包外采的产品掺杂其中，整体的毛利管控变得更加困难。那么，面对如此复杂的定价体系，该如何进行有效的毛利管控呢？
>
> 　　在LTC业务变革前，该企业将"销售副总裁价"称为产品底价。各产品线的市场经理掌握自己产品线的底价审批权，但这只是建议权而非否决权；企业决策层则掌握整单价格低于底价的审批权，并且拥有否决权。销售人员根据市场竞争情况和企业产品定价，自行申请以什么价格卖给客户，并按申请价格与价格梯度上的每个价格进行比较。如果价格低于某个梯度，就需要自下而上地进行审批。例如，某张报价单包含A、B、C、D四条产品线的产品，其中D是外采的产品，相当于非标品。当A产品线的产品报价低于底价时，A产品线的产品市场经理会提供是否能够售卖的建议，并审批到销售副总裁层级。如果整单价格没有突破底价之和，就无须企业决策层进行裁决；但如果整单标品价格加起

来突破了底价之和，则需要企业决策层进行裁决，决定是否同意这单的售卖。在决策层审批前，其能看到A、B、C、D的整体毛利率，这也是决策依据之一。这种按价格梯度，并由每条产品线的产品市场经理判断价格是否合理的做法，确实解决了上百条产品线一起报价的毛利管控问题。然而，标品和非标品混在一起报价时，非标品没有突破底价一说，相当于对非标品毛利没有决策层的管控，概算填报人填多少是多少。这是毛利管控中的一大漏洞，那么该如何解决呢？

在LTC业务变革中，该企业将标品和非标品的毛利管控进行了分开管理，使得毛利管控"再上一层楼"。可以说，这种管理方式将To B行业复杂价格及毛利管控做到了巅峰，深度解决了To B行业毛利管不清、管不透的顽疾。具体来说，以前只有整单标品突破底价时，才需要企业总裁审批；而现在，改成整单标品突破底价，或自有非标产品毛利率低于20%，或外包外采毛利率低于5%时，都需要企业总裁审批。这样就把非标产品毛利率低的报价筛选了出来，从而增加了毛利管控的力度。

通过这个案例，复杂毛利管控问题的解决方法得以清晰呈现，这对复杂报价的企业具有典型的参考意义。同时，该案例也展示了在LTC业务变革中如何精益求精地提升毛利管控，进而提升企业的市场竞争力。

2. 回款机制的优化关键取决于合同条款，合同条款优化关键是客户信用管理

从乙方角度来讲，顺利回款的核心因素有两点：一是签出来的，二是干出来的。如何保质保量地及时干出来，在前面已经涉及很多了。在这里，主要谈一下怎么签出来，即如何通过优化客户信用管理来确保合同的顺利签订和执行。从理论上讲，客户信用管理有两个常用的思路。

思路一，对客户和代理商的信用进行评级，并根据评级给予不同的付款条件。评级参考的主要因素包括客户的注册资金、营业年收入、从本企业的历史采购金额、历史回款金额、是否有回款逾期情况，以及客户的法律诉讼情况和经营风险情况。然而，这些参考因素收集起来比较麻烦，逐一量化也非常烦琐，并且有些信息还需要经常更新，更新后又需要重新评级。这种方式虽然听起来很理想，但实际上并不实用，落地困难。因此，现在采用这种方式进行客户信用管控的企业越来越少。

思路二，根据销售模式及客户行业，设置不同的预付款比例和账期。这种方法非常直接、简单且有效，便于操作和落实。下面通过一个案例来具体说明。

案例：根据销售模式及客户行业，设置预付款比例和账期

某 To B 企业有三种销售模式：第一种是直销，企业直接与最终客户签约；第二种是企业与大型集成商、客户的三产企业或直属单位签约；第三种是企业与代理商签约，代理商再与最终客户签约。该企业的客户主要分布在银行、证券、保险、运营商、电网、电力、石化、互联网等行业。根据销售模式和客户行业，该企业制定了如下客户信用管理规则。

针对直销模式，按行业进行信用管控。例如，银行和证券这类付款信用普遍较高的行业，要求 10% 的预付款；而电网和电力等需要 20% 的预付款；其他行业则要求 30% 的预付款。

针对与集成商、客户的三产企业或直属单位的合作，也分别制定了信用管控规则。例如，对于集成商，统一要求 30% 的预付款；而对于客户的三产企业或直属单位，按照直销模式中相应行业的预付款比例执行。

针对代理商模式，只与国代（国家级代理商）签约，不再直接与其他代理商签约。

对于上述三种情况未能涵盖的特殊情况，该企业赋予每个销售事业部一定的特批额度，但仅能在额度范围内进行特殊审批。

对于有逾期情况的客户，该企业在账期及预付款方面也做了额外的信用管控要求。例如，应收逾期小于 100 万元的客户，新签项目预付款不得低于 50%，账期必须小于 60 天；应收逾期大于 100 万元的客户，新签项目必须预付全款。

根据案例可以看出，这种信用管理方式不仅简单易行，而且效果显著。

3. 构建稳健的经营策略，需避免急功近利的行为

LTC 业务变革的最终目的是确保企业的基业长青。因此，除了优化毛利管控和合同信用管理外，还需要构建稳健的经营策略，避免急功近利的行为。尽管迫于业绩压力，企业有时候愿意承担一些风险，但必须认识到，风险点多了，一旦部分爆发，将会成为企业的巨大包袱，影响企业健康、良性的发展。建议审视本企业是否存在以下情况，并采取相应的改进措施。

（1）提前确认订单，提前发货或提前入场

通常情况下，确认订单的前提是合同双方盖章，并收到客户的预付款，然后才能发货或入场交付。然而，有时候客户在下达中标通知书或通过邮件同意签合同时，由于种种原因期望提前入场，这将给企业带来一些合同无法正常签署的风险。尤其是非标合同，需要双方针对合同条款进行多轮沟通，如果在沟通过程中无法达成一致，前期的投入可能会付诸东流。此外，客户项目推迟、客户换了决策人"新官不理旧账"等情况，也可能导致合同无法签订。

关于发货和入场，建议企业采取谨慎态度，不要因为急于签单或盲目自信而给自己带来后患。企业可以结合自身的承受能力，制定一个规则，针对信用良好的客户，可以适度提前入场或提前发货。这样既能满足客户的需求，又能降低企业的风险。

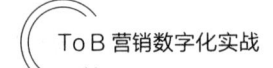

（2）合理管理渠道库存

To B 企业的发货时效要求通常不如 To C 企业那么高，客户往往不会期望即买即得或一两天就能到货。因此，除了常规热销标品外，建议企业不要让渠道代理商储备过多库存，一般够一两个月周转或三五个企业客户的需求即可。

代理商备货在短期内能帮助企业冲高业绩或提高资金周转效率。然而，代理商备货并非自用，若卖不出去，最终受害的还是企业本身。因此，从企业长远健康发展的角度来看，合理管理渠道库存至关重要。

（3）严控"先斩后奏"，让企业不得不就范

在线索和商机管理上，个别企业不够严格，销售人员如果不向企业申请资源支持，就会"捂商机"，不及时录入 CRM 系统。甚至有些售前人员在付出努力后，也不要求销售人员在 CRM 系统中记录商机。直到有一天，其私下与客户谈好了价格，准备签合同时，才告知企业在 CRM 系统中走流程。这时，已无谈判空间，甚至可能导致负毛利的情况。有些企业认为，蚊子再小也是肉，签了吧。然而，这种做法反而纵容了这种行为，导致没人重视企业的要求，出现了大量先斩后奏，甚至故意标后报价的情况。

在企业经营过程中，还会遇到其他短视行为。希望企业能够借助 LTC 业务变革的契机，改掉陈规陋习，避免急功近利，构建稳健的经营策略，支撑企业在高质量发展的道路上赢得胜利。

第三节　数字化支撑 LTC 业务变革概览

在阐述完 LTC 业务变革的内容之后，接下来轮到数字化支撑 LTC 业务变革闪亮登场了。数字化建设本身是有体系、有层次、有方法的。本节将

从数字化的逻辑出发，先一览全局，看看其如何支撑LTC业务变革的落地，后续再逐一详细讲解。

从To B营销数字化的价值来看，其对企业的支撑为业务管理、业务提效和决策支持。下面借用To B营销应用架构图（如图3-3所示），分三个方面来总览数字化是如何支撑LTC业务变革的，同时将LTC业务变革策略的方方面面融入进去。

一、融入LTC业务变革的思想，搭建业务变革的线上闭环

支撑LTC业务变革的数字化系统，一般为CRM、BI等系统，属于企业管理软件的范畴。企业管理软件首先是为企业管理服务的，因此，数字化建设融入LTC业务变革的思想、支撑变革策略的落地，搭建业务变革管理的线上闭环，也是它的使命所在。

在LTC业务变革策略中，详细展开了建立流程型组织、进行商机分类分级、深化"铁三角"协同、重构激励体系、优化前后场协同流程、提升毛利及回款管控等具体的LTC业务变革落地策略，并列举了相关案例。下面先看看这些策略在数字化系统中体现在了哪里。

1. 支撑流程型组织建设

流程型组织建设的核心是做宽做厚客户界面，实现信息拉通、密切协同和决策前移。从数字化角度来看，最直观的体现就是把"铁三角"及团队成员、财商法支持人员、销售运营人员等，统一拉到数字化平台上工作，在这里互通信息、紧密协同。

从应用架构图中，可以直观看到这几类角色都是数字化各系统的用户。并且，在应用架构图"商机管理"模块，能清楚看到"商机立项""'铁三角'组队""方案评审"等应用，这些应用都是为了帮助这些角色对齐信息、紧密协同而设计的。

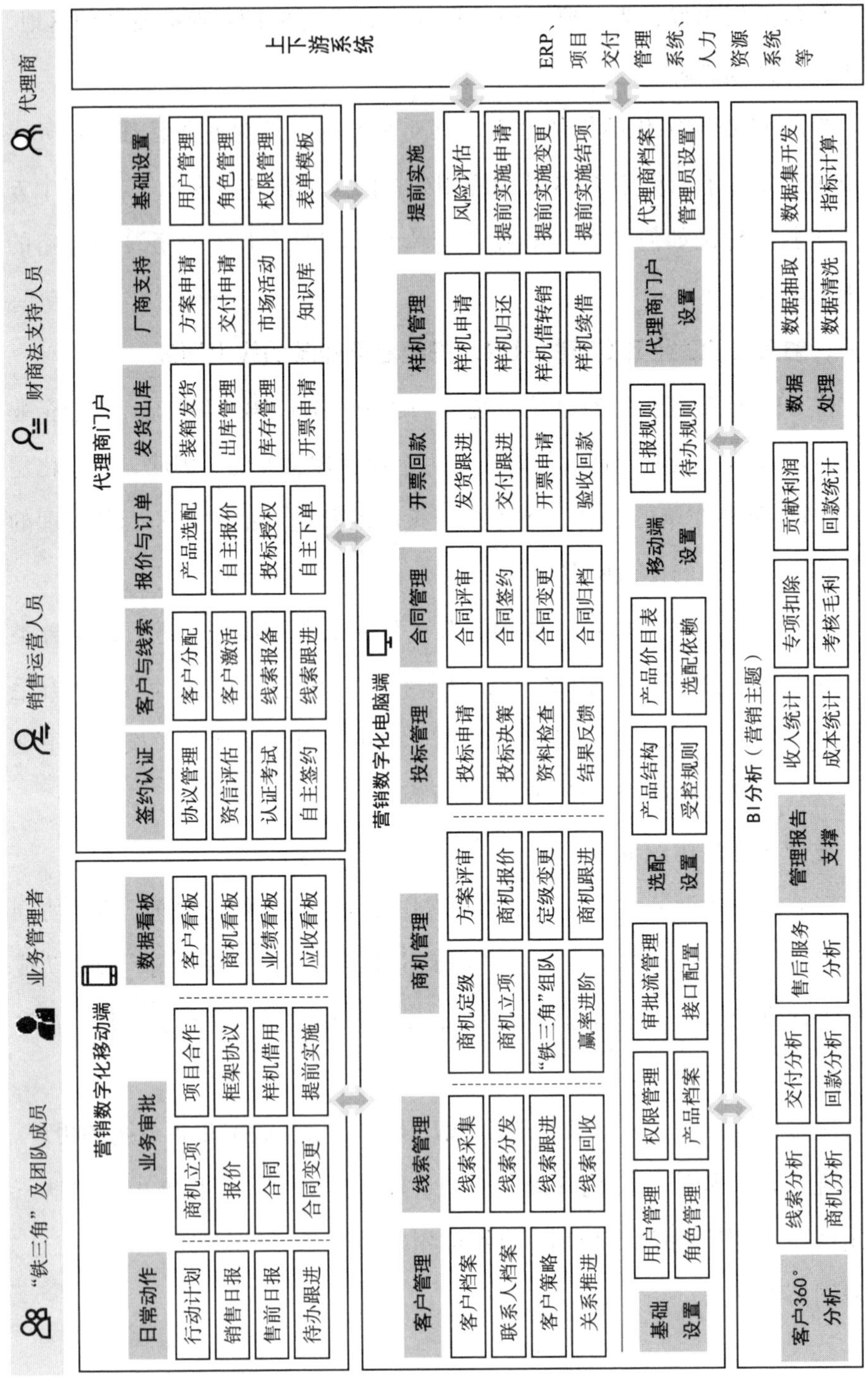

图 3-3 To B 营销应用架构图

2. 支撑商机分类分级

商机分类分级有两大核心：一是，如何进行分类分级；二是，利用分类分级，将不同的资源分配、业务管理规则和业务流程贯穿起来。尤其是第二点，通过信息贯通匹配不同的规则和流程，这正是数字化系统的强项。

应用架构图中的"商机定级""方案评审""投标决策"，以及对接下游的"项目交付管理系统"都会用到商机分类分级。所以，支撑商机分类分级，数字化系统功不可没。

3. 助力增强"铁三角"协同

在增强"铁三角"协同上，通过应用架构图可以看到，数字化系统支撑"铁三角"组队、评审、审批、日报填写、对接人力资源系统实现激励分配。可以说，只要有"铁三角"工作的身影，就有数字化系统的相伴。

4. 支撑激励科学、公正的分配

企业要的是业绩，员工要的是认同。合理的激励分配，是对员工最好的认同，也是"铁三角"密切协同的"底肥"。没有"底肥"，"铁三角"协同一定后劲不足。通过数字化系统，能够详细记录每个团队成员在项目各个阶段的具体贡献。该系统不仅全面展示这些信息，还依据预设规则自动计算每位成员应得的积分，并将其同步至人力资源系统中。这样一来，"铁三角"及团队成员就可以根据这些数据公平、透明地进行绩效评估与奖励分配，确保每位成员的努力都能得到应有的认可和回报。

5. 数字化系统是前后场协同优化的落脚点

为什么信息会绕圈跑？为何总是一山放过一山拦？这些问题的根源就在于协同流程不合理，亟须优化。同时，信息的重复同步也反映了内部沟通不畅的问题。明确了问题所在，那么解决策略是什么呢？答案显然是优化流程。但流程优化后，如何有效落地呢？正确的做法是实现流程线上化、信息线上跑。正如应用架构图中所展示的十余项业务审批或评审环节，它们就是流程线上化、信息线上跑的直接体现。

6. 支撑毛利和回款改善

流程、组织、规则、IT 与数据是业务变革套餐中的核心要素。毛利和回款改善，离不开流程的优化与规则的调整，而这一切均需借助数字化工具进行落地。

在应用架构图中，"商机报价"与"合同评审"等关键功能，无一不蕴含着对毛利规则与回款规则的精准把握。同时，在移动端的"数据看板"、BI 的"管理报告支撑"中，都涵盖了业绩相关的统计分析，这也是数字化支撑毛利、回款改善的具体体现。

从全面性的视角来看，数字化不仅是 LTC 业务变革落地的支撑，更是一个综合性的体系，将 LTC、MCR、MPR 等流程及相关的基础档案和业务规则设置纳入统一考量，不仅涵盖基础设置、产品选配设置等应用基础设置，还包含线索、商机、投标、合同、交付、开票与回款等核心主干流程，同时兼顾样机管理和提前实施等非必须流程中的核心应用。此外，从便于用户使用角度，数字化系统不仅支持电脑端操作，还提供了移动端访问。因此，数字化建设的范围既包含 LTC 业务变革，又超越了 LTC 业务变革。

二、助力 LTC 内部协同，打造高效协作模式

如何实现内部协同？首先，需要机制的保障，让每个人都乐于参与协同；其次，协同的效率必须高，传统的低效协同方式已不再适用。过去经常被诟病的协同问题，很大一部分原因就在于协同效率低下。此外，还需要提升每个业务节点的工作效率，如果工具不给力，每个节点都要耗费大量时间处理，显然也是不可接受的。下面通过案例来看看数字化如何支撑个人工作效率、协同工作效率的提升。

案例1：数字化系统支撑个人工作提效

某ToB企业拥有上百条产品线，由于产品线众多，新入职的销售人员通常需要半年到一年的时间才能学会基于客户需求的产品选配。鉴于这种情况，一般由售前人员或解决方案专家来选配，选配完再共享给销售人员。而且，面对复杂的客户需求，销售人员往往需要花费大量时间自行选配产品，短则大半天，长则两三天。在这个过程中，销售人员可能需要反复咨询售前或产品市场经理，以确保选配的正确性。然而，即便如此，销售人员自己选配的方案仍然容易出现错误，每次选配后还需要找售前同事帮助检查，这不仅浪费了时间，还影响了客户满意度。

为了解决这个问题，该企业引入数字化系统来提升产品选配的效率和准确性。以前需要数小时甚至数天完成的选配工作，现在由售前人员使用数字化工具不到半小时就能完成。当售前人员完成选配后，可以直接将选配结果共享给销售人员，销售人员可以迅速将其引入自己的商机。据统计，这种数字化应用使得产品选配时效提升了50倍以上，同时极大地提高了选配正确率。此外，销售人员不再需要频繁地与售前人员沟通确认细节，从而节省了大量的时间和精力，能够更专注于客户服务和商机拓展。

案例2：数字化系统支撑协同提效

某ToB企业的报价审批流程存在多个节点，导致审批时间过长，严重影响了销售效率和客户满意度。具体来说，某些复杂的报价审批流程可能需要长达一周的时间才能完成，这让客户等待报价的时间过长，影响了客户对企业的信任。

为了解决这一问题，该企业引入数字化系统来优化报价审批流程。通过 CRM 系统，该企业将整个报价审批流程线上化，使得各个审批节点可以快速流转，大大提高了审批效率。在引入 CRM 系统后，平均十个以上审批节点的报价流程用时不到九个工作小时。这种高效的审批流程不仅提高了内部协同的工作效率，还大大提升了客户满意度。

以上就是数字化支撑业务提效的典型例子，关键是数字化系统能够助力 LTC 业务变革，搞定内部协同。

三、辅助决策，支撑 LTC 业务变革效果的分析及改进

业务管理范畴的数字化一般具有三层价值：对决策层，提供全面的经营数据，辅助业务决策；对中层管理者，帮助业务流程、策略和规则的落地；对基层员工，提升工作效率。

下面主要讲的是数字化系统如何辅助决策，使管理者能够清晰了解内部协同的实际情况，从而做出更合理的决策，确保 LTC 业务变革更有效地落地。通过数据分析，实现决策层、管理层与一线员工的有效互动，使 LTC 业务变革的过程可视化，行动可检查。

案例：数字化辅助决策，支撑业务变革有效落地

在某 To B 企业，董事长和总经理在召开经营分析会时，要求同时使用两个屏幕：一个屏幕展示汇报材料，另一个屏幕则显示 BI 报表的数据。这种方式使得参会者可以在听取汇报的同时，直观地查看 BI 中的关键数据，并能够在现场对重要指标进行深入分析和多维度查看。通过这种互动方式，各级业务管理者必须对自己负责的业务数据了如指掌，否则在会议现场很容易被问住。在经营分析会上，当董事长和总经理通

过 BI 数据发现问题或者产生新的想法时，会立即做出决策并给出方向，或者为业务部门安排待办事项。此外，要求销售部门利用 BI 中的商机复盘表来回顾各个销售人员的商机进展。

起初，数字化系统中的部分商机信息不够准确或未能及时更新。为此，董事长或总经理经常亲自参与部分销售部门的商机复盘会议。这种做法促使销售人员及其管理者必须确保数字化系统内的信息准确且及时，避免了"垃圾进，垃圾出"的情况发生。这些数字化应用支撑起辅助决策的同时，还支撑了 LTC 业务变革效果的分析及改进。

通过以上案例，可以了解到数字化系统对业务变革是决策层、管理层、执行层的三层支撑。同时，数字化系统不仅支撑业务变革的这些策略，还是自成体系的一个闭环，支撑业务变革未来的变化与演进。

第四节 数字化支撑商机分类分级

尽管在前文中多次提及商机分类分级及其在 LTC 业务变革中的作用与意义，但每次谈及此话题时，笔者依旧感到振奋不已。这不仅仅是因为商机分类分级本身的重要性，更在于数字化系统能够对其进行支撑，使其成为推动 LTC 业务变革的龙头，确保整个变革策略能够顺利落地。那么，数字化究竟是如何对商机分类分级进行支撑的呢？主要有四点。

一、支撑商机自动分类分级

有了商机分类分级标准后，如果依赖销售人员在数字化系统中手工选择类别和级别，往往会出现不准确的情况。主要有两个原因。首先，不同的人有不同的诉求。有些人为了获取更多资源，倾向于将级别选得较高；而另一些人为了避免烦琐的流程，倾向于将级别选得较低。其次，当涉及五个以上的商机类别时，每个人的理解容易出现不一致，导致非主观因素选错。而数字化系统正好能够直接且高效地解决这两个问题。

数字化系统解决这两个问题的核心思路，是在产品选配完成后，根据物料类别自动生成商机分类，并根据选配清单汇总出商机金额。然后，基于商机金额和商机分类这两个核心因素，数字化系统会自动在商机级别中对号入座，得出商机的P级。至于标杆项目、特殊商机等极少数具有市场意义的商机，其对商机级别的影响将在商机立项评审时确定。一旦确定，数字化系统会根据分值自动更新商机的级别。

基于这个思路，在数字化系统中首先需要预置一些商机分类的规则。例如，当物料类别包括"产品定制开发服务"时，商机分类自动选择为"简单定制"；而如果"产品定制开发服务"的产品数量大于3，则商机分类自动选择为"复杂定制"。再例如，当物料类别包括"外包外采服务"和本企业的产品，且"外包外采服务"的物料数量大于3时，商机分类自动选择为"复杂集成"。通过这些规则，在产品选配完成后，数字化系统能够判断出商机的类别和金额。依据这两项数据，根据P级标准，数字化系统便能自动进行商机分类分级。这种方式极大地提升了商机分类分级的准确性和效率。

为了更直观地理解数字化系统在这方面的价值，下面来看一个人工分类分级的案例。

> **案例：人工进行商机分类分级的窘境**
>
> 在通过数字化系统自动对商机分类分级之前，某ToB企业在CRM系统中已经有4万多个执行中的商机。这些商机中，有些是在手工选择商机P级上线前录入的，有些则是在手工选择商机P级上线后录入的。

当自动分类分级功能上线时，该企业希望统一清洗数据，确保 CRM 系统内所有商机的 P 级准确无误。然而，这件事实施起来非常困难。因为每个商机所处的执行阶段不同，有的正在沟通解决方案，有的已经确定了投标时间，因此，为了让销售人员提供准确的 P 级信息，仅制定规则、宣讲及为 1 000 多名销售人员答疑解惑就已经是一项非常耗时的工作，更何况销售人员通常不会主动配合。结果是，已经手工选择了 P 级的销售人员不愿意自主校验或二次提供；而没有 P 级的销售人员中，想要资源的人早早就提供了信息，不想要资源的人担心被管理得太细，即使多次催促，也很少有人提供。当要求销售人员提供 P 级信息时，其要么说在客户那里，要么说在路上，要么说明天提供，甚至有些人再也不回信息、不接电话了。

这便是人工进行 P 级操作的实际案例。通过对比，可以深入理解数字化系统在商机自动分类分级方面的巨大价值。

二、支撑自动按分级校验业务规则

有些企业在商机立项前并未明确要求产品选配，也未提供预计商机金额的清单依据。其可能认为此时无法确定商机的 P 级。然而，仔细思考后会发现，在这个阶段确定一版商机 P 级是完全可行的，并且此时的 P 级通常非常准确。原因在于，在商机立项之前，销售人员和售前团队已经与客户进行了初步沟通，了解了客户的核心需求并形成了解决方案的思路，明确了需要使用的产品。有了这些信息，就可以进行初步的产品选配，并计算出预计的商机金额。因此，在商机立项时，可以对商机进行定级，并根据定级明确资源分配和后续推进策略。如果在后续与客户的沟通中，由于需求的细化或变化导致产品调整、商机金额变动或商机类别更新，只需相应地调整商机类别或商机 P 级即可。P 级有了，利用数字化系统，可以进行哪些业务规则校验呢？

1. 校验"铁三角"组队信息

在商机提交立项审批时，根据 P 级，对"铁三角"组队信息进行校验。例如，有些企业要求 P1、P2 商机的 SR 和 FR 不能为空，且不能与 AR 是同一人。有了 P 级，便可以在 AR 提交商机立项时进行这些校验。再例如，针对 P3、P4 项目，当商机分类属于标品采购类时，SR 和 FR 可以为空，或由 AR 兼任。这些规则都可以写入数字化系统中，进行自动校验和提示。

2. 校验立项信息完备性

在商机立项审批通过时，根据 P 级，对立项信息完备性进行校验。例如，针对 P1、P2 商机，在数字化系统中上传商机立项评审会议纪要是一项必要条件，且规定由 SR 负责上传。同时，将 SR 设置为商机立项审批的最后一个节点。这样一来，便可以根据 P 级，在商机立项的最终审批节点进行校验是否满足审批通过的条件。

3. 校验是否做完解决方案评审

在投标决策申请时，根据 P 级，对是否做完解决方案评审进行校验。例如，SR 负责解决方案评审，要求 P1、P2 商机进行两轮评审，包括解决方案自评和解决方案专家评审；而 P3、P4 商机至少需要进行一轮解决方案自评。因此，当 SR 发起投标决策评审时，数字化系统可以自动进行校验，对于不满足条件的项目，将不予通过申请。

除此之外，在数字化系统的支撑下，还有很多可以利用商机级别确定业务规则的应用。例如，根据商机级别，制定不同的奖金系数和不同的前后场协作要求等。此处不再举例。

三、支撑商机升降级管理

在商机立项之初，客户需求往往尚未完全明确，解决方案和最终成交的产品仍存在变数。同时，在解决方案评审阶段，若发现该商机具有特殊的市场意义，可能会导致商机级别的调整。商机级别的调整，不仅意味着资源分配需要重新调整，还意味着接下来的业务流程和规则要求都会有所不同。特别是对于P1、P2项目，需要进行两轮解决方案评审——一轮自评和一轮专家评审。如果P3、P4项目升级到P1、P2，还需要补充专家评审。

在商机升降级过程中，数字化系统能发挥什么作用呢？首先，通过数字化系统记录P级变化历史，将整个变化日志详细记录并呈现出来，便于需要时进行查看；其次，当P级发生变化后，通过邮件和消息通知"铁三角"及项目成员，确保信息及时传达。这两点工作相当于完成了日志和通知两项重要任务。

此外，对于商机的升降级，可以看一下一些销售和售前人员的做法，以及数字化系统如何规范管理这一过程。

任何事物都有两面性，高级别的商机资源多但流程复杂，低级别的商机资源少但流程简单。有些销售和售前人员为避免麻烦，会在立项时简化选配和评审流程，把商机级别定得很低。这样就绕过了线下的立项评审会，并且还绕过了解决方案的专家评审。然而，在投标决策评审时，所有细节都必须公开，商机级别可能提升到P1或P2，这时就需要补充解决方案评审，并且数字化系统也有控制，无法绕过。还有一种情况是，一些销售和售前人员在立项前过于乐观，把商机级别提高到P1或P2以争取更多资源，但最终发现客户需求不如预期。这种情况通常会在解决方案专家评审时暴露，此时企业就会撤回资源并降低商机级别。虽然这种情况不多见，但确实存在，通常发生在老销售和新售前身上。

如上所述，数字化系统在商机升降级过程中发挥了重要作用，它不仅记录了变化历史，还在变化时及时通知"铁三角"及团队成员。此外，通过一些校验机制，数字化系统能够尽早暴露违背商机级别管理的情况，帮助企业及时回到正轨，避免资源浪费和潜在损失。

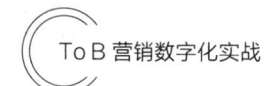

四、支撑商机分类分级贯穿整个项目生命周期

先说一句题外话,"商机"与"项目"实则指代同一概念,签约前称为"商机",签约后则称为"项目"。因此,本书中提到的商机分类分级和项目分类分级实际上是一回事儿。在签约之前进行分类分级,是为了分配不同的资源并采用相应的管理流程;在交付阶段进行分类分级,同样是为了根据项目类别和级别,安排合适的交付资源。

从数字化系统的角度来看,一般在签约之前使用 CRM 系统,而在签约之后则主要依赖项目交付系统和 ERP 系统。项目交付系统负责管理交付过程,而 ERP 系统则处理发货、开票和回款等事务。特别是项目交付系统,需要从 CRM 系统中同步商机类别、商机级别、"铁三角"及团队成员、商机评分等信息。然而,仅仅同步这些信息还不够,因为在交付过程中还可能涉及 FR 或 FR 团队成员的变更,甚至在交付阶段销售人员调岗了,"铁三角"的 AR 也需要相应变更。因此,还需要制定一定的变更规则来确保系统的灵活性和准确性。

笔者的经验是,以签约为分界点,签约前,"铁三角"及团队成员的信息在 CRM 系统中修改;签约后,如果因 AR 调岗或离职需要变更 AR 信息,仍在 CRM 系统中进行修改,因为销售序列的人员不使用项目交付系统。但是,签约后,FR 及 FR 团队的信息只能在项目交付系统中修改,修改后通过接口同步到 CRM 系统,而 CRM 系统则保持只读状态。如果项目管理系统需要获取最新的 AR 信息,建议在系统设计时,通过不同的接口在 CRM 系统和项目管理系统之间回传数据,以避免数据错乱。或者,两个系统可以将数据同步到一个接口平台,它们都从该平台调用数据,彼此之间不直接进行数据交互。通过这种方式,可以确保两个系统内的信息都是最新的。无论采用哪种接口实现方式,都要从业务角度考虑时效性的要求。这类信息实时更新没有太大必要,次日更新又有些迟,因此建议按小时同步即可。

从上面的阐述中可以看出，商机的分类分级贯穿整个项目周期。不同级别的商机项目有不同的要求。例如，针对 P1、P2 项目，在验收后企业内部需要召开项目复盘会。需要注意的是，笔者选取的四个方面只是抛砖引玉，难以面面俱到。在实际工作中，应当结合自身的具体工作内容及企业业务发展情况，有选择地借鉴，并不断优化，使数字化对商机分类分级的支撑更加全面和顺畅。

第五节　数字化支撑"铁三角"协同

数字化对"铁三角"及项目团队成员的协同支撑，涉及方方面面。下面介绍四个比较有代表性的方面。

一、支撑"铁三角"组队及组队信息的应用

"铁三角"组队在业务上涉及组队规则（什么级别的商机需要什么资质、什么能力的人）、人员来源（从哪里出，并且线下确认好能不能出），以及奖金分配等。业务上的复杂性决定了数字化支撑的重要性，二者相辅相成。此外，"铁三角"组队和商机分类分级一样，都是 LTC 业务变革的基础性工作，事务繁多是正常的。下面主要从三个方面展开阐述数字化是如何支撑"铁三角"组队并进行一系列应用的。

1. 承载组队信息，并根据分类分级校验组队规则

从线索阶段开始，销售人员会邀请售前人员或解决方案专家共同参与客户拜访，并在商机立项之前，在业务上完成"铁三角"组队。所有参与组队的 SR、FR、CDR 及其对应的团队成员和赞助人等信息，都需要记录在数字化系统内。当然，数字化系统不仅仅是为了记录信息，因为在后续的很多环

节都需要调用这些数据。商机立项的另一个关键事项，就是确定商机级别，并且不同级别的商机对"铁三角"组队的要求也不同。例如，P1、P2 商机必须有 SR 和 FR，且不能兼任；简单定制和复杂定制类商机必须有 CDR 等。

2. 关键决策或评审，需要调用"铁三角"信息

商机立项评审、解决方案自评、解决方案专家评、投标决策评审等环节，虽然包含线下活动，但也需要通过线上审批流程。在这些线上审批中，需要"铁三角"成员参与审批，SR、FR、CDR 的信息则从"铁三角"组队信息中获取。

3. 根据"铁三角"组队信息，自动做权限管理

不是"铁三角"团队成员，就无法查看或引用商机及其后续信息。这些功能并不是在"铁三角"组队完成后自动实现的。通常情况下，数字化系统的标品不包含这类功能，因此需要进行二次开发。通过二次开发，可以为 SR、FR、CDR 等不同角色授予查看、修改、共享等不同的权限。同时，还需要考虑团队成员更换的情况。当"铁三角"团队成员离开团队时，需要决定保留或取消其哪些权限。例如，离开"铁三角"团队的成员应保留查看项目激励积分分配的权限，因为其有权了解自己在项目中获得的积分及最终能兑换的奖励。

通过以上三个方面，能够看到"铁三角"组队是内部协同工作开展的基础，并贯穿于项目的整个生命周期。因此，数字化系统对"铁三角"的支撑，也贯穿于整个项目生命周期。

二、支撑"铁三角"协同的高质量

关键决策或评审的通过与否，直接体现了"铁三角"协同成果的质量。在解决方案自评、解决方案专家评审及投标决策评审等关键节点上，数字化工具为"铁三角"提供了极大的便利，并推动了工作质量的提升。这些工具帮助解决了许多常见问题，主要有三个方面。

1. 支撑评审表的动态生成，以及评审要素的全面分析

在评审会后，需要对评审要素逐项进行评价。例如，在解决方案专家评审中，每位参评专家需要从"方案设计""方案成本""方案交付风险"三个方面，逐一标识风险的"高、中、低"，具体见表3-8。然而，随着业务的发展和管理的改善，这些评审项需要不断更新和调整。为了支持评审项的随时调整，并能够按各评审项统计和分析过往方案中容易出现问题的风险项，可以借助数字化系统将解决方案专家评审表做成动态自动生成的形式，随时启停某评审项。这种数字化的动态生成方式，改善了传统纸质评审效率低、统计效率低且不便按风险项进行分析的弊端。

表 3-8 解决方案专家评审表

分 类	评审要素	评审清单	风 险（高/中/低）	结果说明
方案设计评审	SR整体解决方案	①方案逻辑是否清晰，文字是否通顺		
		②问题识别与需求分析是否清晰		
		③需求到方案满足度是否完整		
		④解决方案到产品与服务配置转化是否完整		
		⑤方案客户价值的独特性是否充分		
	FR交付方案	⑥交付风险程度		
	CDR定制开发方案	⑦定制风险程度		
方案成本评审	非商务成本估算	①标品配置清单完整性及成本		
		②非标品概算清单完整性及成本		
		③交付概算清单完整性及成本		
		④二次开发概算清单完整性及成本		
	商务成本估算	⑤折扣		
		⑥其他商务成本		
方案交付风险评审	可交付度方面	①客户对项目计划是否有特殊要求，比如项目验收或者系统上线时间		
		②供应商是否存在不可控因素		

续上表

分　类	评审要素	评审清单	风　险 （高/中/低）	结果 说明
方案交付 风险评审	可交付度方面	③是否对供应商实施人员做了相应的约束，比如约定重要项目成员名单、在项目中投入时间、特殊资质人员等		
		④方案中是否具有特殊条款，比如罚则、保修、SLA等		
		⑤是否需要通过第三方评审、国际认证或者国家的相关认证，评审、认证所需费用是否明确		
	二次开发 及集成方面	⑥涉及方案中包含定制开发，二次开发的工作内容是否明确及量化；是否有提供开发源码的约束，或对开发代码部分有明确维保要求		
		⑦是否存在与竞争对手产品进行深度集成需求，竞争对手是否承诺可协助集成工作		
评审结论		通过（　）/不通过（　），请对选择项打"√"		
评审意见及需解决的问题				

2. 支撑风险项的闭环管理

在解决方案专家评审和投标决策评审过程中，有时会遇到有条件通过的情况。例如，在评审中发现存在高风险项，但并不影响整体工作的向前推进。此时，可以根据高风险项生成待办，由数字化系统自动发送邮件给"铁三角"团队。而且，数字化系统将在后续关键节点作为卡点，如果高风险项未解除，流程将无法向下进行。也就是说，必须在投标决策前消除高风险项，否则，数字化系统将不允许发起投标决策评审。这一点靠线下人工管理很难实现。

3. 助力"铁三角"投标提效

在引进数字化系统之前，投标资料的准备是一项极其耗费精力且需要多方帮助的工作。其涉及企业资质、产品资质及人员资质的收集，而这些资料可能分散在不同的部门进行管理。因此，SR和AR需要四处打听和寻找，才能勉强凑齐所需资料。更糟糕的是，有时刚凑齐资料，却发现人员资质已经过期，不得不重新寻找。此外，有些客户要求提供相关行业的签约记录和其他客户付款证明，这不仅需要在企业签约客户库中查找合适的客户，还要考虑客户是否愿意公开签约信息，这无疑增加了难度。最关键的是，这个过程非常耗时耗力。上线数字化系统后，可以提前将企业的各类资质和允许提供的客户合同、付款证明管理起来，有需要时直接在数字化系统中进行检索和申请，几分钟就能完成。这正是数字化帮助"铁三角"团队协同提效的一大亮点。

三、支撑产品协同选配

产品选配一头连接着解决方案，另一头则关联着合同金额，这在企业签约前是至关重要的环节，也是销售和售前团队之间协同工作的关键事项。尽管之前从业务角度已经提及过售前与销售协同选配的例子，但仍有必要深入探讨数字化是如何支撑这种协同选配的，具体如下。

1. 助力管理产品档案

产品档案不仅在营销环节中发挥重要作用，在研发、供应链、财务等环节同样不可或缺。从数字化的角度来看，要么建立企业级的产品主数据管理，要么通过接口将研发、营销、供应链、财务各环节的产品档案打通。产品档案的打通不仅是技术问题，还涉及运营及产品属性的一系列管理和应用。因此，无论采用哪种方式，都不是一件容易的事情。然而，通过数字化系统管理产品档案是现代企业管理的基础工程，是必须跨越的坎儿。

2. 搭建销售物料清单（BOM）及价目表

在企业中，除了研发 BOM 和制造 BOM 外，还需要用到销售 BOM。销售 BOM 是从售卖的角度展现产品结构，但在实际售卖过程中，同一款产品或同一个部件卖给不同客户时，价格可能有所不同。例如，100 TB 的硬盘在直销客户和渠道客户上的价格梯度就不同。这就需要在数字化系统中结合销售 BOM 形成不同的价目表。虽然这里描述的逻辑看似简单，但真正通过数字化系统支撑时，可能需要几百人天的工作量。

3. 严格管理产品和价目表的使用权限

通过数字化系统，严格管理产品和价目表的使用权限，可以有效避免信息泄露和误操作。例如，直销与渠道的产品价格需要相互隔离，不能让双方看到对方的定价信息。此外，直销和渠道销售的产品种类在数字化系统中也需要进行权限区分。这就必须严格控制产品和价目表的使用权限。这种产品使用权限既不是按功能划分，也不是按字段划分，通常需要在数字化系统中专门开发功能来管理。如果没有数字化系统的支撑，这种需求很难实现。

四、支撑"铁三角"的利益分配

在"铁三角"的利益分配上，也少不了数字化的支撑，具体如下。

1. 支撑销售业绩计算

对于销售团队来说，只要业绩计算清楚，无论是个人还是团队，提成和奖金的分配就相对简单明了。笔者曾就职的一家企业，在销售业绩计算上就三个核心指标：回款、订毛和财毛。在这三个核心指标的计算中，无论是业务层面还是数字化支撑层面，都需要重点考虑业绩拆分、退换货、业绩加罚、概算成本、财务成本等因素的业务规则。这些因素在数字化系统中如何取值、如何分摊，是数字化支撑的重点。例如，业绩拆分需要在商机立项和合同签订两个环节进行数字化支撑，并需要在数字化系统中走业务审批流程。再例如，退换货时，无论是退货还是换货，都要关联原订单以便准确归集；同时，还需考虑是客户原因还是本企业原因。若是本企业原因，则涉及退货损失的承担问题。这些归集与分摊一般需要 CRM、ERP、BI 等数字化系统联动，共同确保销售业绩的准确计算。

2. 支撑 SR、FR 及其团队成员的利益分配

在 SR、FR 及其团队成员之间的利益分配过程中，数字化系统起到了关

键作用。数字化系统能够精确记录每个人何时加入或离开"铁三角"团队，并由 SR 和 FR 分别对每位成员在项目中的贡献进行评分。基于这些评分，数字化系统将自动计算并分配相应的利益。这种基于数据驱动的方法不仅公平透明，而且操作简便。然而，在面对一些非常规情况时，如何通过数字化手段妥善处理利益分配则显得尤为重要。下面来看两种特定异常场景下的解决方案。

（1）发生退货的情况

对于部分退货，若退货金额小于原销售订单金额，且数字化系统已对下单前的积分进行了分配，则在退货审批完成后，数字化系统将自动通知"铁三角"团队中的 AR 和 SR 重新进行工作评价及积分分配。同时，数字化系统会开启下单前积分分配的编辑功能，以便根据实际情况调整。

对于整单退货，在退货审批流程结束后，数字化系统将自动检查是否已经完成了积分分配。如果发现有积分被分配过，则这些积分会自动作废，并通过邮件、企业微信等方式向"铁三角"团队中的 AR、SR 及其他相关成员发送通知。

对于退换货，处理方式与部分退货类似，即由数字化系统提醒 AR 和 SR 根据最新情况再次评估并调整积分分配。

（2）项目级别变更的情况

项目级别变更时，涉及两个事项的调整：一是，数字化系统支撑对未执行的事项清单进行编辑，支持增减项，因为项目级别变了，要求也变了，可能涉及的事项需要进行调整；二是，若项目级别变更发生在项目交付阶段，则数字化系统支撑对下单阶段已经分配的 SR 及其团队的积分进行调整。同时，通过数字化系统自动通知 AR 和 SR 重新进行工作评价和积分分配。

以上内容就是典型的异常场景下，数字化系统支撑的思路和方法。在实际操作中，需要结合企业的实际情况进行选择或变通。

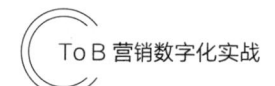

第六节　数字化支撑呼唤后场"炮火"

在前后场协同中，追求流程简化与协作高效，期望解决信息绕圈跑、流程长且梗堵等协同效率低的问题。数字化系统如何高效助力前场呼唤"炮火"？主要有两个关键点。

一、支撑前后场协同的流程优化

通过数字化支撑流程优化落地，能够加快信息传递，加速流程推进，进而形成招手即来的敏捷"炮火"支撑，并改善前后场协同关系，从而提升企业内部协同质量。

1. 优化审批流程

借助数字化系统，企业可显著优化审批流程。例如，通过数字化的支撑，在报价审批中，将概算填报与正式报价审批拆分为前后两段，由销售人员根据概算之后的毛利测算决定是否继续推进报价审批，以减少不必要的审批。同时，合同签约审批中的商务、法务审批可以由串行改为并行，不仅提升审批效率，而且优化协同体验。此外，数字化系统还支持权力下放，如30万元以下的合同审批，最高走到销售总监，无须上升到副总裁级别，并在数字化系统中实现自动判断。

2. 加快供应链发货

正常的发货流程，通常是在合同双方盖章且企业收到预付款后，安排工厂生产或发货。然而，对于需要紧急发货的情况，过去主要依赖邮件联系供应链，信息杂乱无章，难以有效管理。通过数字化支撑，可以在提供中标证明后，直接在数字化系统内发起备货申请，由供应链部门集中管理并提前准备发货事宜。这一过程确保了信息的可查询性、可追溯性和有据可依，实现了简单、直接和高效的操作模式。

3. 优化样机管理流程

在很多 To B 企业中，硬件产品的销售往往伴随着样机的使用，特别是在客户进行 POC 测试期间。然而，样机资源有限，管理起来颇具挑战。传统的线下管理方式效率低下，涉及频繁的电话和邮件沟通，且信息不透明，导致样机调配困难。为了解决这些问题，数字化系统提供了一种高效的解决方案——销售人员可以实时查看自己的样机使用额度，了解所需样机的当前状态（包括谁在使用、借用了多长时间等详细信息）。此外，数字化系统还支持续借和借转销的线上操作，极大简化了样机管理流程，同时显著提升了前后场的协同效率。

二、支撑前后场协同的业务线上化

在当今时代，许多业务流程已经实现了线上化，但某些 To B 业务由于其特殊性，线上化进程相对缓慢。下面通过三个方面，探讨数字化如何支撑前后场协同的业务线上化。

1. 实现标准合同盖章的线上化

对于一些使用标准合同模板的 To B 业务，可以通过数字化手段实现合同签章的电子化。销售人员经常需要外出拜访客户，传统纸质盖章的方式不仅耗时（短则一两天，长则一周），而且需要销售人员或运营同事协助完成。而采用电子签章后，一旦企业内部审批流程结束，数字化系统即可自动加盖电子签章，并允许销售人员随时下载合同供客户签署。可能有人问了，为什么不能让客户也使用电子签章呢？为什么非标准合同不使用电子签章呢？

对于第一个问题，企业要使用电子签章，必须经过法人认证或对公打款认证。然而，很多 To B 客户一年中与同一供应商签订合同的次数有限，不愿意进行烦琐的认证过程。所以，让客户使用电子签章，很多时候行不通。

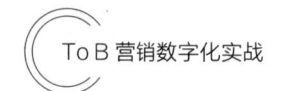

更何况，作为乙方要考虑客户的方便性。

对于第二个问题，非标准合同内容各异，无法预先设置在数字化系统中，从而导致上传、解析及定位盖章位置的过程非常麻烦且不经济。所以，电子签章不适合非标准合同。

根据经验，大约70%的标准合同可以通过电子签章来提高效率，减少销售人员与运营部门之间的沟通成本，同时提高客户服务体验。

2. 实现开票的电子化

虽然电子发票已不是新鲜事物，但在To B领域推进速度较慢。纸质发票的一个优势在于它提供了销售人员与客户面对面交流的机会，有助于加深关系。然而，引入电子发票并不意味着完全取代纸质发票，而是增加了一种选择。销售人员可以根据具体情况决定是否发送电子发票或是邮寄纸质发票。此外，当急需发票时，线上提交申请并通过审核后，数字化系统可自动发送给销售人员或直接发至客户邮箱，极大地提高了回款效率和灵活性。

3. 提升标案支持效率

投标资料准备，是非常耗精力和严谨的事情。前面章节提及的资质管理系统和投标案例库，都离不开数字化系统的支撑。

数字化系统能够支撑投标资质的查询、借用和归还等事项。通过资质管理系统，把企业的企业资质、产品资质、人员资质，统一纳入系统进行管理；可以申请电子版使用的授权和审批；可以实现纸质资质的借用申请、审批和归还等；还可以记录友商有哪些资质，以便做竞争力对比分析。

数字化系统支撑搭建投标案例库，以便按客户标书要求快速查找案例。尤其是在面对紧迫的投标期限时，其能发挥极大的作用。不仅可以避免团队成员因急于寻找相关资料而频繁打电话咨询、请示或四处搜寻案例的混乱局面，还能显著提高工作效率和响应速度。

以上这些思路和方法，就是数字化如何支持前后场协同增效的逻辑。在此基础上，建议结合企业的实际情况，灵活应用或进一步演进这些理念。

第七节　数字化支撑毛利与回款

毛利、净利和回款是企业经营目标的核心要素。因此，在设计企业经营策略时，应紧密围绕这三个关键点展开。净利体现了企业的综合运营能力，而毛利与回款则直接关联到营销管理的效果。从营销管理的角度来看，提升毛利水平和加快回款成为促进整体盈利能力的关键所在。特别是在数字化建设的大趋势下，如何利用数字化来增强这两方面的效能变得尤为重要。主要体现为三个方面。

一、支撑"四算"及成本管控

"四算"指概算、预算、核算、决算，普遍应用于 To B 项目型、工程建设型企业。简单来说，概算指"要花多少钱，要赚多少钱"，主要用于合同签订前，帮助企业了解大致的成本情况及合适的毛利，从而向客户提供一个合理的报价。预算指"能花多少钱，能赚多少钱"，主要用于合同签订后交付入场前，详细计算每一项需要多少钱，并作为项目支出管控的依据，一般比概算更细致、更严谨。因为它直接关系到最终能否实现预期收益。如果实际花费超出预算，则意味着成本超支，这对项目的毛利有直接影响。核算指"已花多少钱，已赚多少钱"，是每个会计期间做账结果的反映。每个会计周期结束时都会进行财务记录与分析，反映该时间段内所有相关的收入和支出状况。通常以一个月为单位来进行核算，通过这个过程可以清晰看到截至当前项目产生的总成本、费用总额、已确认的收入及收到的款项等关键信息。决算指"共花多少钱，共赚多少钱"，是一个水到渠成的结果。当质保结束、合同关闭后，对项目就可以"盖棺定论"了。此时，能明明白白算清共花了多少钱，共赚了多少钱。

数字化如何支撑"四算"管理呢？具体如下。

1. 支撑概算成本管控

关于数字化对概算的支撑，主要应用于报价审批或投标决策评审阶段。概算的核心包括预计收入和预计成本两个方面。

无论是标品还是非标品，收入的计算相对简单，直接通过产品的销售数量乘以单价即可得出总额。然而，成本较为复杂，涵盖标品成本、定制成本、支付成本、外包外采成本、投标服务费等。每种成本的计算逻辑各不相同，通常需要不同人员或部门提供相应的数据支持。

标品成本的计算是成本计算里最简单的一项，通常采用标准成本法计算。在数字化系统中，预先录入每种产品的标准成本，通过将产品数量与对应的标准成本相乘即可得出标品成本总和。

定制成本和交付成本，涉及定制人员、交付人员的直接成本、差旅费、差旅补助，甚至出差期间的打印装订费、客户招待费和投标服务费等费用。这些费用的计算比较复杂，并且需要由不同部门的人员提供。比如差旅费，需要定制研发部门和项目交付部门分别提供。在核算时，需要根据出差城市的级别确定住宿费标准，根据出差距离远近确定交通方式标准，甚至还要适当考虑单房差等因素。这些数据需按明细逐笔计算后，方能汇总得到各自的差旅费概算成本。这些详细数据的计算，都需要在数字化系统中逐一支撑，否则概算难以做透，从而导致概算毛利不准确，甚至导致项目报价偏低，抑或掩盖了亏本签合同的潜在风险。

对于外包外采成本，则需要外包外采部门询价后输入数字化系统。此外，还可能涉及新供应商的考察和准入等事项，这就需要外包外采部门在完成一系列工作后，才能提供准确的数据。

除了对概算详细内容管理的支撑外，数字化系统还支撑概算版本管理和填报权限控制。在实际签订合同前，通常会进行多次概算调整，这时就需要用到概算版本的对比功能，以便找到最合适的售价和成本组合来赢得合同。概算数据是由定制研发部门、项目交付部门、外包外采部门等部门分别提供的，这些部门是背对背的，相互看到对方的数据不合适。因此，数字化系统还要根据不同的产品类别做好概算填报的权限分配工作。

以上就是数字化支撑概算成本管控的整体脉络与落地思路。

2. 支撑预算成本管控

在合同签订之后，除非发生合同变更，否则概算版本将保持不变。基于概算，在项目交付前需要制定预算，从成本管控角度，这主要是作为项目支出管控的依据。笔者建议，概算表中的项目、预算表中的项目及核算环节中的科目或辅助核算项应保持一致，实现三表结构的统一。这样不仅便于对比和管控，而且在数字化系统中也更加易于操作，无须进行额外的映射转换。如果能够做到这一点，那么在数字化系统中可以将概算作为基准版本引入预算环节，只需重新审核数据即可。如果概算的准确性足够高，甚至可以直接使用合同中的概算数据作为预算。

除了预算本身之外，数字化系统对预算的支持还体现在预算变更和超支管理上，通常包括预算变更审批、预实对比分析等数字化功能。

3. 支撑核算和决算

关于核算，需要说明两点。首先，核算通常采用实际成本法，而概算和预算则一般采用标准成本法，这是两者之间最显著的区别。其次，数字化对核算的支撑更为全面，因为核算数据来源于 ERP、人力资源等多个系统的不同模块。例如，直接人工成本来自薪酬模块，差旅费和招待费来自报销模块，产品成本数据来自存货核算模块，外采成本来自应付模块等。因此，数字化系统对核算的支持是非常完善的。至于决算，其属于事后的财务总结。只要核算工作到位，决算就只是数据汇总和报表编制的问题，在数字化支撑

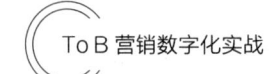

下,这相对简单很多。

二、支撑报价,有效控制毛利

有报价才能谈毛利,它一头儿连着收入,一头儿连着成本。鉴于其重要性,在前面多个章节中已多次提及。现在谈及毛利管控,更无法绕开报价这一环节。根据经验,数字化对报价环节中毛利的支撑主要体现在两个方面。

1. 支撑报价审批,助力毛利管控

整个报价审批过程实际上是围绕毛利展开的。对于一些企业而言,报价审批的条件非常复杂,分支甚至二十多条。如果没有数字化系统的支持,仅凭人工判断几乎是不可能的任务。例如,在报价审批过程中,当某产品的售价突破售卖底价时,需要产品市场经理进行审批。一张报价单上可能包含几十到上百种产品,每种产品都可能对应不同的产品市场经理,没有数字化的支撑,这将是一项无法完成的任务。再例如,当整张订单的总金额突破售卖底价时,需要总经理审批,这一流程也是通过数字化系统来进行判断和执行的。

笔者曾负责设计并实施了一个针对整单产品突破售卖底价的报价审批系统。经过半年的运行,这一系统帮助企业的订毛提升了十余个百分点。尽管这项工作的工作量并不大,却起到了四两拨千斤的效果。该系统的核心逻辑在于,当整单产品的价格突破售卖底价需要总经理审批时,系统能够自动计算出整体比底价低了多少钱,以及整体毛利降低了多少。这些直观的关键信息为总经理提供了明确的决策依据,使得总经理能够做出更加精准的毛利管控决策。

2. 支撑多种报价管控方式,助力提升毛利

企业通常采用两种报价管控方式:一种是按价格梯度,另一种是按统一折扣。按价格梯度的方式适用于产品线众多且不宜采用统一定价的企业。这种方式允许针对每一个商品设置不同权限的阶梯价格，如销售代表价、销售经理价和销售总监价等，根据报价落在哪个价格区间来进行审批。而按统一折扣的方式则更适合每单产品单一或整体定价策略相同的情况。在这种方式下，所有产品的折扣都按照统一的标准进行权限审批，例如，销售代表最多可以提供八折优惠，销售经理最多可以提供七折优惠，销售总监最多可以提供六折优惠等。当需要以更低折扣（如六五折）销售时，只需达到销售总监的审批级别即可。

针对这两种报价管控方式，尤其是第一种价格梯度方式，如果没有数字化系统的支撑，是无法有效运作的。如果同一种产品在不同的区域或不同的渠道有不同的定价策略，那么数字化系统的支撑就显得更加重要了。

从毛利的角度来看，报价只是其中的一个方面，成本也是一个重要的考量因素。在成本方面，涉及标品成本和非标品成本，非标品成本又涉及概算填报等多个环节。仅概算填报这一项，通过数字化系统的支撑，就是一个不小的工程，因为它可能涉及外采、交付、定制等多种不同类型的操作。

因此，数字化不仅能够支撑多种报价管控方式，还能有效助力企业提升毛利。

三、赋能回款

如何顺利回款？一是签出来的，二是干出来的。签出来，即签出有利于回款的条款；干出来，即高质量地按期交付。

1."签出来"角度

数字化系统的支撑主要体现在三个方面。首先，"铁三角"组队后及时介入项目，数字化系统支撑解决方案评审及风险项的跟踪解决。其次，数字化系统能够支撑客户信用管理，根据行业特性、客户历史记录（包括是否有逾期行为、逾期金额及逾期时间等）来制定信控策略。对于信用较差的客户，数字化系统会提高回款要求。最后，在供应链发货和交付入场前，数字化系统会判断合同双方是否盖章归档、预付款是否到账等先决条件是否满足。

2. "干出来"角度

可以建设专门的项目交付管理系统，支撑交付过程的精细化管理。例如，对项目成员、项目计划、项目里程碑、项目成本、项目资料等，都可以通过数字化系统管理起来，助力保质保量完成交付，促进及时回款。

除签出来、干出来，数字化系统还能在开票和数据统计方面对回款提供支撑。例如，前面章节提到的电子发票，便是在开票环节对回款的助力，供销售人员选择使用。在数据统计方面，通过 BI 系统，可以将订单、交付、开票和回款等环节贯穿起来，提供回款推进大表，甚至可以触发消息提醒，以赋能回款并推进回款的及时达成。

以上便是数字化赋能毛利与回款的全部内容。虽然这些内容看似只是阐述了一些点或部分场景，但从营销全局的角度来看，企业活动和数字化支撑实际上都是围绕毛利和回款展开的，只是存在直接关系或间接关系而已。

第四章 04

建设透明且高效的代理商体系

大多数ToB业务都是从直销起步的，随着企业在市场上逐渐获得知名度，便开始发展代理商业务。尤其是近几年，越来越多的企业转向代理商市场。像云计算、大数据、服务器、网络、存储、信息安全、软件、移动数字终端等ToB行业，代理商业务早已成为企业业务的重要组成部分。更有甚者，某些企业的整条业务线完全依赖于代理商来触达客户。因此，企业不能忽视代理商业务的管理，必须建立完善的代理商体系。本章将重点介绍关于代理商的相关问题，以及通过数字化支撑代理商业务体系落地的方法和经验，希望能为企业在发展代理商业务方面提供有力支持。

第一节　代理商的两大核心价值

企业拥有多种类型的合作伙伴，包括上游的供应商、制造环节的代工厂、销售环节的代理商，以及交付环节的实施伙伴和二次开发伙伴。同时，许多企业也致力于构建轻量级模式，融入并共建生态系统。企业的每类合作伙伴都有其独特的价值。

作为企业在营销环节的"放大器"，代理商能够帮助企业显著提升市场曝光度、拓展客户群体、助力业绩达成、降低营销成本，并加速资金回笼。其中，开拓客户和加快资金回笼是代理商价值的两大核心。

一、帮助企业触达更广的客户

代理商能够帮助企业触达更广的客户，这个价值显而易见。然而，为什么代理商具备这种能力？如何帮助企业实现这一目标？这些问题不能一概而论，因为代理商是一个复杂的体系，不同类型的代理商在触达客户方式和目标客户类型上各不相同。因此，需要分门别类地进行分析。

1. 顶级渠道通路商，是撬动海量客户的"支点"

像伟仕佳杰、联强国际这样的渠道通路商，本身实力非常强大，拥有庞大的下级代理商资源。企业若与其签约，相当于一次性获得了成千上万的代理商支持。这些代理商的客户资源，原则上都可以被触达到。因此，诸如华为、联想等信息与通信技术行业的巨头，都选择与这些强大的渠道通路商合作，将其作为总代理商，以撬动海量的客户资源。

2. 代理商打"阵地战"，网格化地触达客户

代理商通常具有属地化特性，长期深耕某一区域，与该区域的众多客户建立了密切的长期合作关系。对于企业来说，若在全国乃至全球范围内建立分支机构，将带来巨大的成本负担。特别是在一些偏远或经济不发达地区设立分支机构，可能难以盈利。因此，企业可以选择仅在核心区域建立分支机构，而在非核心区域则充分利用广泛的代理商资源。这样不仅能够更经济地触达客户，还能覆盖大量长尾客户。

3. 大型集成商，可以自带客户

在信息与通信技术、工程施工等行业中，活跃着大量实力雄厚且客户广泛的集成商。相关企业若能发展一批实力不俗的集成商作为合作伙伴，将有助于开拓更多客户资源，甚至能够触及那些自己难以进入的客户群体或供应商名录。笔者曾就职的一家企业就成功签约了多家这样的集成商，并专门成立了部门来精心维护这些关系。通过这些集成商，每年能轻松获得非常可观的订单和销售额。

4. 代理商能触达指定供应商的客户

有些客户有固定的供应商范围，即使这些供应商自身没有产品，也会通过他们进行外采。针对这类客户，需要将供应商发展成合作伙伴。这类合作伙伴通常不会成为签约代理商，可暂称为"临时代理商"。既然客户不直接合作，可以与临时代理商一起，间接签约此类客户，以扩充客户群体并提升业绩。

二、帮助企业快速回笼资金

可能有人会问，许多代理商的规模较小，甚至只是几个人组成的小微企业，与企业厂商相比简直是小巫见大巫，怎么能帮助企业快速回笼资金呢？毕竟其也没有垫资的能力。事实上，企业是与伟仕佳杰、联强国际这类总代理签订合同，然后总代理再与下面的一级代理、二级代理逐级签约，最终由一级或二级代理与客户签订合同，每一级代理商都留有一定的利润空间。伟仕佳杰和联强国际实力雄厚，其核心优势在于强大的渠道通路能力，不仅拥有雄厚的资金实力，还具备卓越的渠道管理能力，能够有效帮助企业快速回笼资金。例如，企业与总代理签订合同时，预付款比例为30%，尾款账期不超过 90 天，同时给予总代理 6% 的收益。在与总代理的合作中，这些条款通常能够得到 100% 的履行。很多企业主都知道，对于直接签约的客户，即使提出同样的要求，又有多少能真正做到呢？

通过与总代理合作，可以在很大程度上帮助企业快速回笼资金，实现健康的现金流。虽然企业需要付出 6% 的费用，但能显著减轻困扰。许多企业的倒闭正是由资金周转率低、账期长导致的。

据了解，有些企业为了快速回笼资金，即使直销的销售人员能签约的订单，也会与客户协商通过代理商签订合同，而不是直接签约。曾有销售人员告诉笔者，针对加购、续采、续服等金额较小的复购订单，其不愿意投入精力跟进回款和解决日常客户运维问题，而是几乎全部通过代理商与客户签约。对于这类小金额订单，与总代理协商了 100% 的预付款条件，虽然牺牲了一些利润，但非常省心且高效。同时，代理商离客户较近，还能经常上门服务，提高了客户满意度，实现了多赢的局面。

此外，代理商还可以作为企业库存的缓冲器，换言之，通过这种库存缓冲机制，企业也能快速回笼资金。因为代理商根据其销量，可以适当准备一两个月的货物，而备货并非无偿，需要向企业支付货款。甚至在业绩冲刺时，代理商还能帮助企业应急，但需适可而止，过度依赖会给企业的长期经营带来负担和风险。

第二节　代理商业务发展的三大问题

企业在直销业务发展良好时，可能不太重视代理商业务。况且，代理商业务与直销有显著区别，不能完全套用直销的思路。实际上，从无到有、从弱到强地发展代理商业务，并非易事，充满了各种挑战和陷阱。建立完善的代理商体系，是一个破茧成蝶的艰难过程。根据经验，看似复杂的代理商业务问题，详细梳理下来，一般可归为三大问题。只要解决这些问题，代理商体系的构建就能迎刃而解了。

一、销售人员作为企业与代理商合作的唯一接口，引发代理商合作乱象

不少企业在代理商业务发展初期，没有设置专职的渠道销售人员，而是让直销销售与代理商对接，这使得销售人员成为企业与代理商之间唯一的沟通接口。这种做法的好处是节省了企业的成本，同时由于销售人员对自己负责的区域或行业有更深入的了解，更有利于开展业务；然而，这也容易导致销售人员徇私舞弊，从而让企业蒙受损失。

在这种方式下，销售人员会自行评估直签对自己有利还是走代理商对自己更有利。那么，通过代理商渠道，销售人员的"利"从何而来呢？因为企业给代理商的价格是由销售人员申请的，而代理商与客户之间的合同对企业并不透明。即使企业在特批价格时要求提供最终客户的合同，也无法逐一甄别是否存在阴阳合同的问题。既然企业看不到最终用户的合同，那么在企业与代理商签约的情况下，销售人员的业绩只计算一次；至于代理商与客户签订的合同中是否有销售人员的好处，谁又能知道呢？

此外，这也会导致各种窜货现象屡禁不止，因为有些窜货行为中，销售人员就是参与者。由于一个销售人员负责多个代理商，销售人员经手的项目较多，当有需要特批价格的项目时，其可能会想办法"搭车"，将其他项目的产品一起打包在特批项目中，统一申请特价，从而牟取私利。即使发现一起查处一起，这种问题也很难完全杜绝。

二、代理商业务不独立、不完善，导致分销业绩徘徊不前

以直销起家的 To B 企业在刚开始发展代理商业务时，很容易将分销和直销混在一起进行，这就导致许多问题，具体如下。

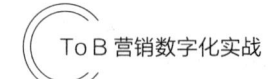

1. 无企业级的专属分销组织

不少企业在发展代理商业务的初期，分销管理部门的人员配置不足，职责单一，不能称为真正意义上的分销管理部门，顶多算是一个支撑代理商的行政部门或运营部门。据了解，一家年营收近百亿元的企业，其分销管理部门曾隶属于某销售副总裁，由一位总监级别的人负责。整个分销部门不到20人，却需要面对近1 500家代理商，只做一些签约、认证、政策下发、业绩核算、交付培训及认证等基础运营性工作。这实际上只是一个运营服务部门，根本算不上真正的分销管理部门。甚至，每年还隶属于不同的销售副总裁，导致分销政策不稳定，代理商也认为该企业主要靠直销，分销业务只是陪衬。

2. 无专属的分销产品

To B产品的一个显著特征是，它们往往需要根据客户的具体需求来单独设定成交价格，不像To C产品明码标价，无论谁买价格都一样。这就让销售人员和代理商有了利益寻租的空间，一边以各种理由向企业申请低价，一边以各种方式设法高价卖给客户。

3. 无专属的分销客户

To B企业的客户开发模式不像To C企业，时时都能开发出新客户，但To B企业可以迅速依据工商企业名录锁定潜在客户群，随后如同分配"责任田"一般，将这些客户资源划给各个销售人员。倘若企业未能为代理商划定明确的"责任田"，便可能导致直销团队与代理商在客户争夺上产生冲突，长此以往，势必削弱代理商对企业的信任基础。面对特定项目时，若代理商没有十足的把握，可能会选择退缩，担忧自身竞争力不足，辛苦付出最终却为企业作了嫁衣裳；或是直接转向推荐友商的产品，原本的盟友关系因此转变为项目层面的竞争状态。

此外，由于缺乏专职的渠道销售人员，代理商的业务难免出现混乱无序的情况，长期下来难以取得显著进展。

三、对代理商的支持不足，导致其收益不佳，对企业失去信心

除了上述问题，代理商还需要企业在业务层面进行大力支持。很多代理商并非专职销售某企业的产品，而是同时经营多种上下游产品。因此，其可能并不熟知该企业的产品，也不一定了解客户的业务痛点和具体场景下如何介绍产品。此外，代理商在销售后是否有能力为客户提供培训也是一个关键问题。

这就需要企业在市场推广、售前支持、交付运维等方面，帮助代理商成长，为其提供培训、指导和支持。试想一下，当一个企业的分销组织力量薄弱时，甚至面对 1 500 家代理商，仅在售前支持和交付支持上投入十几个人，即使有心去做，也难免力不从心；即便勉强去做，质量和覆盖度也可想而知。

有些代理商甚至没有专职销售企业的产品，更不会针对这些产品专门策划市场活动。因此，企业的产品在代理商的业务版图中往往只是"半头砖"，用到时就卖一卖，用不到时就放一边。这种让代理商业务自生自灭的情况，必然导致代理商难以通过本企业的产品赚到钱，进而对企业失去信心，只剩下疑虑。

当代理商对企业失去信心时，其可能会采取一些损害企业品牌的行为。例如，有些代理商为了参与围标，如果没有合适的厂商，就会请求企业开具授权书，这样，企业就成了陪衬。更糟糕的是，有些代理商甚至不会向企业申请授权书，而是直接伪造一个"萝卜章"来参与投标。这种行为会严重损害企业的声誉和利益。

因此，无论从哪个角度看，企业要想发展代理商业务，都需要体系化推进。直销与分销在逻辑上有相似之处，但也存在显著差异。特别是当前，企业的竞争实质上是管理能力的竞争。在代理商业务上，需要通过体系化精耕细作，让代理商对企业充满信心，并确保其能赚到钱。只有这样，企业才能实现代理商业务长期、健康且良性的发展。

第三节 八大变革推进代理商体系革新

透明且高效的代理商体系不仅能帮助企业扩大市场份额，还能提升品牌形象和客户满意度。然而，构建这样一个体系并非易事，需要企业在多个方面进行深思熟虑和精心规划。下面具体介绍如何建设代理商业务体系。

一、代理商管理的业务架构

明确代理商管理的业务架构，是构建代理商业务体系的核心。通过梳理代理商业务架构的主线，可以清晰了解整个体系建设的逻辑和流程。一个完整的代理商业务架构涵盖九大部分：分销业务规划、代理商选择与签约、管理线索到回款、管理售前支持、管理订单交付、管理分销运营、管理分销市场活动、管理代理商激励与考核、管理代理商培训与认证。此外，也可以从谋、选、用、育、留五个方面，划分为五大板块，具体如图4-1所示。

1."谋"：通过分销业务规划，制定代理商业务的年度目标及政策

分销业务规划通常在每年年末或年初进行，起到承上启下的作用。它不仅承接了企业年度商业计划书中的分销业务目标和预算，还进一步细化为具体的代理商年度目标、业务策略等。此外，根据当前代理商的数量、分布及质量等因素，还会制定出相应的代理商发展目标与策略。下面通过案例说明。

> **案例：企业分销业务规划**
>
> 在某To B企业的代理商体系中（如图4-2所示），代理商被分为三个层级：总代、一级代理商和二级代理商。其中，总代不直接面向客户销售产品；而一、二级代理商则可以直接与客户建立联系并完成交

第四章
建设透明且高效的代理商体系

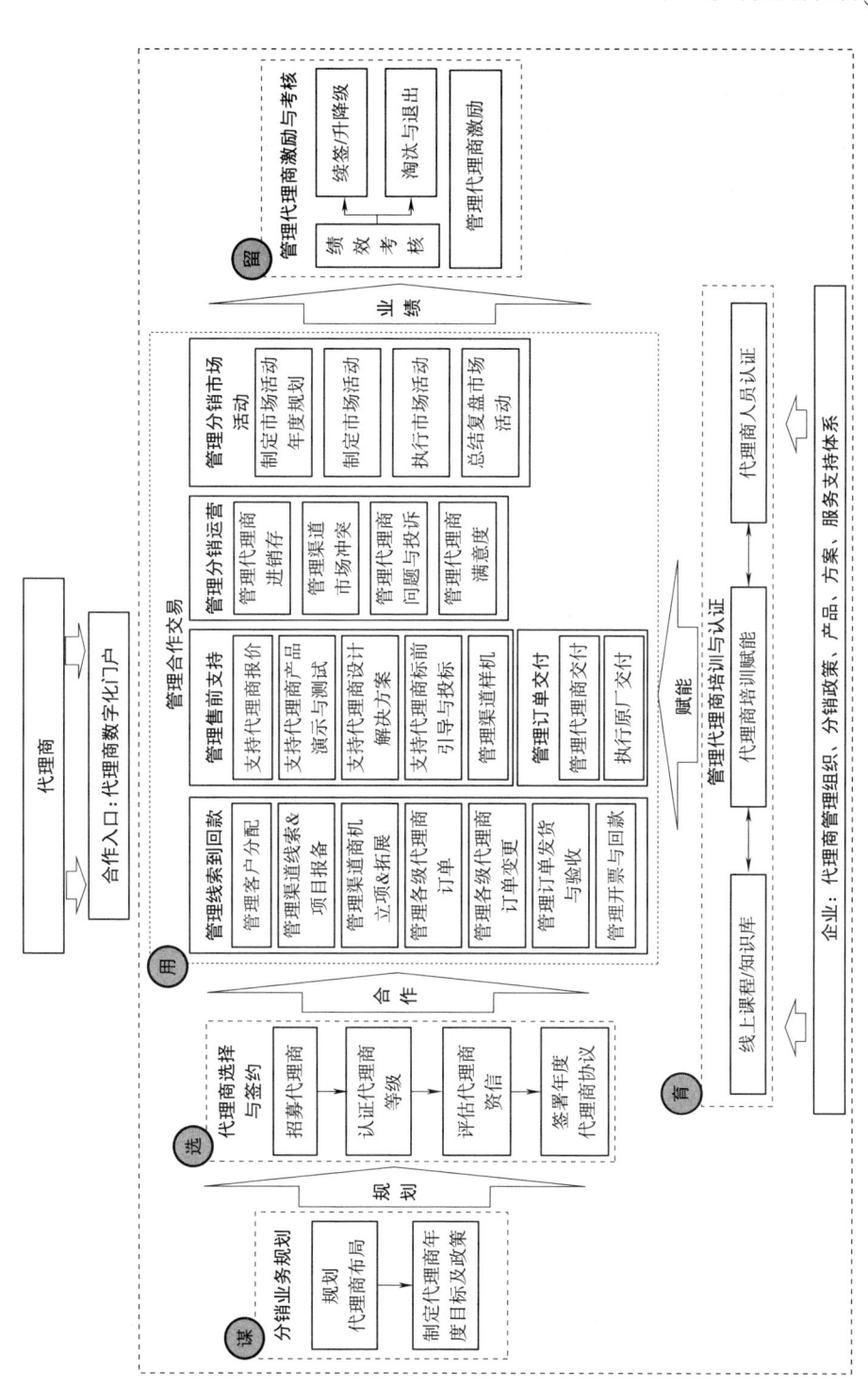

图 4-1 代理商管理业务架构

易。总代从该企业进货，并按照层级逐级签订合同。当代理商与客户签约后，可以选择由该企业直接交付产品，即原厂交付模式，之后再进行结算。为了提高交付效率，该企业还组织了一批具备交付能力的代理商成立了交付服务联盟。这样，代理商在与客户签约后，也可以选择通过交付服务联盟来完成产品的交付。

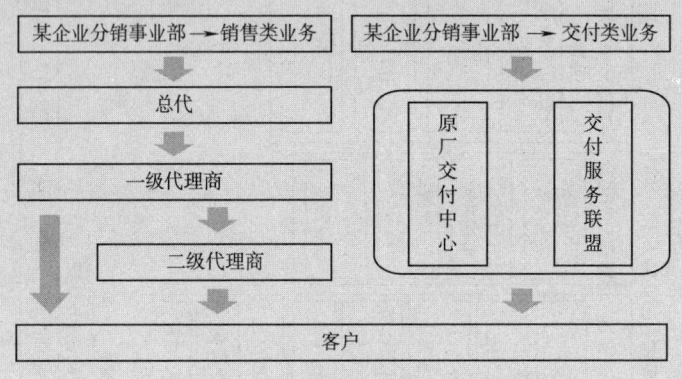

图 4-2 代理商层级关系

该企业将分销业务聚焦于中小客户市场，而行业大客户和区域大客户则由直销团队负责。在国内市场，考虑到地区经济发展的差异，按省份划分为 A、B 两类。根据该企业分销业务的年度业绩目标，针对 A、B 类省份的一、二级代理商分别制定了具体的年度签约任务额。代理商不仅享有按级别设定的权限价，还能根据任务完成情况获得一定比例的返点和市场推广基金支持。此外，为了提高代理商人员能力提升的积极性，还对完成人员能力认证给予一定奖励。特别是对于一级代理商，还有发展二级代理商的任务和相应奖励。同时，该企业明确了违规行为的处罚规则，如跨区域窜货、项目窜货及特价申请产品外流等行为都将受到相应处罚；情节严重者，该企业有权单方面解除合作。这些规则与激励机制共同构成了该企业分销业务规划的核心内容。

这就是分销业务规划的基本思路。通过将具体的数字融入其中，便能形成详细的年度目标及政策。

2."选"：进行代理商签约与认证

"选"的时间可以由企业根据实际情况自行决定。既然是"选"，就有一定的门槛，对代理商的资金实力、人员规模、企业信用、预付款或保证金都有一定的要求。具体来说，针对一、二级代理商的续签和新签，分别设定不同的门槛。此外，根据年度承诺任务额，对售前和交付人员的资质认证提出不同的要求，并且可以要求具备专职销售人员。

3."用"：合作交易是代理商业务的重头戏，需要进行前后场的联合支持与管理

合作交易从前场角度来看，包括市场活动、售前支持、订单交付的管理与支持；从后场运营角度来看，涵盖线索到回款和分销运营两大类。整个合作交易部分是企业与代理商互动最频繁的环节，也是实现业绩目标的关键所在。

例如，在前场，企业可以通过举办一系列市场活动来指导代理商如何销售。例如，针对不同行业的特点，可以梳理出行业机会点，并从行业政策、客户需求、解决方案、产品选型、竞争优势及营销策略等多个维度进行分析，帮助代理商识别并抓住这些机会点的价值。此外，在各个区域建立方案验证及产品体验中心，让代理商能够邀请客户参观、演示和体验产品，从而促进商机转化。在售前支持上，对于重点或难度较大的项目，每个区域可以配备专职售前人员陪同代理商拜访客户，提供售前方案咨询、产品演示及标书指导等服务。而在订单交付方面，除了协调企业内部的交付团队外，还可以成立交付服务联盟，根据项目具体情况，帮助代理商选择最合适的交付方式。

在后场，企业可以设立专门的分销运营团队，负责协同代理商及前场同事处理从线索到回款的各种事务。这包括但不限于客户的分配、项目的报备、订单发货、开具发票、解决市场冲突及处理代理商遇到的问题或投诉等。

4."育"：建立线上线下立体化的培训赋能体系

很多代理商的业务相对广泛，无论是在售前还是交付的人才储备上，肯定无法与厂商相比。因此，对代理商的培训支撑就显得非常重要了。

例如，企业可以建立线上课堂，供代理商的售前和交付人员进行自主学习。此外，还可以构建线上知识库、案例库和工具库，供代理商在售前打单和项目交付过程中使用。同时，每年还可以举办线下的售前工程师、交付工程师和解决方案专家认证培训班。通过这种方式，企业可以搭建一个全方位、多层次的培训赋能体系，从而提升代理商的售前和交付能力。

5."留"：优胜劣汰，对代理商进行激励考核的落实

在"留"的部分，需要对激励考核政策落实到位。具体不再赘述。

为了构建透明且高效的代理商业务体系，除了上述的谋、选、用、育、留之外，企业还需要对代理商管理组织进行重构，建立专职的渠道销售队伍，并开发完善的代理商线上协作平台。

二、基于新业务架构，进行八大变革

业务架构是业务体系的整体逻辑，但无法充分体现重点业务举措与改革措施。为了构建透明且高效的代理商业务体系，需要强有力的改革措施。要充分利用代理商的两大价值，解决三大业务问题，并实现代理商管理体系的革新，需要进行八大业务变革。

1. 建立独立的企业级一级分销组织

在建立一级分销组织的同时，需将分销和直销的销售人员明确区分开来。分销销售人员不能直接处理订单，而应全力支持代理商完成销售任务，业绩与代理商共同计算。通过这种方式，可以有效避免因销售人员随意选择直签或通过代理商下单而导致的企业利益受损问题。此外，一级分销组织内部设有独立的售前支持、交付支持及分销运营团队，并指定一位副总裁级别的领导专门负责该板块的业务管理。

2. 改变销售人员是企业与代理商对接的唯一接口

过去，代理商的报价、投标授权和下单都需要通过销售人员，导致销售人员有较大的操作空间，并产生了许多不透明的问题。为了解决这一问题，企业可以规划专门针对分销市场的产品，公开价格，拒绝一单一议，从而消除在价格上的利益寻租空间。同时，建设一个面向代理商的线上门户，使报价、授权和下单等工作能够由代理商自主完成，减少人为干预。通过这种方式，代理商线上门户成为企业与代理商之间新的沟通桥梁，为构建透明且高效的代理商业务环境奠定坚实基础。

3. 企业赋能代理商，实现高效批量分销

为了更有效地促进批量分销，企业应当为代理商提供基于具体场景和需求的销售工具。单纯依靠代理商在市场上逐一寻找机会的传统方式不仅效率低下，而且加重了工作负担。因此，结合企业自身对市场政策、客户需求及潜在商机的深入理解，并以此为基础向代理商赋能，帮助代理商明确方向并提供有效的策略支持，将极大提升整体销售效率。另外，精准识别问题才能打动客户，方案适配才能实现产品价值，因此，企业还需对代理商进行多轮宣讲，确保这些工具和理念深入人心，从而增强代理商售卖产品的针对性和目标感。总之，通过"模式引领、方案推动"的变革，企业能够改变过去代理商盲目挖掘市场机会的状况，实现更高效的销售。

4. 明确划分分销专属客户，从根本上保障代理商的利益

过去，销售和代理商之间时常发生抢客户的情况，导致代理商颇为不满。为了改变这一局面，企业可以采取明确的客户分类措施，将企业客户库中的客户按直销客户和分销客户进行严格区分，确保两者互不干扰。同时，将分销客户直接分配到各代理商名下，由其分别经营。当然，若某代理商经营不善，企业还可以制定相应的回收及再分配机制。而对于代理商自行开发的新客户，则完全归其所有。

5. 建设渠道人才培养体系，提升代理商的售前与交付能力

为了全面提升代理商人员的能力，企业不仅要建立线上知识库、线上课堂和线上工具库等自主学习资源，还需要构建系统化的人才培养机制。具体来说，企业可以制定"两师一专"的人才培养策略，致力于为代理商培养售前工程师和交付工程师，并进行年度解决方案专家评选。每年固定时间，企业可以组织线下培训与答辩认证活动。此外，可以通过举办全国性的"技术大比武"赛事，以赛代练，激发代理商培养人才的积极性和活力。

6. 成立代理商战略发展顾问委员会，实现代理商自主决策

为了进一步促进代理商与企业之间的紧密合作，企业可以成立代理商战略发展顾问委员会（简称顾委会），让代理商在涉及自身利益的事务中拥有更多话语权。每个分区都可以设立顾委会分会，由签约代理商推举产生代表，并由各分会共同推选出全国顾委会成员。顾委会的主要职责包括提出建议、参与决策、监督反馈及团结队伍四个方面。各顾委会分会至少每季度召开一次会议，听取成员的建议和提案；全国顾委会则每年集中召开两次会议。企业推出的相关代理商政策或工作方案，需征询顾委会意见并达成一致后才能实施，确保代理商能够参与关键决策过程。此外，顾委会成员还可以在日常工作中随时向企业反馈任何违规行为，发挥监督作用；同时肩负着团结广大代理商与企业紧密合作的重任。

7. "请进来，走出去"，增强代理商对企业的了解与信任

为了加强企业与渠道之间的紧密联系，增进代理商对企业的了解和信任，企业可以建立"请进来"机制，邀请代理商参与重大项目的签约和参观活动。同时，企业可以制定"走出去"机制，每年前往全国各主要分区重点城市进行巡展及代理商招募活动。此外，每年还可以举办全国代理商大会，将全国各地的代理商高层领导和业务负责人聚在一起，共同商讨重要事务，增强代理商与企业之间的凝聚力。

8. 建立反向考核和清风邮箱机制，赋予代理商评价权

为保障代理商的满意度并根除潜在的不良行为，企业可以引入反向考核

和清风邮箱两项重要机制。通过这些措施，企业可以将评价权交到代理商手中。具体来说，每月由代理商的业务决策者在移动端，从项目支持、能力培养、行为规范及重点事件四个维度对渠道经理、渠道销售及售前人员进行评分，该评分直接与奖金挂钩。此外，设立清风邮箱，允许代理商随时通过线上或线下方式实名或匿名举报任何违规行为。这一举措可以让分销团队时刻保持合规意识，确保所有操作都在透明公正的环境中进行。

通过这八大变革，可以为建设透明且高效的代理商业务新体系保驾护航，为分销业绩的突飞猛进开动引擎。

第四节　代理商数字化是新的合作之门

在代理商业务架构规划和八大变革中，赋予了代理商数字化重大使命——代理商与企业之间新的合作之门，取代了以往销售人员作为唯一接口的角色。同时，其需要承担起支撑建设透明且高效的代理商业务体系的重要职责。基于这一定位，需要综合考虑代理商数字化与企业直销业务的关系、企业直销数字化建设的现状、未来业务发展的变革方向及未来业绩增长的目标等因素，进行全盘布局，以构建出一个完善的代理商数字化应用架构。

一、代理商数字化的应用架构

基于代理商业务架构和八大变革，本着对准业务、对准问题、对准价值、对准发展的原则，同时考虑到代理商数字化需要与企业内部 CRM、知识库等系统进行深度对接，以便实现紧密协同等，笔者曾规划并成功落地了 To B 代理商数字化门户。为了清晰展示代理商数字化如何承担起代理商与企业对接的重任，下面具体介绍其应用架构（如图 4-3 所示），以及设计的核心思路。

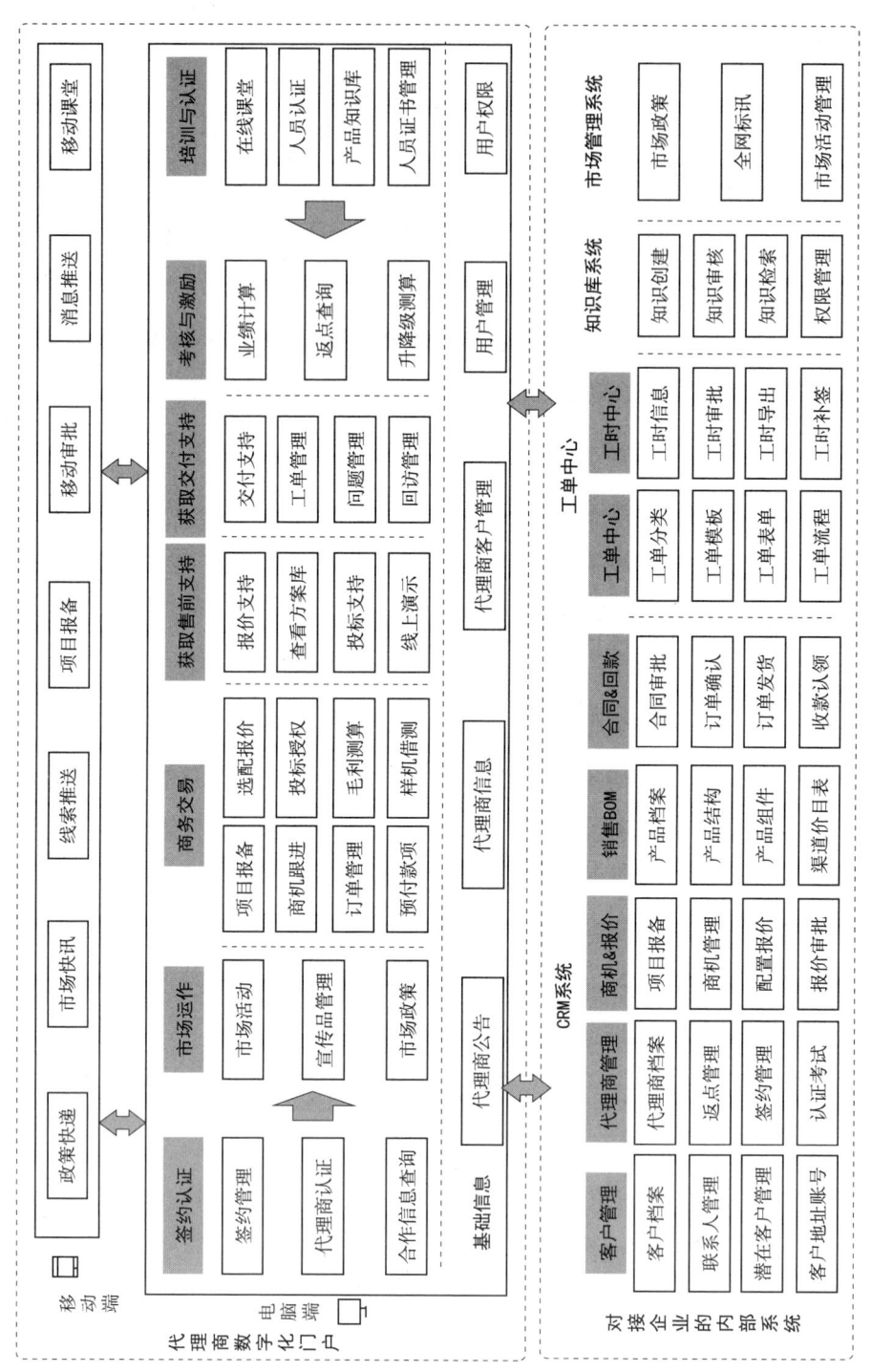

图 4-3 代理商数字化应用架构

第四章 建设透明且高效的代理商体系

1. 代理商数字化门户的双端设计

代理商数字化门户分为移动端和电脑端。移动端主要用于支持移动场景下的便捷应用，如查看代理商政策、报备项目及售前知识学习等。电脑端则是代理商数字化应用的核心平台，基于代理商业务架构的流程逻辑，并考虑如何支撑八大变革的落地，进行数字化应用场景的抽象，形成了"签约认证""市场运作""商务交易""获取售前支持""获取交付支持""考核与激励""培训与认证"等应用模块。

2. 代理商数字化门户的业务协作功能

代理商数字化门户是各级代理商之间及代理商与企业间业务协作的共用平台。其支持企业与总代，总代与一、二级代理商之间的业务协作，通过这一纽带将它们之间的流程与业务全部串联起来，并且按照代理商级别和业务角色等分别授权，确保信息与应用的安全隔离。

3. 企业与代理商的权限管理与业务隔离

企业在承建代理商数字化门户时，不能拥有任何权限。从审计合规的角度来讲，企业不能有代理商视角的任何数字化系统的权限，否则存在串通或违规操作的嫌疑。因此，在规划代理商数字化门户的应用架构时，需要着重考虑企业与代理商之间的权限管理与业务隔离，以便符合审计要求。企业没有代理商业务的任何权限，这是建设透明且高效的代理商业务体系的一项底线要求，也是新的合作之门应有的规矩。

除了考虑上述三个因素外，在代理商数字化门户规划中，还会结合业务实际情况，思考如何在数字化方面更有效地解决代理商业务过去存在的问题，并更高效地支撑八大变革的落地。同时，也会考虑在企业与代理商的合作中，从数字化建设的角度明确哪些要管、哪些要放等问题。

二、企业如何精准把控代理商数字化中的核心数据资产

在构建代理商数字化门户时，企业需明确哪些数据资产必须掌握在自己

手中，哪些可以对代理商开放，以及如何开放和存储。企业与代理商的合作不仅希望完成年度业务目标，更希望沉淀高价值的数据资产，为未来的发展奠定坚实基础。根据经验，客户、产品和合同这三项核心数据应牢牢掌握在企业手中。从业务角度来看，企业必须把控这些关键信息。客户资料应由企业直接控制并确保其安全性，产品信息及定价策略需要严格管理，所有合同文档也应妥善保管。

基于对核心数据资产的把控需求，在代理商数字化建设过程中，哪些信息需从企业内部系统读取，以及哪些信息应在企业内部系统中存储，就有了清晰的设计思路。

1. 客户

无论代理商是否将新拓展的客户信息存储在自身的门户中，这些信息都必须同步保存到企业对接的 CRM 或客户主数据管理系统中。这样做不仅有助于企业实现对最终客户的统一管理和有效利用，还能确保数据的完整性和安全性。

2. 产品

企业销售的产品种类、对各级代理商的定价策略，以及各级代理商申请售卖非分销产品的流程等信息，必须在企业内部系统中进行维护与管理。之后，这些数据再下发至代理商门户，供代理商根据权限使用。

3. 合同

企业与代理商签订的合同，理所应当由企业保留一份。至于代理商与客户签署的最终合同，则应根据合作政策来决定是否也需要企业持有。对于价格透明且公开的分销产品，建议企业不必获取最终合同；但对于需要经过价格审批、各级别人员的权限价格未公开的非分销产品，建议企业获取并将这些最终合同存储至内部数字化系统。这样做不仅有助于维护企业的合理利益和利润，也是确保业务透明度和合规性的有效手段。

此外，还需强调代理商的自主应用能力，减少企业内部人员对其操作的干预。通过将合作业务流程和信息流转全面迁移至系统上，可以实现更高的效率与透明度。

第五节 "六个自主"实现代理商数字化的落地

数字化是构建透明且高效的代理商业务体系的中流砥柱，也是代理商与企业、上下游合作伙伴之间协作的关键入口。为了实现这一目标，必须增强代理商在数字化系统使用中的自主性。基于经验，可归纳出六个核心方面：自主签约、自主报备、自主报价、自主下单、自主授权和自主赋能。这"六个自主"构成了代理商数字化自主应用的完整链条，不仅契合代理商业务架构的整体体系，也符合八大变革的初衷。在代理商数字化建设中，"六个自主"分布在签约认证、商务交易及培训与认证环节，其中以商务交易环节为核心，具体如图4-4所示。

一、自主签约，提升每年续签、新签的效率

通过线上代理商自主申请签约，并在审批流程完成后由企业采用电子签章，代理商下载带有企业电子签章的协议后盖章并寄回，可以极大地提高签约效率。此外，这一过程还能自动更新企业CRM和代理商门户上的合作状态，无须人工逐一维护，从而将整个签约效率提升两到三倍。

在线上自主签约过程中，借助数字化系统主要把控以下环节：审核代理商预申请的签约级别；审核代理商资质；对于续签代理商，主要查看过往合作业绩和是否收到签约保证金；企业方通过电子签章签署协议，确认是否收到代理商盖章的协议、扫描上传协议；为代理商开通数字化门户账号；向代

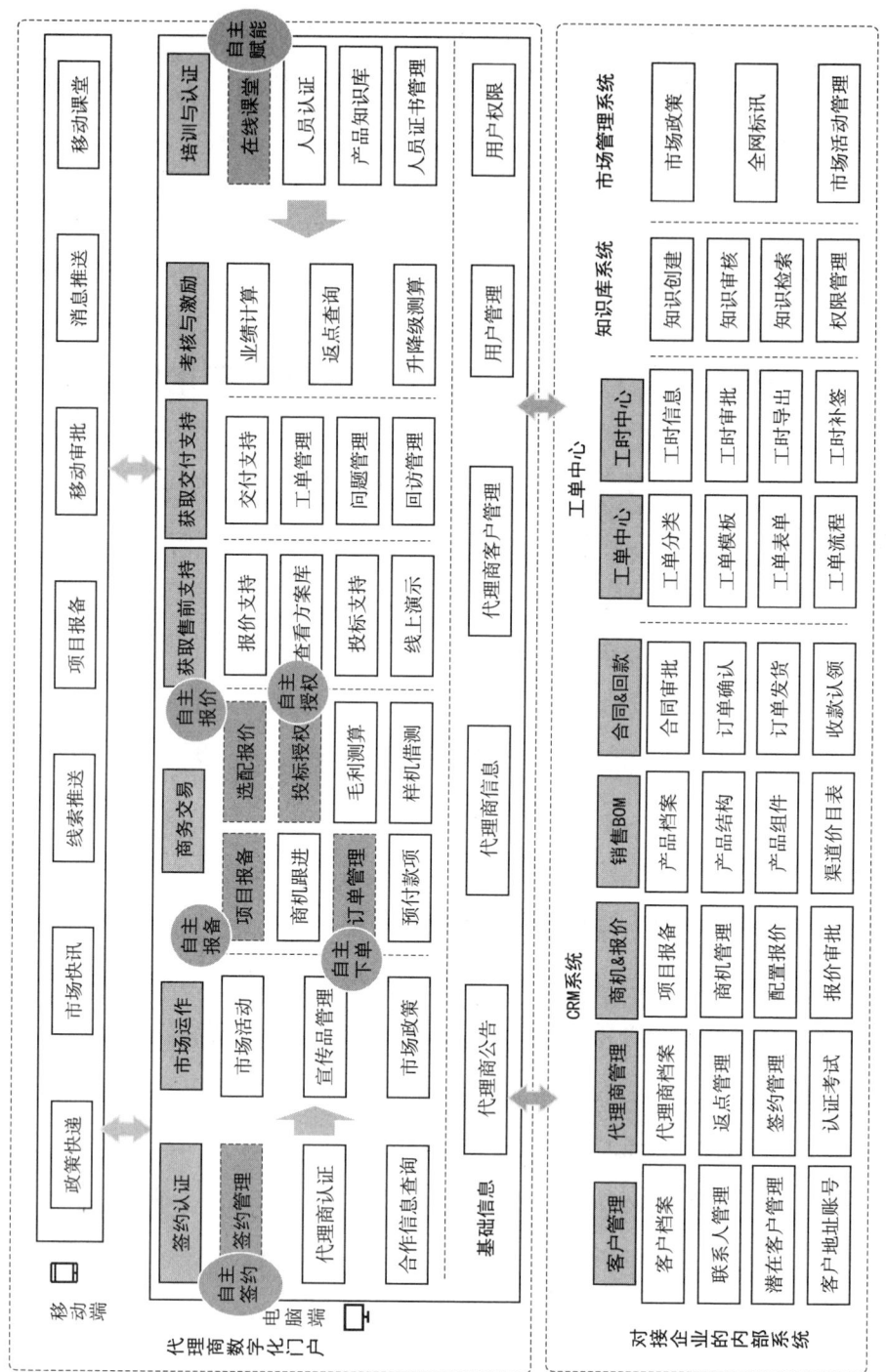

图 4-4 代理商数字化的"六个自主"

理商推送完成签约的信息等。

通过这种方式，不仅增强了代理商合作的自主性，还简化了签约审核和资料管理流程。

二、自主报备，为代理商创造公平、透明的合作环境

代理商可以通过移动端或电脑端自主报备商机，并享有一定的保护期。这不仅提升了报备的便捷性，还有效保障了代理商的权益。在自主报备过程中，代理商还可以同时报备新客户信息。当报备新客户时，数字化系统会自动校验系统中是否已存在该客户信息。如果不存在，数字化系统还可以通过天眼查关联新客户的统一社会信用代码，以确保客户信息的唯一性和准确性。

代理商自主报备的整个流程由一系列数字化应用支撑，旨在避免人为"占坑"现象，并协助代理商更有效地赢得订单。下面介绍自主报备的数字化支撑重点。

1. 报备时

为了提升报备信息的质量，代理商在报备时需要详细登记客户需求、客户的决策链条及已采取的关键动作等。例如，需要登记客户希望解决的问题、预算是否到位及具体金额、拟购买的产品、期望上线时间、客户项目的批准人、决策人和关键用户等信息。此外，还需注明当前阶段是仅了解需求还是已经沟通了初步方案等关键进展。

2. 报备后

代理商报备后，数字化系统会自动将信息分配给对应的渠道销售人员。该销售人员需在 48 小时内完成审核，包括确认客户需求是否明确且已立项、是否有明确的资金预算、是否有预计的购买日期，以及代理商是否已开展必要的工作并获得客户认可等信息。审核完成后，该销售人员需要在数字化系统中逐一标记这些信息。

整个报备过程在数字化系统中全程留痕，确保透明度。代理商提交报备和报备审核结束时，系统会通过邮件或短信及时通知渠道销售人员或代理商，以便其及时知晓并跟进。需要明确的是，代理商的报备实际上是报备线索，而非直接的商机。因此，每个报备都给予 90 天的报备期。在这 90 天内，如果客户需求进一步明确且项目正式启动，则转为商机；若客户意向不强，不认可企业，或者推迟项目启动，那么该报备线索将被关闭。

以上便是借助数字化实现代理商自主报备的核心管理过程。通过这种方式，极大地增加了销售人员抢单、卖单等违规行为的成本，并杜绝了此类行为。同时，数字化系统留痕的自主报备方式，使得有数可依、有迹可循、有据可查，方便对销售人员的违规行为进行追溯和震慑。

三、自主报价，堵住内外勾结、徇私舞弊的空间

对于企业来说，如果没有专门的分销产品和价格体系，那么代理商就需要通过销售人员申请价格审批。在这种情况下，无论是销售人员还是代理商，都会寻求最大化自身利益。如果代理商从企业获得的价格越低，而卖给客户的价格越高，那么利益空间就会越大。然而，如果企业内部通过自己的销售人员来申请价格，代理商是在销售人员协助下获得的价格，怎能确定销售人员未从中牟取私利呢？

如果从业务上专门拆出来分销产品，采用公开透明的价格，给总代及一、二级代理商分别留出一定的利润空间，企业在出货时，无论是谁都是公开的出货价，是不是就能堵住"下水道"了？因此，设置专门的分销产品、渠道销售人员自己不做单、代理商通过数字化门户自主报价，三管齐下，理论上就能堵住内外勾结、徇私舞弊的空间。

如果分销客户要买非分销产品，卖吗？当然卖。对于这种情况，首先，这类订单较少，因为分销客户都有哪些业务场景、需要匹配什么样的解决方案和产品，都是详细研究过的；其次，非分销产品仍采用价格审批机制，在

超过底价审批时，需要审批人严加判断即可，既然量小，就容易顾过来。

因此，借助数字化系统实现自主报备、自主报价，把抢单、卖单、套利的漏洞堵住，便解决了大部分潜在的违规和舞弊行为。

四、自主授权，线上集中管理投标授权，有效打击"萝卜章"

通过数字化系统，代理商可以自主申请授权，将招标机构或最终用户、被授权企业、相关文件及招标项目编号等信息一次性完整提交，实现全程线上审批流程。一旦审批通过，数字化系统就会自动生成授权书、售后服务承诺函等相关文档，并加盖电子签章，从而省去了传统邮寄所需的时间成本。

采用自主授权，所有关于代理商的授权管理均在线上完成。这不仅使得相关信息易于查询、跟踪、统计和分析，还彻底解决了以往信息分散于邮件及 Excel 表格中的问题。这样一来，企业能够更加清晰地掌握已发放的授权数量及其具体内容。面对任何关于代理商不当使用授权的情况时，只需简单核查即可明确是否为非法"萝卜章"。此外，还可以利用数字化手段开发在线验证功能，让客户能够自行检查其所获得的授权的真实性。

五、自主下单，提升企业与代理商、上下级代理商的协作效率

在报价完成后，当代理商与客户达成签约意向时，通过数字化系统采用自下而上的逐级下单方式，可以显著提高下单效率。每级下单都会触发邮件和短信提醒，从二级代理商、一级代理商、总代到厂商，这四者之间只需三次下单操作。借助数字化系统，整个过程平均可以在一天内完成。

为了提高客户响应的及时性，并充分利用厂商提供的促销政策，总代和一级代理商有时会适量囤积库存。在数字化系统中，代理商自主下单时，一级代理商和总代在向上下单时，可以选择直接从厂商进货或使用自己的库存。这一功能极大地增加了代理商的自主选择权，使得操作更加灵活便捷。

六、自主赋能，提升代理商自主学习及查找资料的便利性

为了确保代理商的业绩，提供充分的自主学习机会及必要的资料和工具是至关重要的支持。数字化系统在这方面具有显著的价值。此外，针对代理商人员资质认证的培训资料和课程也可以上传到数字化学习平台，供其学习和在线考试。总的来说，可以从三个方面对代理商进行自主赋能。

1. 资质认证体系的课程

将针对代理商人员认证的"两师一专"的基础课程，上传到自主学习平台，供代理商参与售前工程师、交付工程师或解决方案专家认证的人员进行自主学习。通过这种方式，代理商可以灵活安排学习时间，并根据自身需求选择适合的学习路径，从而提升专业知识和技能水平。

2. 完善的线上知识库

搭建产品知识库、行业需求库、行业解决方案库、行业案例库、技术支持问题解决库等，方便代理商人员及时自主检索使用。

3. 线上测试平台

针对软件产品，在线上搭建测试演示环境，供代理商人员自主学习，或给客户演示使用。这样可以解决代理商自主搭建费时费力、环境不能及时更新等问题，同时还保证了环境的稳定性和可维护性。

如上所述，在代理商业务变革和构建透明且高效的代理商业务体系中，数字化扮演了至关重要的支撑角色。它能够有效解决一系列混乱且不规范的问题，为代理商营造一个开放、干净、透明的合作环境，从而为企业分销业务的长期持续发展提供坚实保障。

第五章 05

建设支撑业绩长虹的营销运营体系

营销运营团队是营销管理者的"智囊团"和"贤内助",从制定营销政策、销售制度到组织销售团队的周会及待办的闭环执行,每一个环节都离不开营销运营团队的支持与贡献,其发挥着无可替代的作用。基于价值导向和业绩目标的原则,本章将从营销运营的核心价值、销售业绩管理的有效抓手及数字化支撑等多个角度出发,结合实际操作中的成功案例,进行系统性的阐述,希望能够在企业提升营销管理水平及促进销售业绩增长方面提供有价值的参考。

第一节 营销运营管理的四大价值

营销运营团队是营销管理者的重要支持力量，为营销业务的顺利进行提供必要的"润滑"。毫不夸张地说，营销运营团队不仅是营销业务的助力者，更是销售业绩提升的关键推手。既然营销运营团队如此重要，那么其发挥了哪些作用呢？

一、帮助营销管理者搭体系、建规则

营销体系的绝大部分制度、规则和细则的执笔，都来自营销运营团队。在业务流程之下，业务规则和管理制度扮演着至关重要的角色，它们是流程落地和业务运转的基石。据了解，有一家年营收达到六七十亿元的企业，其正式发布的营销相关业务规则或管理制度文件多达二十余个。这些文件涵盖了客户分配、客户运营、跨团队商机合作、代理商签约及合作管理、业绩预测、业绩拆分、费用预算管理、窜货管理、经营分析会制度、应收账款管理及战略补贴等多个方面，全面覆盖了客户关系管理、LTC流程支撑和代理商管理等关键领域。这些管理规则、LTC流程与营销组织建设可谓营销管理体系的"三支柱"，它们相互协作，形成了营销管理体系的完整闭环。

具体来说，一个管理规则的发布对营销运营人员的综合能力要求很高。这包括业务理解、管理思维、沟通协作等多个方面，这也是营销运营人员被视为管理者的"贤内助"的原因。以业绩拆分规则的制定为例，这一过程涉及多个关键要素。首先，在沟通范围上，需要涵盖销售管理团队、财商团队及数字化系统管理员；其次，在业务规则方面，要考虑合同签订前后的不同时间节点；最后，在审批流程中，涉及拆出方各销售领导、营销运营人员、

财商团队的业绩审核人员及拆入方领导和销售人员等多个节点。此外，整个业绩拆分规则从起草到讨论再到修订的过程往往需要多轮迭代才能最终定稿。因此，这不仅考验了营销运营人员的跨部门沟通协作能力，也体现了在复杂环境中处理问题的能力。

二、承担营销业务变革的运营落地

在对外搞定客情中，谈到战略客户、核心客户每周、每月召开客户复盘会；在对内搞定协同中，谈到商机立项决策、解决方案评审等关键决策或评审，需要以会议方式进行。所有这些业务变革会议都需要有人负责组织，并跟进待办以确保闭环管理。对于这些会议的组织工作，依赖销售人员、售前人员或是销售团队的管理者都不合适。这项责任自然就落在了营销运营团队的肩上。下面以笔者的经历具体说明。

在笔者最初涉足营销业务变革时，LTC流程中的商机立项和解决方案评审等关键会议，是由流程变革团队推动营销部门落实的。流程变革团队非常尽责，细致列出了每个需要立项的商机和待评审的解决方案项目，逐一致电对应的销售人员和售前人员沟通项目细节，并协调评委的时间以确保会议能够顺利召开。然而，销售人员经常以各种理由请求改期，即使会议已经召开，也往往没有人跟进后续事项，使得整个流程难以高效运转。造成这种问题的核心原因在于流程变革团队的努力方向并不完全符合实际需要。正确的做法应该是争取企业高层的强力支持，将相关事项明确分配给各个营销团队，并建立一套完善的运营规则，而不是依赖营销部门之外的流程变革团队，因为其既没有足够的权力也缺乏足够的精力去有效执行这些任务。

因此，在遇到困难之后，流程变革团队向企业高层进行了汇报和请示，最终这项责任被转移到营销运营团队身上。此外，企业高层也开始有选择性地参与商机立项和解决方案评审会议。不到两个月，整个流程就步入正轨。各个营销团队还经常进行业绩公示，奖励优秀表现，惩罚不良行为，这对于提高签约质量起到不可替代的作用。经历了这次波折之后，在后续的客户关系管理变革中，直接让营销运营团队深度参与进来。不仅负责组织战略客户和核心客户的评选评审会，还承担这些客户日常运营的复盘会议。这样安排的效果十分显著，极大提升了工作效率和客户满意度。

除了日常的业务变革和运营事务之外，营销部门还承担着许多专项活动，这些活动同样离不开营销运营团队的支持。例如，有些企业在每年年初会进行所谓的"四动"动作，这一过程通常也是由营销运营团队协助领导来落地执行。

总之，营销运营团队是推动营销业务变革运营落地的关键力量，对于实现销售业绩目标发挥着重要价值。

三、销售业绩达成的助攻手

销售业绩的达成涉及多个关键环节，包括销售任务分解、销售业绩预测、商机复盘和经营分析会等。这些重要事项的统筹、组织和推进，离不开营销运营团队的支持。

年初，企业制定销售任务目标时，需要翔实的数据支撑。这些数据的整理、加工及销售任务目标方案的撰写，都需要营销运营团队负责完成。在销售任务确定后，任务的分解、下达、宣贯、沟通及任务书的签订，也需要营销运营团队来推进和统筹。

每月，各销售团队的业绩预测、数据对比、数据分析和预测调整等，都需要营销运营团队进行统筹。此外，每周或每双周，各销售团队商机复盘的数据资料准备、复盘会议组织、排名晒榜及待办闭环等工作，一般也由营销运营团队负责。

许多企业每月都会召开营销部门的经营分析会，而每个季度则会举行企业级的经营分析会。对于一些规模较小的企业来说，甚至每个月都会召开企业级的经营分析会。至少，营销部门的经营分析会由营销运营团队来组织和提供各维度的经营数据。有时，其还会负责撰写营销团队的经营分析汇报材料。这要求营销运营人员不仅能提供数据，而且能解读数据，并通过数据发现业务中的问题，找出业务差距，进行业务诊断，并找出根本原因。此外，还需要根据这些根本原因，与营销管理者一起明确下一步的行动策略及行动计划。基于这些要求，将营销运营人员比作营销管理者的"智囊团"是毫不夸张的。

因此，营销运营团队是销售业绩达成的助攻手，正所谓"军功章里有你的一半，也有我的一半"。

四、部分 LTC 流程的所有者

LTC 一级流程及其各项子流程都需要唯一的流程所有者。该所有者是流程的责任人，负责制定流程策略、监控流程执行，并确保流程目标的实现。LTC 一级流程所有者可以由营销一把手担任，但对于商机立项与拓展、制定方案与引导、制定并提交标书等子流程，谁来担任流程所有者合适呢？让某一个营销团队的业务负责人担任是否合适？合适也不合适，最终其实是不合适。合适的方面在于，营销团队在一线，非常了解业务，能够确保流程与实际工作紧密结合，通过流程解决业务的实际问题。然而，不合适之处在于，他们往往仅从自己的角度看待流程，优化流程时可能只考虑自身便利，而不是站在企业整体利益的高度。此外，营销团队对兄弟团队的建议也不太愿意采纳；且总声称太忙，把流程相关事务一再拖延。那么，有没有更合适的人选呢？答案是有的，那就是营销运营团队。

营销运营团队每天与营销一线紧密合作，对 LTC 整个链条的业务有深入了解，因此可以担任收集与分发线索、商机立项与拓展、制定并提交标书等子流程所有者。实践证明，营销运营团队不仅负责任，而且非常公平，不会在流程优化中偏袒任何一方；能够积极组织营销一线多方深入讨论，并采纳合理的建议；在流程上线后，还能以主人翁的姿态负责流程的不断优化，确保流程更高效、更高质量地运行。

以上便是营销运营管理的四大核心价值。其实，在不同的企业，营销运营管理发挥的价值可能多少有些差异，这不重要，重要的是可以让营销运营管理在各个企业发挥出更大的价值。

第二节　销售业绩管理的"四表四会"

营销运营管理，最终要落到销售业绩管理上。大道至简，To B 销售业绩管理的核心目标就是订毛、财毛、回款的达成。本节从营销运营角度，探讨如何通过"四表四会"增强销售业绩管理，实现业绩目标。那么，何谓"四表四会"？简单来讲，就是通过四张核心销售数据表格，支撑四类销售业绩管理会议，达到销售业绩管理的闭环，促进销售业绩的提升。

一、"四表四会"的管理内涵与使用流程

（一）"四表四会"的管理内涵

从理性角度讲，销售业绩管理就是一个数字游戏。在这个数字游戏中，有四类核心数据：目标与预测数据；商机在途数据，即推进中的商机情况；已签约但尚未收款的数据；应收但未收到的款项。细想之下，销售业绩的管理，不正是日复一日地围绕这四类数据进行精心策划与运作吗？

从团队合作的角度讲，销售业绩管理又是一个团队游戏。它并非依赖某个个体或单一团队的力量，而是需要多个团队和部门携手并进才能达成目标。因此，销售业绩管理更是一个团体协作的游戏。在团体协作中，规则和沟通至关重要。而销售业绩管理会议正是促进这一过程的有效抓手。为此，可以按照日、周、月、季的周期安排四类关键会议：按日召开晨会或夕会，按周召开周会，按月召开销售业绩分析会，按季召开企业级的经营分析会。

而销售业绩分析会是其中的重头戏。仔细思考，销售业绩的达成正是通过这些不同层级、不同频率的业绩管理会议，不断积累、互通有无、对齐目标、解决问题，最终一步一个脚印地实现的。

在以上数字游戏和团体游戏中，数字游戏是团体游戏的起因，团体游戏是数字游戏的实现路径。正因为要玩数字游戏，所以有了团体游戏。假想一下，销售业绩的数字很容易达成，还用玩团体游戏吗？正因为企业要发展，数字游戏目标不容易达成，所以团体游戏要一轮一轮地玩下去。

以上是"四表四会"的一个通俗的管理内涵。下面详细介绍在实际工作中如何让这个管理内涵顺利跑起来，也就是它的使用流程是什么。

（二）"四表四会"的使用流程

下面来看"四表四会"的使用流程图（如图 5-1 所示），左侧是销售业绩管理的核心四张表，为了达成四张表里的数据目标，就有了右侧的四个会，因有数据目标而开会，因开会而促进数据朝目标前进，这两个抓手共同推进营销体系订毛、财毛、回款目标的达成。

1. 四表

在周会或月会召开前，各营销 BU 的运营人员会督促销售团队借助数字化系统，补充四张表中的主观数据。这些数据将作为会议的核心材料，或据此整理成详尽的会议资料。

（1）预测大表

在四张表中，预测大表是龙头，它的核心数据是分解后的任务、过往月度达成情况、本季度后续月份的客观预测数据、本季度后续月份主观预测的调整数据和调整说明。客观数据的预测，来自客观的商机赢率计算，商机的赢率计算来自前面章节介绍的商机客情诊断表，赢率在 75% 以上称为"可承诺"，50%~75% 称为"可争取"，25%~50% 称为"可参与"；各季度前两个月客观预测 = 各月可承诺 × 80% + 可争取 × 40% + 实际达成，第三个月

图 5-1 "四表四会"使用流程图

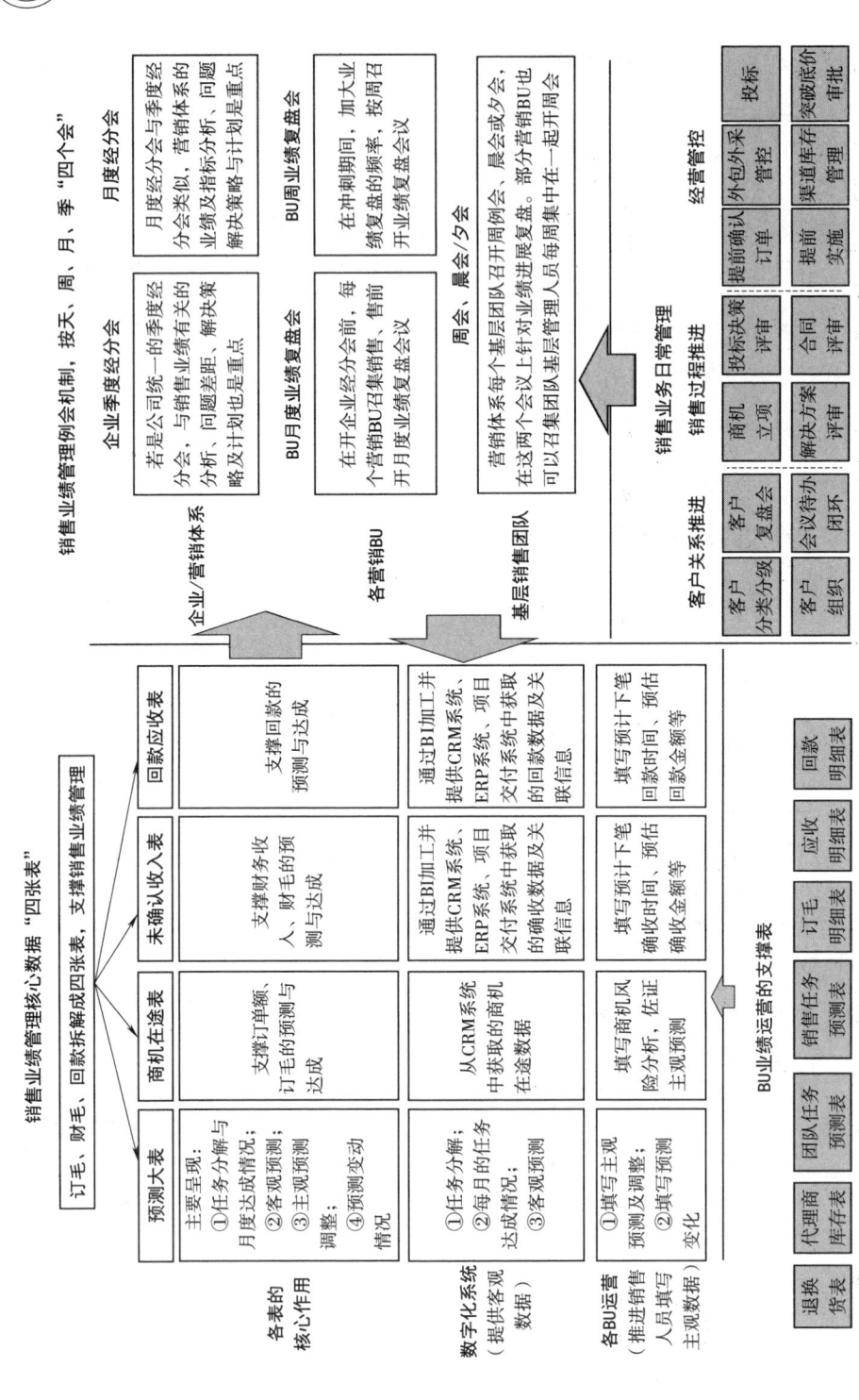

客观预测 = 可承诺 × 100% + 实际达成。本季度后续月份的主观预测调整数据，主要用来基于人为判断对客观预测修正，每项修正需给出调整说明。

（2）商机在途表

商机在途表主要用来支撑本季度后续月份的订单额、订毛的预测与达成，这些客观数据均来自数字化系统在途商机的数据。所谓在途商机，即没成单、没丢单、销售正在跟进中的商机。如果涉及预测调整，销售人员需明确标注该调整来源于哪一条商机，并详细阐述调整的原因及分析过程。同时，还需提供调整后的订单金额和预测毛利数据。

（3）未确认收入表

未确认收入表的核心在于记录那些已经签订合同但尚未完全确认收入的数据。这张表不仅包含已确认的收入数据，更重要的是预测下一笔收入的确收时间、预估确收金额及款项性质（如预付款、到货款、初验款或终验款）。这些关键信息需由销售人员提供，作为承上启下的纽带，是后续回款预测的重要依据。

（4）回款应收表

回款应收表专注于实际的资金流入。除了记录已回款的数据外，该表主要用于预测未来收款的时间和款项类型。若遇到回款问题，需按分类选择问题并制定相应的解决策略。

如上所述，这四张核心大表是销售业绩运营的关键工具，它们直接指向业绩目标。在这四张核心大表之下，还有一些支撑性的表格，如退换货表、代理商库存表、团队任务预测表等，这些表格共同构成了完整的销售业绩管理数据。

2. 四会

图5-1右侧展示的四个会议——晨会或夕会、周会、月会、季度会，自下而上分别由营销基层组织逐步上升到企业层面。在这四个会议中，无论是

直接推进销售业绩的达成，还是围绕业绩达成展开相关工作，销售业绩始终是讨论的核心。然而，开会不能流于形式，必须讲究方法和策略。以季度经营分析会为例，会议应聚焦于机会、差距、原因分析、解决方案及行动计划，并确保形成待办的闭环管理。

二、"四表四会"的幕后英雄

四表具有高度的概括性，很多情况下都需要明细表来提供支撑。例如，未确认收入表和回款应收表需要考虑退换货的数据，而团队的任务预测表则需要由销售个人的任务预测表汇总而来。针对销售运营团队或销售人员使用四表，通常还需要另外七张明细表的支撑，这些明细表可谓四表的幕后英雄。第一张是退换货表，它用于支撑未确认收入和应收未收的准确数据。第二张是代理商库存表，由于代理商下单时通常优先使用其库存，而这部分库存的发货不会为企业带来新的收入和回款，因此需要掌握代理商库存的详细情况。第三张和第四张分别是团队任务预测表和销售任务预测表，这两张表主要用于支撑四表中的预测大表。第五张是订毛明细表，准确地说，是订毛达成明细表，用来支撑预测大表中的订毛达成情况。第六张是应收明细表，主要用来支撑回款应收表。第七张是回款明细表，主要支撑预测大表中的回款达成情况。

同样，在召开四会时，仅依赖那四表的数据是远远不够的。因为四会上，需要深入解读数字背后的含义，这就需要借助业务管理情况的支撑。这些支撑分为三个方面：一是，客户关系推进情况，包括基础的客户级别划分、客户组织的存在与否及其成员构成、近期每周客户复盘会讨论的重要事项、客户复盘会待办的推进状况；二是，销售过程推进情况，涵盖客户的商机是否立项、各类评审是否存在风险等；三是，经营管控情况，涉及是否在未收到预付款的情况下就进行了发货、合同未签订就提前进场交付的情况、外包外采目前合同金额的占比、代理商的整体库存状况、投标参与率与中标率、突破底价审批的金额等。这些信息对于开好四会,尤其是营销体系和企业层面的经营分析会至关重要。它们是业绩指标背后的数据支撑,是支撑四会顺利召开的幕后英雄,应该得到重点关注。

第三节 销售业绩长虹的六大抓手

作为营销团队的 BU 负责人、销售总监,或基层销售团队的管理者,如何完成团队的业绩目标并实现销售业绩的长期增长,是每一位营销管理者都应该深入思考的问题。基于经验,笔者总结了六大抓手。

一、抓商机量

商机必须全部录入 CRM 系统,确保销售团队不能私自保留任何商机信息。所有商机数据应以系统为唯一来源,这样首先保证每个商机都能及时"颗粒归仓"。如果连基本的商机数量都无法准确掌握,那么数据的精确度和商机预测就无从谈起。特别是在月末,务必将所有已知且正在运作的商机输入 CRM 系统,以便在月度会议前获取最准确的数据支持。此外,一旦商机被录入系统,还需要对其真实性进行严格把关,杜绝任何形式的造假行为。每一条记录进系统的商机都应该经过立项审批流程来确认其有效性,这相当于 SR 要及时进行交叉验证其真实性。

二、抓商机准确度

根据商机所处的不同阶段,需要不断更新并细化其准确度。同时,针对常见的商机风险,制定风险准确度要求。一般来说,可以从五个方面来校准商机的准确度:预计赢单时间、关键客户关系的温度、预算批复情况、需求明确情况、招标参数是公参还是本企业参数。例如,如果预计赢单时间在 30

天以内，但公开招标的项目尚未确定具体的招标日期或者标书还未发布，那么就需要重新评估预计的赢单时间，或者将该商机标记为高风险状态。再比如，在关键客户关系中，临近投标，如果决策者或最终批准人并没有表现出排他性的支持态度，则此类商机不应被视为低风险级别，而应该修改商机赢率。

三、抓商机支撑度

仅有商机量，哪怕这些商机的准确度再高，如果都是小额订单，也难以完成业绩目标。因为考核指标包括订单金额、订毛、财毛、回款。为了有效抓住商机并提高支撑度，需要充分利用上一节中提到的四张大表和七张明细表，实现精细化运营和全面的业绩预测。例如，可以通过预测大表中"可承诺 × 80% + 可争取 × 40%"的赢率来计算订单额的预测支撑度。利用这些表，可以将商机过程和回款流程细分为多个标准化环节，使整个过程更加透明化。通过这些表，还可以把商机过程、回款过程细分为多个标准化的环节，将过程状况显性化，让团队更清楚地识别问题，给出更合理的支撑度判断，同时提升项目风险的可控性。

四、抓客户耕耘深度

对外搞定客情，对内搞定协同，是销售团队工作的两大重点。抓客户耕耘，就是让销售人员和售前人员把客情摸清、摸透，建立良好的客户关系，不断运作出新项目。针对战略客户和核心客户，要采用"三摸清"的思路去抓落实，并通过客户组织复盘会，不断对齐，不断校正，不断推进。

五、抓回款

回款政策企业已经制定好了，营销管理者抓什么呢？该怎么抓呢？最直接有效的做法就是把回款过程细分为多个标准化的子环节，让销售人员一个环节一个环节地摸清搞透，积极推动整个过程向前发展。例如，除了关注预计下次回款时间和金额之外，还应该考虑项目当前状态、验收进度等因素。如果订单是通过合作伙伴获得的，则还需要密切关注最终客户的支付状况及合作伙伴的付款情况，并将所有这些信息转化为标准选项供销售人员填写和更新，以便按照既定流程逐步推进工作。

六、抓任务分配

销售任务的分配需要具备一定的策略和方法。以省分区和个人销售为例，对于省分区，首先根据该省的 GDP 来评估预计总产出，并结合预估占有率，通过"预计总产出 × 预估占有率"来计算得出该省分区的年度销售目标。而对于销售人员个人而言，则需要依据其所负责客户的级别与数量，以及当前已有商机的具体情况来设定其年度业绩指标。对于回款任务，包括本年预计新签回款和往年历史项目预计回款，两者相加就是回款目标。

以上便是从销售业务角度，进行业绩管理，推进业绩长虹的六大抓手。其不仅是营销运营团队协助营销管理者推进的重点事项，同时也是营销运营管理体系建设的重要组成部分。此外，对于营销管理者，团队建设、激励考核也是非常重要的工作，此处不再赘述。

第四节　数字化支撑营销运营体系落地

在现代企业管理中，数字化建设已成为不可或缺的一环，营销运营自然也离不开数字化的支撑。可以说，数字化是全面支撑营销运营体系构建与落地的重要基石，没有强有力的数字技术支持，营销运营体系的建设将难以达到预期效果。

一、支撑营销运营团队推进业务变革

在营销业务变革中，如前文所述，数字化不仅支撑客户组织高效运作，还支撑 LTC 关键决策与评审，这些活动同样对营销运营团队至关重要，因为其是推动变革的重要力量。

在客户组织运作中，营销运营团队需要负责客户评审会和复盘会的组织，会议待办闭环的推进，客户组织会议的报表编制等。这些事项，都需要数字化系统的支撑。例如，在客户复盘会组织方面，需要从数字化系统查看本周客户复盘会涉及哪些客户，对应的销售人员和售前人员分别是谁，以前的会议待办有没有延迟，客户总体策略近期的计划是什么，有没有风险及应对措施等，这些事项都要在组会前进行了解。在客户复盘会上形成的待办，一般也需要营销运营团队录入数字化系统，并且分配到责任人，明确完成时间。此外，定期编制客户组织会议报表，比如本季度召开了几次客户会议、分别涉及哪些客户、完成了几项客户关系目标，完成了多少待办，有多少待办超期等，这些都需要数字化系统的支撑。

在 LTC 业务变革中，确定哪些商机符合召开线下立项评审会和解决方案评审会的条件，以及合适的会议时间，这些事项不能依赖于销售或售前人员主动提出。营销运营团队需要从数字化系统中查询相关信息后，主动联系销售或售前人员进行安排。在组织会议之前，营销运营同事需要通过数字化系统查询该商机的"铁三角"及其他团队成员都有谁。如果存在 CDR 或赞助人，也需要一并邀请参加会议。此外，还需要查看客户组织中的解决方案专家是谁，如果该专家与"铁三角"中的 SR 不是同一人，则同样需要邀请其参会。所有这些准备工作都离不开数字化系统的支撑。

因此，营销业务变革少不了营销运营团队的参与，少不了数字化系统的支撑。其实，数字化建设已成为业务变革的重要组成部分。

二、支撑销售业绩运营

销售业绩运营管理的"四表四会"，以及四表的支撑表、四会的支撑材料，都离不开数字化系统。可以说，如果没有数字化系统的辅助，即便能够勉强实现"四表四会"，其效率和质量也会大打折扣，仿佛回到了"石器时代"。

预测大表、商机在途表、未确认收入表及回款应收表，这四表的形成，包括每张表中需要什么字段、每个字段如何取值和如何计算、各字段间的关联关系，在数字化系统建设过程中，通常由营销运营部门牵头提出需求。在数字化系统上线前，业务方对系统的测试工作一般也由营销运营部门负责执行。四表纳入数字化系统之后，推动全体销售人员积极使用这些报表，并提供必要的非系统数据支持的任务，同样落在了营销运营部门的肩上。此外，关于四表的使用培训及后续优化迭代过程中的业务主导角色，也都是由营销运营部门来承担。因此，如果把数字化承建部门比作四表的"母亲"，营销运营部门就是四表的"父亲"。同样，关于四表的支撑表，业务主导方也是营销运营部门。这些表建成后，营销运营部门不但自己使用，而且要推动整个营销团队去使用。

对于整个营销体系的晨会或夕会、周会、月会、季会，这四会需要的数据或信息，也来自数字化系统。例如，收到与付款前发货的数据，外包外采的金额、毛利率、垫资情况，投标的投中比，突破底价审批的金额等，这些信息都来自数字化系统。特别是在月度和季度经营分析会上，编写会议材料所需的数据、解读数据的依据、查找问题根本原因的数据来源，以及制定解决方案时所需的支撑数据，所有这些都依赖于数字化系统。

因此，数字化系统能够支撑销售业绩运营，是营销运营管理的落地支撑。

三、支撑销售业绩长虹的六大抓手

六大抓手是营销管理者的法宝，也是销售业绩长期增长的保障。但是，营销管理者如何有效实施这些抓手？如何准确了解与目标之间的差距？显然不能仅依赖销售人员的口头报告。正确的做法是让销售人员依据数据进行汇报，而这些数据正是来源于数字化系统。通过数字化系统，不仅可以确保信息的真实性和完整性，还能够实现有迹可循、有据可查，从而交叉验证销售人员提供的信息是否准确无误。

抓商机量，就是让数字化系统成为统计商机的唯一渠道，确保所有商机能够及时录入系统。这样做不仅保证了数据的准确性，还使得管理者更容易基于可靠的信息来设定目标和制定策略。

抓商机准确度、商机支撑度，抓客户耕耘深度、回款，关键在于减少个人主观判断的影响。通过引入数字化系统作为标准化工具，可以统一信息判断尺度，并及时更新数据，提升信息传递及沟通效率。

抓任务分配，特别是针对销售人员的任务安排，需要依赖数字化系统提供的关键数据。这些数据包括每个销售人员手中的客户数量、客户级别、往年项目待回款数据、已在跟进中的商机数据等。

可见，六大抓手都离不开数字化系统的支撑。数字化系统已经与销售业绩管理融为一体。

第五节　数字化支撑管报的销售业绩核算

由于核算口径和核算方法的不同，企业需要编制财务报告（简称财报）和管理报告（简称管报）。例如，为了提高管报的时效性，许多企业在成本核算上对管报采用标准成本法，而财报则使用实际成本法。另外，对于涉及外包外采的集成项目，鉴于其毛利较低，在管报的回款计算中，通常会扣除外包外采的回款，采用回款净额进行计算等。

无论是财报还是管报，都离不开数字化系统的支撑。对于财报而言，一般通过财务管理软件来实现支撑；而对于管报来说，情况较为复杂，它需要整合许多尚未进入财务核算环节的数据，比如 CRM 系统和项目交付管理系统中的信息。下面具体说明在编制管报时，数字化系统是如何支持销售业绩核算的。

以订毛、财毛、回款作为考核目标，为了进行翔实的销售业绩核算，至少需要 17 类数据，这些数据来自 CRM、ERP、项目交付、BI 等不同的数字化系统，并且每类数据都有详细的计算规则，甚至复杂的计算逻辑，具体见表 5-1。

第五章 建设支撑业绩长虹的营销运营体系

表 5-1 管报口径的 17 项销售业绩核算数据

序号	核算类别		核算项	核算规则
1	成本及调整项	成本	产品成本	采用标准成本法核算
2			第三方外采成本	以采购合同中约定的不含税金额进行核算
3			自有人工成本、外包人工成本	自有人工成本采用标准成本法，外包人工成本采用合同单价乘以外包人天
4			项目差旅费、技术咨询服务费	与项目直接相关的差旅费用概算成本，项目概算中已列支的咨询服务成本
5		业绩调整项	集团战略补贴	按标准成本的一定比例计提毛利，作为储蓄总额，按照政策对符合要求的战略项目进行毛利补贴
6			返点、退换货、业绩划拨	在发生的当期计算成本和毛利
7	订单维度		订单额	商务确认合同生效的订单含税金额
8			订毛	订单额-产品成本-外采成本-自有人工成本-外包人工成本-项目差旅费-技术咨询费-集团战略补贴-渠道返点-退货毛利-业绩划拨（注：如上全为不含税金额，成本项全为概算成本）
9	收入维度		确认收入	符合收入确认条件的不含增值税销售合同额
10			考核财毛	①在订毛基础上还需要扣除催账佣金扣减、欠票逾期扣减、外包外采垫资加罚、窜货加罚等； ②全部按实际成本计算
11	费用		自有人工费用	营销体系薪酬总支出-营销体系自有人工成本，据实核算
12			销售直接费用	包括差旅费（不包含项目差旅费）、交际应酬费、交通费、其他以销售赢单为目的发生的费用，如赞助费、品牌推广、自办活动、行业推广、区域推广等，据实核算
13			资产折旧	包括服务器、交换机、路由器、存货转固资等网络设备，以及电脑、显示器、一体机办公设备，按标准成本法进行核算
14			样机摊销	按借用天数换算成标准成本，进行核算
15			场地费用	包括房租、物业费、保安保洁费、水电费、取暖费、空调费、清洁消杀费用、装修费摊销等，以省为单位核算标准工位成本；每月末根据业务部门花名册实际人数进行核算
16	贡献利润		贡献利润	贡献利润=考核财毛-费用
17	回款		回款	按照净额核算回款业绩，即整体回款扣除外包外采概算占比

管报口径的 17 项销售业绩核算数据，跟财报规则有什么差别？主要有三点。这三点也是在数字化实现时，需要考虑的。

225

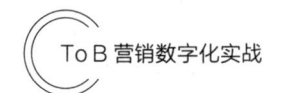

1. 管报成本核算与业绩调整

管报的成本核算主要采用标准成本或概算数据，为了确保核算更加合理，还涉及一些业绩调整的增减项。例如，产品成本通常采用标准成本法计算，而项目差旅费则采用概算成本。此外，代理商的返点、退换货等费用在发生当期都计入成本和毛利。

2. 订毛采用概算成本

在实际工作中，一旦报价审批完成，订毛即可确定。对于标准产品，其成本直接使用标准成本；而对于非标准产品，则由产品市场经理在报价审批时填写概算数据。

3. 管报对关键指标进行了自定义与调整

在管报中，毛利、利润、回款等关键指标经过了重新定义。与财报不同，财报中的毛利、净利和回款必须遵循统一的会计准则，而管报则允许企业根据自身的管理需求进行适当调整。例如，在计算考核财毛时，会在订毛的基础上扣除催账佣金和窜货罚款等费用；而贡献利润既不是财务意义上的毛利，也不是净利，而是考核财毛减去费用。此外，对于回款的计算也采用了扣除外包外采概算占比后的净额方式来计算业绩。

管报中的这 17 项数据，在有了数据之后还需要说明如何使用这些数据。而这些数据的产生，离不开数字化系统的支撑，并且是数字化系统建设的重点。以收入这项数据为例，尽管看似简单，但它需要在到货、验收、分摊、收款等多个环节进行确认，这意味着收入数据来自不同的时间点和多个系统，如 ERP 和项目交付系统。每项收入的确认在每个系统中都是一系列流程和操作的结果。因此，这 17 项数据的背后，实际上是一系列数字化应用的支撑。

将这 17 项数据按营销团队、按季度进行统计，并计算出同比和环比数据。无论是开月度、季度经营分析会，还是半年总结会、年度经营会，会议报告都会有全面且丰富的销售业绩核算数据的支撑，真正形成销售业绩核算明明白白一本账，实现销售业绩长虹指日可待。

第六章 06

To B 营销数字化的压轴六问

在探讨了对外搞定客情、对内搞定协同、建设透明且高效的代理商体系、建设支撑业绩长虹的营销运营体系这四大关键领域的业务变革与数字化支撑之后,本章将介绍 To B 营销数字化过程中最值得关注的六个问题,希望能够帮助相关企业找到答案。

第一节　数字化系统是自研还是外采

营销数字化系统的核心是CRM，这一系统在电脑端和移动端都是必不可少的。除了CRM系统之外，许多企业还建设了标讯采集、市场活动和市场分析等细分领域的数字化系统，以全面支持其业务需求。为了符合大多数企业的实际应用情况，下面以CRM系统为例进行详细介绍。

在选择CRM系统时，无论是选择自研还是外采，首先应评估市场上是否有能够满足企业需求的合适产品。如果能找到合适的现成产品，外采无疑是明智之举。然而，实际情况往往是，尽管市场上的产品可以覆盖部分需求，但通常还需要通过二次开发或添加"外挂"来满足企业的全部需求。为什么是这样呢？先来看一个案例。

> **案例：购买CRM标品后，需要不断迭代**
>
> 某ToB企业在五年左右的时间里，营收从30亿元增长至近70亿元，实现了业绩翻倍，展现出强劲的发展势头。这令人瞩目的成绩背后，离不开该企业在营销管理领域的持续努力和创新。每年，该企业都会采取重大的新举措，并且每个举措都得到了数字化技术的有力支撑。
>
> 在年营收达到30亿元时，该企业购买了国际某巨头的CRM系统。然而，由于CRM标品无法完全满足其特定的业务需求，该企业不得不进行了大约500人天的定制开发工作。在随后的几年中，该企业又陆续进行了合同线上审批、提前实施、商机立项、解决方案评审和投标决策评审等二次开发工作，同时还重构了产品选配和报价审批等数字化应用。

几年后，除了 PaaS 基础平台外，该企业使用的标品功能已经非常有限。在此期间，该企业拥有自己的研发团队，项目高峰期时还会需要供应商团队的支持。几年下来，支付给供应商的费用也是一笔不小的数目。此时，某些人可能会认为，To B 营销领域的业务灵活多变，外采行不通，需要完全自研。然而，事情并未就此结束，请继续往下看。

在综合考虑后，数字化团队计划自己研发一套系统，逐渐替代国际厂商的 CRM 系统。于是，开始评估工作量和基础组件的能力，评估两轮后，发现至少有两个问题很难逾越。首先，国际厂商 CRM 系统的 PaaS 平台非常强大，具备出色的低代码开发能力。目前市场上还没有看到可以与之媲美的低代码平台。除了复杂的业务逻辑外，常用的窗体、表单、字段和业务规则都可以通过拖拽快速实现。此外，其权限管理体系也非常强大且灵活，因此交付效率非常高。其次，完全自研的成本非常高，计算下来比外采要贵很多，而且交付效率还低。老板主要考虑的是经济效益，用自己的团队做不仅成本高，效果也未必好，这事儿能干吗？退一步说，即使老板愿意投入资金进行自研，但如果迟迟无法交付，这事儿能成吗？为什么企业有自己的研发团队，每年还需要供应商进行二次开发呢？就是因为供应商可以在资源紧张时应急解决问题。

经过评估，自研不仅成本高昂且速度缓慢，而完全依赖标品又无法满足业务需求。因此，基于标品强大的低代码平台，进行二次开发成为最佳选择。

据此，开头的问题已经有了答案——外采和自研相结合的方式。在选择外采时，不仅要关注标准的应用功能，还要考查其 PaaS 平台的低代码能力。

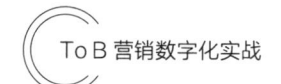

第二节　数字化系统需要考虑哪些集成

以 CRM 为例，许多企业的 CRM 系统与上下游的 PDM、ERP 等系统并非来自同一厂商，即使来自同一厂商，也可能不是同一个系列的系统。甚至有些系统是外采的，有些则是自研的。这就涉及不同系统间的集成问题。那么，在系统集成时，一般需要考虑哪些系统和数据呢？

一、产品档案

有些企业拥有 ERP、PDM 或 PLM 系统，这些系统都会用到产品档案。原则上，如果已经有了 PDM 或 PLM 系统，那么产品档案的源头应该在这两个系统中。如果没有这两个系统，建议将产品档案放在 ERP 系统中，并由 CRM 系统调用。因为原材料、半成品和低值易耗品等也需要在 ERP 系统中进行管理，所以建议将这些信息统一管理起来，通常称为物料档案、料品档案或存货档案。然而，有些企业也会进行系统集成项目。销售的产品中有些不是自家生产的，而是需要外采。而且，几乎每次采购的产品都不相同，每次都要生成新的采购产品的编码。那么，对于外采产品，产品档案管理需要考虑清楚源头在哪个系统管理。

二、客户档案

如果详细来讲，客户档案管理是一个复杂的事情，因为企业的所有经营活动都是围绕客户进行的，很多系统都会用到客户档案。有这样一个企业，其有十个以上的系统是客户档案的源头，但哪个系统都不敢说自己的客户档案是企业最全的。聚焦 CRM、ERP 和项目交付系统这三个使用客户档案的"大户"，客户档案应该在哪里管理呢？如果这三个系统是独立的，建议在 CRM 系统中管理客户档案，因为在这三个系统中，CRM 系统是客户产生的源头。但是，需要注意系统间客户停用和合并的处理机制。例如，如果在 CRM 系统中发现两个客户档案重复并且都发生了业务，传到了 ERP 和项目交付系统，此时若在 CRM 系统中合并客户档案，就需要考虑在 CRM 系统中合并哪些信息，保留哪个，停用哪个。通常，合并时无法直接合并 ERP 和项目交付系统中的客户档案，也不建议直接合并这些系统中的客户档案，因为直接合并风险太大。这就需要同步考虑如何及时通知 ERP 和项目交付系统，这两个系统需要改造哪些功能才能及时获取到通知。最次之，以人工提前通知并约定好双方的操作时间也是一种通知方式。无论如何，一定通知到位，否则会引起数据异常，导致跨系统对不上账的情况。

三、订单、发货、开票、回款等业务数据

当在 CRM 系统签订合同后，需要形成销售订单，并进行后续的生产、采购和发货等操作。这些信息一般需要传输到 ERP 系统，同时销售订单也需要传输到项目交付系统，以便交付团队安排交付。客户开票和回款的数据也需要在 CRM 和 ERP 系统之间相互传递。开票申请一般在 CRM 系统中进行，无论是否对接了开票的税控软件，都需要在 ERP 系统中存储一份。回款类似，ERP 系统中一定有这类数据，并把回款信息同步到 CRM 系统中。对于销售订单，不仅要考虑正向订单，还要考虑逆向的退换货订单。最容易引起数据异常的一般是退货订单，因此需要建立 CRM 和 ERP 系统之间的数据校验机制。此外，在 CRM、ERP 和项目交付系统之间还需要考虑项目交付状态的传递，因为项目交付状态及相关信息是确认收入的依据。

四、CRM 系统与代理商门户之间对接

代理商门户是企业专门给代理商开放的双方业务往来的系统，从审计角度讲，其不能与 CRM 系统共用数据库，必须是一套独立的系统，且企业内部人员不应被授予对代理商门户的操作权限。客户、产品、合同是企业的命脉，这些核心信息必须被严格保管在企业自身的 CRM 或内部管理系统之中。

另外，还有很多信息需要在这两个系统间进行交互，比如渠道签约、项目报备、代理商档案、代理商人员认证等。可以说,它们是耦合最紧密的两个系统。

五、CRM系统的移动端和电脑端

CRM系统的移动端和电脑端不是严格意义上的两个系统，它们可以共用一个数据库，也可以分开，主要取决于企业对这两个端的定位和实际情况。某些企业CRM系统的电脑端使用的是供应商系统，而移动端则是完全自研的。在这种情况下，移动端和电脑端通常被视为两个独立的系统，并且之间需要进行大量的数据交互，如人员信息、客户资料、商机信息等。建议企业CRM系统的移动端和电脑端使用同一套系统，并共用一个数据库，这样可以大大简化管理和维护工作。

六、文件存储、域控对接等基础服务

有些企业配备了专门的文件存储服务器，并且系统登录需要使用域账号进行认证，因此涉及与这些服务的对接工作。从应用层面来看，拥有一个独立的文件服务器是非常必要的。例如，一份投标资料可能包含几百页的文档。在完成投标封标后，通过CRM系统作为入口，将投标归档资料上传至文件服务器，并支持在CRM系统中随时下载和查阅，将极大提高工作效率和便利性。

以上是笔者经历的以CRM系统为例的营销数字化与上下游系统的集成。虽然可能不全面，但基本涵盖了大部分业务场景。这种思路和经验可以在建设数字化系统时提供参考。

第三节 客户主数据该怎么管

企业的客户主数据管理主要分为两种模式：一是，集中式管理，即集中

在一个系统专门管理，如 CRM 或 ERP 系统；二是，分散式管理，客户数据分布在多个系统中，通过接口进行交互。

集中式管理是较为理想的方式，它允许企业在一个系统中全面掌握所有客户档案，并且数据准确性较高。相比之下，分散式管理的数据质量和完整性则难以保证。这主要取决于两方面因素：一是，接口调用的管理程度；二是，是否存在未纳入接口调用、独立于系统之外的客户数据。

在业务初期，由于难以预见后续业务的发展方向，企业在建立系统时往往只能在有限的预期内做出决策，有时甚至将客户主数据的对接工作推迟到二期工程。然而，一期项目上线后，可能由于各种原因，后续工作未能按计划进行，或者客户主数据对接的优先级被降低，导致各个系统实际上各自建立了一套独立的客户主数据管理系统，彼此之间并未实现数据互通。下面举一个案例来阐述分散式管理客户主数据的弊端，并探讨解决方案。

> **案例：分散式管理客户主数据的弊端**
>
> 某 To B 企业拥有 14 个使用客户主数据的系统，其中 11 个系统具备新建客户主数据的权限。这种分散的管理方式导致在使用客户维度进行数据统计或分析时，数据口径不一致，决策层在汇报客户相关数据时难以确定哪个数据是准确的，造成决策困难。
>
> 为什么有 11 个可以新建客户的系统？这种情况看似不可思议，但背后有其原因。新建客户主要发生在市场活动、新建线索、交付服务、运维服务、型研预研管理、400 售后客服等环节。此外，签订合同的客户有时是总公司，而最终使用产品的客户可能是下属公司，这也导致了售前、售中、售后各环节都有新建客户主数据的需求。这 14 个系统在陆续建成的过程中，由不同的业务部门主导，且不是同一个数字化管理方，从而导致"各扫门前雪"的局面。直到企业数字化部门计划统一管

理客户主数据时，才发现 14 个使用客户主数据的系统，其中 11 个有新建客户的权限。

发现这一问题后，该企业数字化管理部门试图通过数据仓库，按统一社会信用代码和客户名称关键字进行客户主数据清洗。然而，由于只有 CRM 和 ERP 系统对接了天眼查，拥有准确的统一社会信用代码，其他系统均没有这一信息，导致清洗效果不佳。如果按客户名称关键字匹配，过于严谨的关键字无法识别为同一客户，过于简单的关键字则无法保证清洗后的数据准确性，最终不得不放弃这种做法。

那么，这种情况怎么解决呢？下面来了解一下如何进行客户主数据的统一管理，以及在整个客户生命周期中的应用闭环，如图 6-1 所示。

整个方案分为五个阶段：第一，梳理清楚产生客户主数据的源头，即客户主数据统一管理冷启动的数据源；第二，对这些数据源进行清洗整合，按统一社会信用代码，重新分配客户 ID，并在 CRM 系统中统一管理客户的基本信息；第三，各系统增删改查客户，统一通过 CRM 系统调用，关闭各系统自行增删改查客户的入口；第四，各系统基于客户主数据产生行为及交易数据；第五，数据进入数据仓库后，基于数据仓库对客户打标签，同时将标签返回给业务系统供其使用，形成基于客户主数据的完整业务闭环。

在第一阶段和第二阶段中，首先收集企业市场部、销售环节、交付及服务环节，以及数据仓库中已有的客户档案。对于缺少统一社会信用代码的客户数据，由相关业务部门通过天眼查或中国组织数据服务（CODS）补充完整，然后进行数据清洗和归一化处理，并重新分配客户 ID，从而形成一套干净的客户主数据。接下来，没有单独建立客户主数据管理系统，而是让 CRM 系统承担这一职责。在 CRM 系统中，仅统一管理客户编码、客户名称、统一社会信用代码等八项基础数据的增删改查操作。其他偏业务属性的客户信

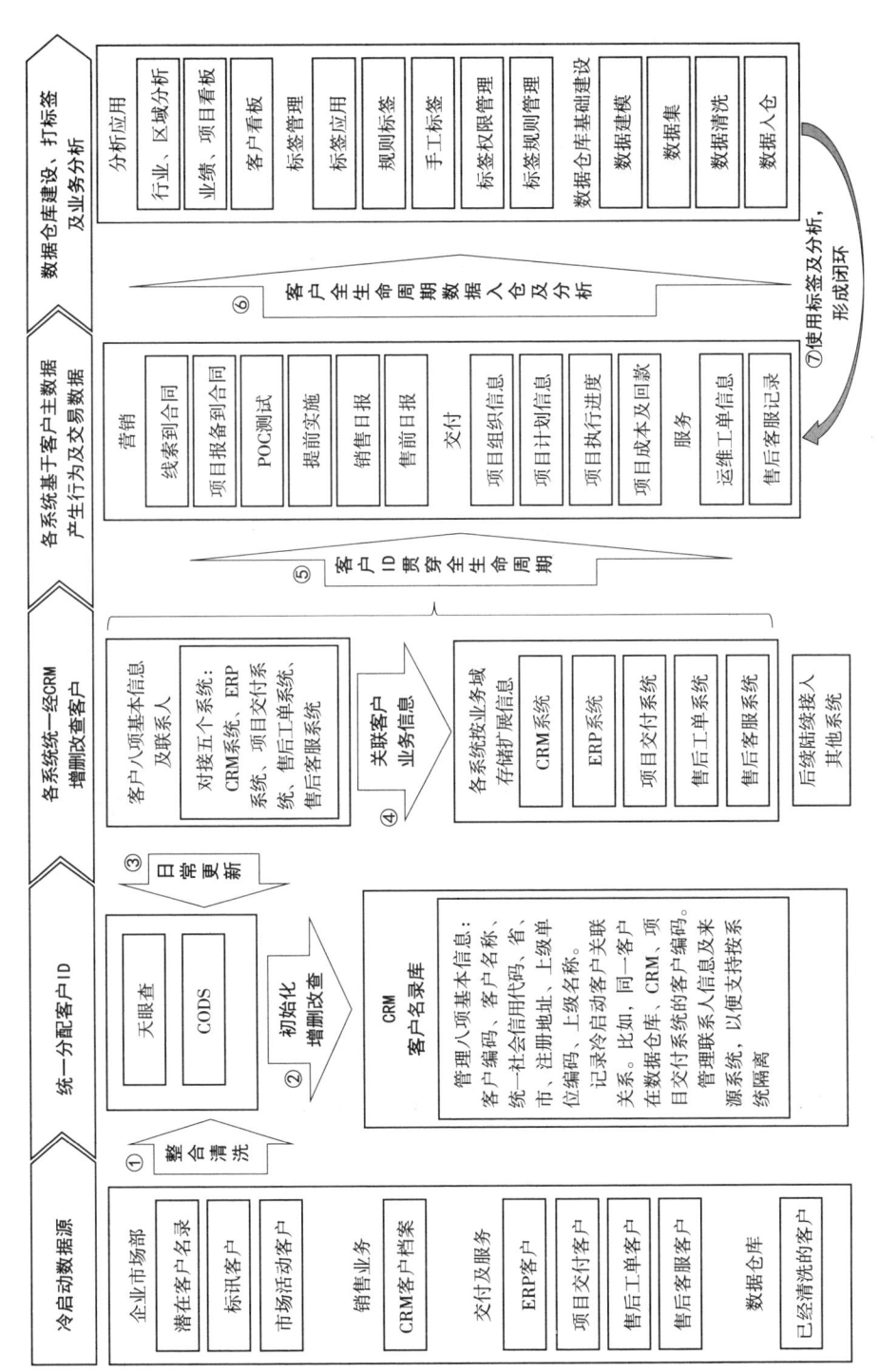

图 6-1 客户主数据统一管理及全生命周期闭环应用方案

息则仍由各系统基于 CRM 系统分配的客户 ID 自行管理。这样既保证了客户主数据的唯一性，又保持了系统的灵活性。同时，为了避免重复创建客户联系人，在 CRM 系统中对客户联系人的增删改查也进行了统一管理，并标注出是由哪个系统调用接口新建的。这样可以在做系统隔离时提供灵活的支持。

之后，CRM 系统对外提供客户主数据的八大基本信息和联系人信息的增删改查接口，由首批接入的 ERP、项目交付系统等四个系统调用。这四个系统将接口信息返回至 CRM 系统进行存储，同时各自存储与客户相关的业务信息。案例中提到有 11 个系统能够新建客户，首先统一了其中五个关键业务系统。在确保这五个业务系统运行稳定后，另外六个系统也陆续进行了接入。这些接入客户主数据的业务系统，其后续业务功能保持不变，数据同样入仓。在数据仓库中，对历史数据进行清洗，并基于数据仓库建立标签管理系统。在 BI 业务分析和应用系统中，又充分利用标签，最终形成了基于客户主数据的全客户生命周期业务闭环。

至此，实现了客户主数据的统一管理，这不仅提升了数据的准确性和一致性，还增强了各部门之间的协同效率，为企业未来的发展提供了强有力的支持。

第四节　CRM 系统权限该如何设计

某 To B 企业的 CRM 系统涉及 13 类角色和 90 余项核心功能。这 13 类角色包括销售、售前、交付、产品市场经理、营销运营、财务、商务、法务、内审、流程变革、监察等，分布在企业七八个一级组织中，总计 3 000 余人。面对涉及面如此广的核心数字化系统，如果没有完善的权限设计支撑，

CRM 系统数据将面临严重的泄密风险。

那么，针对涉及人员这么广、角色这么多的 CRM 系统，权限管理该如何设计呢？根据经验，主要有三类策略。

一、支撑按角色、用户、团队授权

许多数字化系统的基础组件都支持此类权限管理方式，但个别数字化系统不支持按团队授权，这一点需要特别注意。什么是按团队授权呢？例如，当销售一部的销售人员新建了一个商机后，该商机需要销售一部的营销运营和企业营销管理部的运营人员查看。由于这两个团队可能包含多个人，可以把这些人组建成一个团队。当商机创建后，将查看权限共享给这个团队。这种场景下，按角色或按用户授权可能无法满足需求，因为这个团队只能查看销售一部的商机，而不能查看所有商机。通过团队授权方式，可以更灵活控制数据访问权限，确保只有团队成员能够访问特定的信息，从而提高数据安全性和管理效率。

二、支持按菜单、功能、行、字段、对象授权

按菜单和功能授权是最简单的方式，目前还没有看到哪个数字化系统不支持此类授权。

按行和字段授权，大部分数字化系统也能做到。按行，基本上是按主数据进行授权。例如，如果没有 A 客户或甲产品的查看权限，在查询订单列表时，无论是在查询条件还是查询结果中，系统会自动过滤掉与 A 客户或甲产品相关的数据。按字段，现在也有不少系统的基础组件能够实现，可以非常灵活地对某个对象的每一个字段授予增删改查的权限。例如，客户档案的统一社会信用代码在审批通过后，所有人都可见，但只有特定角色可以更新，这就是按字段控制权限。

什么是按对象授权？例如，在客户信息页面上，既有客户的基本信息，又有客户的联系人信息、收货地址信息、开票信息及过往订单信息等，并且

这些信息都是以列表的形式展示的。可以把客户联系人、收货地址等分别称为一个对象。有一种场景是这样的：在客户信息页面上，允许查看客户的基本信息，但不允许查看客户的联系人和过往订单等信息，这就需要通过按对象授权来实现。

三、支持授予增删改查、共享、分派的权限

增删改查的权限无须多言。共享权限是指将增删改查的权限通过手工或代码方式共享给其他人或团队的行为。例如，前面提到的销售一部创建商机并共享给营销运营的例子，就是仅将"查"这个权限共享出去了。但是，如果某个人或某个团队已经具有查看所有商机的权限，那么就不需要共享了，直接授予具有查看商机权限的角色即可。

分派是什么权限呢？举一个场景来说明。假设张三负责的客户 A 以后由李四接管，那么可以通过分派的方式将客户 A 分配给李四。分派后，李四拥有的各个角色的权限都可以应用于客户 A。这种方式可以确保新负责人能够无缝接管原有工作，同时保持数据的一致性和安全性。

以上三类权限管理策略，是在建设 CRM 系统时需要充分考虑的。如果无法实现这些策略，可能会面临数据泄露的风险。在实施过程中，如果某些 CRM 系统基础组件不支持细化的权限管理，通常需要通过开发来实现。这样可以确保系统的灵活性和安全性，满足企业的特定需求。

第五节　数字化如何支撑组织变革

每年年初，许多企业都会根据业务发展策略调整组织架构。对于数字化支撑，不仅涉及系统内的组织架构、审批流程和业务权限的调整，还需要考

虑未完成的审批流程如何调整。以 CRM 系统为例，结合经验，可以将数字化支撑组织变革总结为四个方面。

一、根据新的组织架构，调整审批中的流程

组织架构调整后，有些销售人员的领导更换了，或者销售人员换部门导致领导变动，有些销售组织对接的财商法接口人也发生了变化。对于审批流程来说，最理想的方式是组织架构调整完毕后，所有审批都按照新的审批人进行调整。但是，大部分审批流程无法完全做到这一点，或者如果要做到，前期的设置将非常复杂。因此，大多数情况下需要采取折中的方式，通过人工调整一些配置，将这些审批中的流程按新的审批人进行调整。在审批流程的实现方式上，常用的有三种取值方式，即审批参数、表单字段、固定审批人。

审批参数，是在审批节点时，从某参数表中取出对应的审批人，这种审批方式适合审批人较少的审批角色。例如，在新增客户审批流程中，有两个客户管理员审批节点。这两个节点分别由企业两个营销业务群组（BG）的客户管理员负责。这种情况就适合使用审批参数这种方式。

表单字段，是为了简化审批流取值，提前把需要的审批人取出来，放到某表单上，在审批中直接使用。建议企业尽量通过配置化的即时查询来代替这种方式，因为这种方式会导致大量的在途审批更新。当组织架构发生变化后，有相当一部分审批流程的调整工作量来自这里。

固定审批人，仅适用于需要个别审批人审批的节点。例如，外采垫资审批中的董事长审批节点，一个企业只有一个董事长，可以采用固定审批人这种审批方式，因为不需要经常因董事长更换而做审批流配置更新。

二、根据新的组织架构，调整共享团队成员

在 CRM 系统授权时，经常根据团队进行授权。组织架构的调整会引起团队成员的变化，因此每年因业务策略调整而进行组织架构调整后，需要排

查团队成员的变化，并进行必要的更新。如果不及时更新，可能会导致该有权限的人没有权限，不该有权限的人仍然保留权限，严重情况下会引起核心数据的泄漏。这里提到的"团队"并不是指部门，而是为了给某一批人授予某类权限而虚拟出来的一个"团队"，实际上是一个虚拟小组的用户集合。团队与角色不同，角色是从权限的角度定义的，即角色背后就是为其授权；而团队要想具有权限，只能被授予某个角色。

三、根据新的业务策略和组织架构，调整审批流程

业务策略和组织架构的调整，通常会引起审批流程的变化。在组织变革中，调整审批流也是非常重要的一项工作。某 To B 企业，仅 CRM 系统内的审批流就 20 余支。每年组织变革时，总有某些审批流需要调整。例如，商机立项审批、业绩拆分审批和投标决策审批等流程几乎每年都有变化。因此，及时调整审批流程以适应新的组织架构和业务需求是至关重要的。

四、根据新的组织归属，对价目表使用权限做更新

每年组织架构调整后，有些销售人员在直销与分销部门之间进行调动，还有些人在行业与区域间进行了调动。部门调动后，其销售的产品和价格都可能发生变化，尤其是直销与分销之间，产品和价格都有明显的区别。因此，需要根据销售人员所属的新组织，进行价目表使用权限的调整。尽管这些调整由业务部门操作，但功能上需要数字化系统进行支撑。

以上是在业务策略变化和组织架构变革中,需要数字化进行的主要支撑。除此之外，根据企业数字化的现状和业务的变化程度，还可能涉及其他一些调整。例如，有些企业的 CRM 和 HR 系统没有对接或对接不彻底，在 HR 系统调整组织架构后，CRM 系统还需要进行大量的人工干预。再例如，有些销售部门的领导分管多个部门，并且这些部门是跨组织的，甚至不是同级组织，这种情况也需要提供数字化层面的解决方案。

第六章
ToB营销数字化的压轴六问

第六节　ToB营销数字化的发展趋势是什么

信息技术在企业中的应用，整体上可以分为信息化、数字化和数智化三大阶段。数智化是数字化与智能化相结合的新阶段，其中智能化即人工智能在企业的应用尤为重要。虽然许多企业仍在从信息化向数字化转型的过程中，但在人工智能的加持下，一些领先企业已经迈入了数智化的新阶段。

在企业数智化建设与发展中，最核心的技术是云计算、大数据和人工智能。云计算已经有了坚实的基础，大数据也经过多年的发展，现在的焦点已经转向了人工智能这一技术阶段。人工智能技术的发展，从企业应用的角度来看，经历了三个技术层级。最早的是感知级，比如光学字符识别（OCR）和语音图像识别；随后进入认知级，比如自然语言处理和知识图谱；现在已经迈入慧知级，最具代表性的是大模型和智能体。

在企业数智化发展路径上，笔者比较认可国内某大型企业管理软件企业的思路，整体上分为业务在线、数据驱动、智能运营三个阶段。首先是业务在线阶段，即企业的业务和管理工作全部线上化，这是数智化推进最重要也是最基本的手段和基础。其次是进入数据驱动阶段，通过统一的数据平台和数据治理，实现全面的数据服务，推动企业的生产经营和决策从依靠流程转向更多依赖数据。第三个阶段是智能运营，即在企业的业务运营、知识运用和组织运转上全面实现智能化。目前，大部分企业已经有了业务在线的基础，当然还需要进一步推进。现在更多的企业正在从第一个业务在线阶段向第二个数据驱动阶段发展，少数领先企业已经进入从第二阶段向第三阶段的发展阶段。

企业数智化的推进，除了需要正确的方法论和合适的软件外，还有一个关键的基础工作必须同时做好。在信息化和数字化阶段，为了配合系统建设，重要的基础工作是流程梳理。到了数智化阶段，重要的基础工作就是数据治理。这是成功企业的实践经验，也是许多企业现在需要补全的一点。由于数据基础和数据标准化不足，很多企业的整个数智化系统的建设和推进受到了严重影响。当然，随着数智化尤其是智能化的推进，企业中人工智能大模型的选择与应用也成为一个越来越重要的基础工作。因此，企业的数智化要想顺利推进，除了在信息化和数字化阶段已经建立的流程梳理这个基础工作外，还需要同时做好数据治理与模型应用这两个重要的基础工作。尤其是数据治理工作，因为在数智化阶段其是以数据为中心的。

营销数字化是企业数字化建设的一部分，其发展历程、趋势和重要的基础工作与企业整体的数字化建设是一致的。目前，部分企业正处于从数字化迈向数智化的阶段，数据治理与模型应用的基础工作尤为重要。虽然道阻且长，但是行则将至。下面介绍某先进企业在营销数智化建设道路上，在销售合同管理领域对大模型的典型应用。

案例：借助人工智能打造数智合同

某人工智能应用走在前列的 To B 企业，通过人工智能的加持，在销售合同的起草、审批前、审批中和合同签署整个链条中提高了执行效率，强化了风险控制，实现了销售合同的数智化管理。

在合同起草阶段，借助合同智能识别能力，提取合同文件中的关键信息，一键转化为结构化数据，快速完成合同文件的数字化，无须销售人员手工输入 CRM 系统。

在合同提交审批前，借助合同智能预审能力，对合同结构化数据与非结构化合同文档进行自动联合审查，确保合同数据规范，合同文件与合同数据信息一致，成套合同文件中信息一致等。将问题和风险消灭在提交审批阶段，避免返工，提高合同质量。

在合同审批阶段，基于预置的通用审核项，结合人工智能的自主学习，数智合同可以快速定义合同审核规则，为该企业的商务、财务、法务和管理层等关键角色提供专门的智能审核方案。合同审核人员只需关注智能审核结果和风险提示。在此过程中，数智合同能够自动查出不符合审核规则的问题并即时反馈，还可以通过人机对话的问答方式提供更多扩展信息，有效拦截风险，提升审批效率。

在合同签署阶段，支持电子合同在线签署和物理用印管理。对于物理用印签署的合同，借助智能比对能力，可快速检查签署合同与审批结果的一致性，规避签约风险。尤其在合同高峰期，可以高效保障签约安全。

从以上案例可以看出，数智合同通过智能识别起草、智能预审、智能审核和智能比对等人工智能技术的应用，帮助企业在实现合同交易高效执行的基础上，有效控制了经营风险。这也充分展示了，在人工智能的加持下，从营销数字化走向营销数智化是大势所趋，即将来临。

后 记

我在 To B 营销数字化领域工作了十余年，深刻体会到，营销数字化不仅仅是搭建一个客户关系管理系统那么简单，它涉及业务模式、流程、业务规则、组织架构及 IT 系统等多个方面。营销数字化系统在下游是落地的工具，但在此之前，必须先理顺上述各个要素，甚至需要进行企业级的业务变革，才能有效推进营销数字化的落地。否则，营销数字化系统只会成为一个线上记录工具，无法发挥其应有的业务价值。因此，营销数字化不仅是搭建一个 IT 系统，更是业务与技术的融合、管理与系统的结合，需要"管理 + IT"共同发力。

对于企业而言，营销是其生命线。通过营销数字化支撑"对外搞定客情、对内搞定协同"，从而推动业绩增长，这是一条必经之路。对企业高层、营销部门和 IT 部门来说，进行卓有成效的营销数字化建设以支撑业绩增长，已成为必须跨越的门槛。卓有成效的营销数字化建设能够充分释放业务价值，这也是目前大多数企业的迫切需求但尚未得到满足的地方。

当前，许多软件企业的乙方顾问对甲方业务的理解不够深入，而甲方的数字化人员在业务思维上也参差不齐。此外，咨询公司的方案与实际的数字化建设落地之间存在断层，衔接不畅；或者从管理咨询方案到数字化落地的过程中，缺乏具有丰富实战经验的全程操刀手，导致最终效果不理想，往往虎头蛇尾。这些情况使得企业迫切需要既懂 To B 营销业务，又精通营销数字化产品规划与设计，并且具备丰富实践经验的复合型人才。然而，这类"双料"人才相对较少，可遇不可求。那么，这个难题该如何破解呢？

后记

在多年的工作经历中，我深度接触过 To B 营销领域的众多岗位人员，包括流程变革顾问、咨询顾问、解决方案顾问、IT 产品经理、实施顾问和销售运营等。这些专业人士都迫切希望能够将自己发展成为既懂业务又精通 IT 的复合型数字化建设者。然而，当前 To B 营销数字化对业务的支撑力度不足，复合型营销数字化建设者的缺口明显。这使我深感有必要在这个领域做些事情，以推动营销数字化业务价值的充分释放，从而助力企业实现业绩增长。同时，我也希望能够助力塑造一批既懂业务又精通 IT 的营销数字化人才，以满足市场的需求。

初入职场，我就加入了亚太地区最大的管理软件企业——用友网络。在用友工作的八年里，我从 ERP 和 CRM 实施顾问、实施总监，逐步成长为售前专家和资深产品专家，具备了大型复杂管理软件的产品规划、设计及交付能力。其间，我经常与甲方高管接触，意识到自己缺乏系统的企业管理知识，因此考取了中国人民大学的 MBA 学位，系统弥补了这一短板。随后，我转战甲方，专注于营销数字化领域。近几年，我完整经历并深度参与了"网安一哥"奇安信的 LTC 和 MCR 业务变革，并作为营销数字化部门经理全程操刀了这些业务变革的数字化落地。在奇安信，我结合自己的工作经验，深入研究并系统实践了数字化如何赋能 To B 营销业务，如何通过营销数字化支撑"对外搞定客情、对内搞定协同"，以及如何助力业绩增长等问题。同时，我也不断总结和提炼经验，形成了在 To B 营销数字化领域可以复用的方法与工具。

实践与理论的紧密结合，使我在工作中既有体系、有思路，又能取得实际成果。我拥有体系化、实效性强且可推广的 To B 营销数字化实战经验，同时深耕于营销业务变革和数字化建设领域，这使我乐于在 To B 营销数字化领域长期分享实践经验，希望能为您成为营销数字化复合型人才提供有力支持，助力企业实现业绩长虹。

我之所以能在To B营销数字化领域精耕细作，将数字化工作转化为实际业务价值，并获得业界的认可，进而总结经验、提炼智慧，最终凝结成这部作品，离不开众多同人与伙伴的鼎力相助与无私支持。在此，我要向你们表达我最深切的感激之情。同时，我还要感谢每一位读者，是你们的持续关注与坚定支持，赋予了这本书生命力，使其得以广泛传播，成为推动营销业务变革与数字化进程中不可或缺的一部分。在阅读本书的过程中，无论是遇到任何疑问，还是想深入探讨图书内容，抑或咨询相关问题，我都诚挚地欢迎你们随时与我联系（微信：superwxm66）。你们的每一点反馈、每一条建议，都是我不断前进的动力，激励我在营销创新的道路上不断探索，越走越远。

王晓明

2024年10月